天下文化

BELIEVE IN READING

十九歲的安格拉·梅克爾（第二排中間）跟滕普林的朋友一起歡度跨年夜。她是班上第一個穿牛仔褲的學生，結果遭到校長訓斥，說穿這種西方流行的褲子「違反學校服裝儀容的規定」。
圖片來源：Jörg Gläscher/Laif/Redux

一九八九年，安格拉·梅克爾和她未來的夫婿紹爾去波蘭巴赫泰克市（Bachotek）參加化學暑期課程。站在右邊的是波蘭量子化學教授杰西歐斯卡（Malgorzata Jeziorska）。
圖片來源：Bogumil Jeziorski/AFP via Getty Images

這是一張很寶貴的老照片，拍攝日期不詳。安格拉和妹妹伊蓮娜、弟弟馬庫斯的合照。馬庫斯和姊姊一樣從事物理研究工作，伊蓮娜則是物理治療師。雖然伊蓮娜和馬庫斯都和他們那名滿天下的姊姊感情很好，卻未曾接受採訪談自己的姊姊。

圖片來源：API/Gamma-Rapho

一九九〇年，聯邦議院選舉，梅克爾首次在麥克倫堡－佛波門邦選區參選議員。照片中的她在波羅的海呂根島的一個漁民小屋。她是個低調但富有同理心的候選人。那年她當選了，往後這個選區每次選舉，她都當選，直到退休。

圖片來源：Ebner/Ullstein Bild

安格拉和她的父母。荷琳德與赫斯特．卡斯納。攝於二〇〇五年，這年安格拉成為德國第一位女總理。安格拉跟她母親的關係比較親密，與她那冷漠、嚴格的牧師父親則較疏遠。由於她父母終身都是左派，因此未曾投她票。

圖片來源：API/Gamma-Rapho

二〇〇七年一月二十一日，俄羅斯總統普亭在索契的度假宮殿接待梅克爾。他明明知道梅克爾怕狗，還故意叫人把他的愛犬柯尼（一隻黑色拉布拉多）放進來，以測試她的膽量。梅克爾並沒有閃躲。後來，梅克爾告訴她的幕僚：「他不得不來這一招，以顯示他的男子氣慨。」她和普亭的關係要比跟其他國家的元首來得長，也帶給她最多的煩惱。
圖片來源：Dmitry Astakhov/ITAR-TASS/AP/Shutterstock

梅克爾在西安度過五十六歲生日，參觀秦始皇的七千個兵馬俑。中國歷史的悠久、豐富和曲折讓梅克爾深深著迷。因此，她在中國投注大量的精力與時間，包括每年出訪中國，好跟北京領導人培養密切的關係。

圖片來源：Rainer Jensen/dpa/Zuma Press

二〇一一年六月七日歐巴馬總統與第一夫人蜜雪兒・歐巴馬歡迎梅克爾和紹爾來到白宮。歐巴馬頒贈總統自由獎章給梅克爾，這是美國的平民最高榮譽，表揚在重大公共領域有卓越貢獻者（得獎人不一定是美國人）。他們的關係不總是融洽的，但歐巴馬認為梅克爾是他可效法的榜樣。

圖片來源：Chip Somodevilla/Getty Images

梅克爾是個足球迷。二〇一二年五月十九日，她去馬里蘭州大衛營參加 G8 高峰會。那時，歐洲足球冠軍聯賽決賽正在慕尼黑舉行。會開到一半，她再也坐不住了，於是溜出來看德國的拜仁慕尼黑足球隊與英國的切爾西足球隊決一死戰。後來，歐巴馬總統、英國首相卡麥隆和歐盟委員會主席巴羅佐、法國總統歐蘭德（右下，坐著的那位）和梅克爾的國家安全顧問霍伊斯根都出來觀戰。

圖片來源：Pete Souza/Barack Obama Presidential Library

一張在網路上瘋傳的自拍照：二〇一五年十月九日，梅克爾來到柏林的一個難民安置區，跟伊拉克難民凱迪達（Shaker Kedida）自拍。這一年，她開放德國邊界，收容了近百萬名中東難民。

圖片來源：Bernd Von Jutrczenka/dpa/Alamy

二〇一五年六月二十四日，梅克爾在總理府接待伊麗莎白女王。兩人在總理府的陽台，梅克爾指出前方就是二〇〇五年修建完成的國會大廈。

圖片來源：Mark Stewart/Camera Press/Redux

歐洲兩個最有權勢的女人：歐盟執委會主席烏蘇拉·范德賴恩及她的恩師安格拉·梅克爾。她是醫師，也是七個孩子的母親，曾任梅克爾內閣的國防部長。梅克爾一直默默地支持跟隨她的優秀女性。

圖片來源：Sean Gallup/Getty Images

二〇一九年，梅克爾參加在法國比亞里茨的 G7 高峰會。在峰會期間，梅克爾偷得浮生半日閒，在安全人員和發言人塞柏特的陪伴下，在沙灘上散步。

圖片來源：Courtesy of Jason Williams

新冠病毒危機迫在眉睫之際，她在電視發表演說，發出強而有力的警告。不久，有人看到她在住院附近的超市購物，還發現她推車裡的酒瓶數量要比捲筒衛生紙來得多。梅克爾呼籲全國人民，不要囤貨。

圖片來源：SplashNews

梅克爾傳

一場卓越的史詩之旅

THE CHANCELLOR

The Remarkable Odyssey of Angela Merkel

Kati Marton　凱蒂・馬頓 ——著　廖月娟 ——譯

For my daughter,

Elizabeth Jennings,

and for Ilona Fitzpatrick Jennings,

and the next generation

獻給我的女兒，

伊莉莎白．詹寧斯，

以及伊蘿娜．菲茨派屈克．詹寧斯，

和下一個世代。

目錄

導讀

謙沖堅毅：德國、歐洲和西方再興的傳奇領袖

蘇宏達（臺灣大學政治系莫內講座教授，歐洲科學暨藝術學院院士）

謙沖堅毅，是全書末尾作者對梅克爾的論定。但是，二〇〇五年十一月梅克爾首次組閣擔任德國總理時，外界完全不看好。

首先，她所領導的基督教民主聯盟（基民黨）大選結果並不理想。選前，當時執政的社會民主黨（社民黨）敗相已露，總理施洛德（Gerhard Schröder）聲望低迷，所以各方都預測基民黨將輕易獲勝。結果，兩黨得票竟在伯仲之間，施洛德更宣稱「我們沒有失敗」、「我比她更有執政經驗」，甚至試圖組閣奪權。其

次，一九九九年歐元取代馬克後，德國經濟停滯、失業上升、競爭力下降，被諷為「歐洲病夫」。而整個歐洲的情況更令人擔憂：二〇〇四年歐洲聯盟（歐盟）由原來的十五個會員國向東擴展到二十五國後，中東歐人民大量湧向較富裕的西歐，造成德國內部的衝突和恐慌。但是，事前為了因應東擴而簽署的歐盟憲法條約（Constitutional Treaty），卻在二〇〇五年六月遭法國和荷蘭公投否決而胎死腹中。更糟糕的是，二〇〇三年德法國領袖公開反對美國攻打伊拉克，甚至聯合普亭力抗美國小布希總統，不但引發美歐衝突，更造成歐洲內部的分裂。因此，二〇〇五年底，梅克爾接手的是一個疲憊的德國、破碎的歐洲和分裂的西方。更別提，她是位來自東德、只當過青年婦女部和環保部部長，沒有任何家世背景的女士。

但是，梅克爾不但成功連任四屆，領導德國重振經濟，更將德國推高成為歐洲領袖、人權大國和民主世界的中流砥柱。梅克爾主政下的德國，強大、富裕，在面臨歐債、難民、新冠病毒等危機時，都能登高一呼、慷慨解囊，成為一個令人尊敬的歐洲表率和世界大國。梅克爾領航下的歐盟，則度過一次又一次危機，在逆境中奮力前進，陸續組建了銀行聯盟、援助基金和聯合防衛，同時首次發行統一的歐洲債券（EU NextGeneration Bonds）。當民粹狂潮席捲西方，極右政客在英美趁勢壯大時，梅克爾更挺身而出，在國內堅持憲政民主，在國際捍衛自由主義，在全球主張多邊機制，成為西方價值的守護神。

梅克爾執政十六年，幾乎是在接連不斷的危機中度過。她甫上任即須面對歐盟憲法條約失敗的危機，幾經穿梭協商，才於二〇〇七年促成各國簽署里斯本條約亡羊補牢；二〇〇八年，全球金融海嘯爆發，幾乎淹滅西方銀行體系，重蹈大蕭條覆轍；二〇一〇年，歐債危機接踵而至，由希臘迅速波及其他歐元區國家，「歐元即將崩潰」之說甚囂塵上；二〇一一年，地中海南岸發生阿拉伯之春，衝擊整個回教世界，突尼西亞、埃及、葉門政府應聲垮臺，利比亞、敘利亞內戰開始，所有強權、地區大國悉數捲入。正當歐美忙於應付環地中海動盪時，二〇一四年東鄰烏克蘭政爭激化，俄軍趁虛而入，併吞克里米亞、控制東烏克蘭，公開撕毀一九七五年「不以非和平手段改變歐洲疆界」的赫爾辛基最後議定書（Helsinki Final Act）。二〇一五年，數百萬難民逃離動盪的中東和北非家園，由陸路或海上湧向歐洲，歐盟束手無策、各國相互推諉。中東北非動盪、難民大量湧入，導致全歐恐怖主義橫行以及極右政黨大興，反移民、排外主張大受歡迎，梅克爾遂陷入執政最難困的二〇一六和二〇一七年。在德國，她以人道為由接納百萬中東難民的決定，引發兩極反應和執政聯盟的分裂，使得基民黨在二〇一七年僅獲三十三%得票率，極右派德國另類選擇黨（AfD）則趁勢興起。前一年，英國公投決定脫離歐盟，狠狠地否定了梅克爾長期協調各方，期能留住英國的努力。土耳其又發生政變疑雲，艾爾段（Recep Erdogan）總統開始遂行獨裁統治並以伊斯蘭保護者自居，與歐盟漸行漸遠。在跨大西洋關係上，維基解密釋出大量文件，揭露美國監聽德國總理電話醜聞，重擊美德互信；梅克爾全力推動的跨大西洋投資與貿易協定（TTIP），未如願在歐巴馬任內完成；接著狂人川普當選，高唱美國優先，抨擊北約、嘲笑歐盟、反對美歐貿易談判、主張退出氣候變遷協議，甚至不斷以梅克爾開放難民進入為教訓來支撐自己的反移民論述，預示梅克爾第四任總理前途多舛。為了專心政務，梅克爾於二〇一八年基民黨代表大會上正式宣布辭去黨魁。霎時，全體代表起立鼓掌，歷數分鐘不止。好不容易熬過川普四年，二〇二〇年十一月拜登當選美國總統，民主黨也重掌國會兩院，但新冠疫情已席捲全球，迄今未歇。

然更深的挑戰是，過去二十年，中國大陸經濟快速發展，市場規模和工業生產接連超前德國、日本，直逼美國，並在周邊和全球政治採行愈來愈強勢的作為；俄羅斯則在普亭強人主政下，靠著能源出口、軍工產業和地緣政治操作，力圖重振雄風。俄中兩國和領袖間更因同屬威權又須抗衡美歐而趨緊密，直接挑戰西方所建立的國際秩序和政經價值。反觀美國的外交政策和全球布局，則愈來愈受到內部政治、選舉和政黨鬥爭的左右，讓梅克爾憂心不已。

面對上述危機，梅克爾幾乎無役不與，甚至常常扮演主導角色。在歐洲事務上，她總是頂住德國和較富裕的北歐西歐國家反對金援的壓力，坦然面對待援南歐國家攻訐她刻薄寡情，協調各方、軟硬兼施，促使歐盟在二〇〇七年達成里斯本條約，二〇一〇至二〇一五年完成多次紓困，二〇一七年建立獨立於北約的聯合防衛，二〇二一年首次發行歐盟債券。二〇一五年她更乾坤獨斷，全面開放百萬難民入德，一舉解決全歐洲的難民危機。她同時聯手法國和波蘭，說服普亭建立明斯克議定書（Minsk Protocol），全力防堵烏克蘭危機擴大。英國脫歐後，梅克爾又穿梭海峽兩岸，力圖緩和各方情緒，避免雙輸。在川普狂飆四年中，梅克爾則傾全力捍衛北約、國際組織和自由貿易秩序，防止體制崩塌。

當然，梅克爾的努力並未悉獲成功。迄今，俄羅斯仍占領克里米亞，拒不歸還；拜登上任後，TTIP未見任何復談跡象；她任內十二次訪問北京，希冀不斷透過對話合作，引導中國大陸走向更開放，顯然事與願違；儘管德國反對，英法仍然在美國支持下出兵利比亞，導致該國內戰未歇、難民不斷；她全力支持國際組織、鞏固全球秩序，但無法阻止川普的接連退群和對這些組織、領導人的任意攻擊。

但是，梅克爾仍然創造了奇蹟，甚至改寫了歷史，給德國、歐洲、西方乃至全球留下了巨大的影響。

首先，梅克爾執政十六年見證了德式民主的偉大。來自東德牧師家庭、德國統一以後才由學術界踏入政壇，梅克爾竟能承繼大統，執政十六年，都在在顯現德式民主的優越。回顧二戰以來西德和德國歷任總理、政黨領袖，無一屬官二代，每位都是從自己專業出發踏入政壇，然後攀登頂峰。在德國，選舉經費不是天價，選舉花費又有嚴格的限制和管控，遂大大降低了從政的財力門檻。因此，德國政黨真正發揮了為國舉才的功能，而不是派系分贓的黑箱，才使得無勢無財的梅克爾能脫穎而出。此外，德國屬聯邦制，加上多黨又必須組織聯合政府，不斷協商往來遂成為德國政治的重要特色和文化，是所有領袖的必備能力，反而不過分凸顯個人魅力，因此有利調和鼎鼐的梅克爾脫穎而出。在全球民粹狂潮下，儘管德國也出現極右派政黨和反移民勢力，但始終無法坐大，也未出現狂人領袖、川粉暴動和公投脫歐的政治暴走。梅克爾當權時期，處理內部紛爭，堅持恪遵憲法，拒絕濫用公權力。金援紓困南歐時，她靜待德國憲法法庭針對該政策是否違憲的判決；面對極右派崛起，她拒絕任由憲法保衛局（BfV）以國安為名，解散該政黨；在恐攻高峰時，她仍然反對政府透過網路監控人民通訊，堅持個人自由不可侵犯。

與此同時，梅克爾的成就也證明了歐洲統合的可貴和歐式外交的可行。二〇〇五年以降，歐盟危機和挑戰不斷，連續衝擊歐元和歐盟，「歐元瓦解」、「德國退出歐元區」、「歐盟失敗」、「共同市場崩裂」等傳言不斷。但在梅克爾的領導下，歐盟不但克服困難，而且脫胎換骨、益見茁壯。而梅克爾能夠成功帶領歐盟乘風破浪，除了倚靠德國的政經實力和協調整合外，歐盟本身機制的穩固和歐洲統合累積的成就也極為重要。自一九五〇年五月九日舒曼宣言以來，歐洲統合歷七十年而有成，建立了跨國的行政、立法、司法等機制，形成歐盟內部各國不斷協商、多層級對話的架構，更累積了各會員國及人民之間的強大互信。在這個架構裡，沒有人永遠占便宜，也沒有國家一直吃虧，總是有捨有得。各國吵架爭執不斷，但從不必擔心訴諸武力、主權被侵蝕或遭到暗算，遂予梅克爾足夠的空間揮灑。歐盟更從自身統合經驗發展出來一套以「多邊、和平、對話」為原則的歐式外交：堅持最大限度不訴諸武力，也不求立即且全面地解決問題，而是建立架構納入所有利害關係國家，有效地降低緊張、限縮危機，先達到有限的目標，再逐步尋求全面解決方案。在歐洲事務上，梅克爾始終結合法國領袖共同領導，從不單獨強出頭，同時多方對話。在歐債危機中，她組建了以德法為核心再加上荷蘭北歐等富裕國家的集體領導，同時協調與受援的南歐國家建立南北對話，逐步尋求解決方案。在烏克蘭危機中，她深知波蘭的不安，因此邀請波蘭與德法組建「威瑪三角」（Weimar Triangle），集體與普亭談判；在伊朗核協議中，她同意德國參與但堅持由歐盟代表英法德三國，再協同美國與對方談判。

本書作者馬頓女士（Kati Marton）是美國著名的記者和暢銷作家，也是前美國駐德國大使霍爾布魯克（Richard Holbrooke）的第三任夫人，因此結識梅克爾夫婦、她周邊夥伴以及德國政商媒界人士，加上她英文德文兼優，又大量閱讀了關於梅克爾的書籍、論文和報章，在大西洋兩岸進行了大規模的訪談，也逐一走訪梅克爾一路成長的漢堡、東德小鎮滕普林（Templin）、萊比錫、波昂和柏林。她甚至獲准直接跟隨梅克爾一整天，近距離觀察這位領袖的言行舉措、待人接物和思維決斷，使得本書深入淺出、亦述亦評、詳盡而不枯燥，可讀性甚高，讓讀者得以一窺這位女強人的內心世界和處世風格。全書原文三百多頁，約十萬字，除了序曲（Prologue）和尾聲（Epilogue）外，共十八章，是我所知關於梅克爾最詳實的傳記。前四章交代了梅克爾在東德時期的成長，呼應二〇一九年她在哈佛大學演講時的自述：「我不是異議份子，只是常常走近柏林圍牆，想像牆後自由的西方。」第五章簡述了她在德國統一後踏入政壇的十五年，如何由議員躍升為柯爾（Helmut Kohl）內閣最年輕的女性部長。接下來的十三章則是依序描述梅克爾的總理之路，以及她眼中的歐洲和國際政局。其中第八章特別分析了梅克爾對於普亭和習近平的觀察，第九章簡述了她任總理後如何堅持保有私人生活。作者除了詳細描繪梅克爾的成長、發跡乃至執政，也忠實呈現她對許多事物和重要領袖的觀察：她欣賞歐巴馬的聰慧，卻對他過於依賴演辯爭取支持有所保留；她樂見馬克宏領導法國致力歐洲統合，但總以為這位年輕總統鋒芒太露；她俄語流利、醉心斯拉夫文化，但清楚俄國領袖對內對外都習慣以震懾手段壓迫對方；和北京打交道時，她總是自然流露出對中華文明博大久遠的心儀，無形中拉近兩國關係。

當然，梅克爾也有備受爭議甚至遭批評的地方。她初入政壇即受柯爾提拔栽培，但一九九八年柯爾競選連任失敗下野、爆發政治獻金醜聞後，梅克爾即投書報紙，劃清界線，宣稱：「我效忠的對象不是個人，而是整個黨。」她堅持民主自由，接納俄國異議領袖，卻又與普亭共同開發跨國天然氣管線，力推歐盟與中國大陸簽署全面投資協定（CAI）；她原本秉持基民黨立場支持核能，卻在日本福島核電廠意外後，逕自宣布二〇二二全面廢核，也被譏為缺乏核心信念；她的父母終其一生，從未投票支持自己的女兒。

但是，正如本書尾聲引用英國小說家艾略特（George Eliot）的名言：「推動世界前進的重點是，不必等待完人。」（"The important work of moving the world forward does not wait to be done by perfect men."）梅克爾當然不是完人，但她確實改變了世界發展的軌跡，而且看起來是朝著正確的方向。

序曲

牧師的女兒

她悄悄地來，沒有鳴放警笛的前導車、沒有此起彼落亮起的閃光燈，也沒有成群助理。安格拉·梅克爾（Angela Merkel）不聲不響地來到柏林近郊，走進波茨坦（Potsdam）一間簡樸的磚造教堂。她微駝的身影堅定往前，經過一排排長椅時，兩旁的信眾紛紛拿起iPhone對著她——儘管她討厭攝影鏡頭，還是縱容地露出微笑，畢竟他們是她的人民。雖然這座教堂離首都很近，這裡的人跟她平日處理國事時圍繞在她身邊的人大不相同。她父親是牧師，也是在這樣簡樸的教區教會服事。在這濕涼的秋夜，這個樸實的禮拜堂有如庇護所，讓她暫時遠離第四任也是最後一任總理任期的煩亂。如果她能偷得浮生半日閒，總愛在她家鄉布蘭登堡邦

（Brandenburg）一帶的樹林裡漫步——只是這樣的日子愈來愈難得，她總是為了拯救世界忙得焦頭爛額。

今晚，梅克爾來到這間奧伯林教堂（Oberlinkirche），周遭的人都像她的親朋好友。這位現年六十三歲的德意志聯邦共和國總理稍稍讓自己放鬆警戒。她還是穿著萬年不變的西裝外套（這日挑的是祖母綠）和黑色長褲，腳下則是一雙黑色平底鞋。她坐在祭壇前的一張直背扶手椅上，兩手指尖輕輕碰觸、放鬆地置於腹部前方，拇指和食指構成一個菱形——這就是德國人熟悉的梅克爾招牌手勢，有人甚至為這手勢設計了表情符號。「我童年時，每天清晨都會聽到教堂鐘聲響起，傍晚六點，鐘聲會再度響起。我好懷念那鐘聲。」聽眾安靜地聽她講述。這個極注重隱私的元首難得透露她個人生活的點點滴滴。就在這一刻，她那真誠的微笑消除了歲月刻在她臉上的深溝。近年來，這位德國首位女總理的世界一直受到社會、政治動盪的侵擾，遭受全世界民粹主義的浪潮衝擊。自第二次世界大戰以來，右翼民粹主義於近年的德國政壇快速崛起，甚至成為二戰後首度擁有國會席次的主要反對黨[1]。

1　譯注：此反對黨就是德國另類選擇黨（Alternative für Deutschland，縮寫為AfD），其政治思想含新納粹主義成分，反對歐洲一體化、反對歐盟。該黨在二〇一七年贏得歷史性席次，首度挺進國會。

這些右翼極端份子無所不用其極地詆毀她。美國也有一位民粹主義者入主白宮，不久前還盛讚她的死對頭——在莫斯科的普亭（Vladimir Putin）。

「小學入學那天，」梅克爾繼續描述，讓人瞥見一個牧師之女要在無神論的東德成長有多麼不易。「每一個學生都得站起來，說出父母的職業。」她記得同學偷偷跟她說：「就說司機吧。」畢竟司機是更適合無產階級的職業——在德語裡，司機（Fahrer）和牧師（Pfarrer）聽起來幾乎完全一樣。

結果，她回答老師：「我父親是牧師。」

梅克爾不必向聽眾解釋，誠實坦率在東德有多危險。在這個耳目眾多的國家，即使是小孩都知道要低調、別引人矚目。國家安全部（Stasi）對社會的滲透要比其前身，即納粹德國的祕密警察組織蓋世太保（Gestapo）更深、更廣。相較於第三帝國蓋世太保的七千人，國家安全部的雇員到了一九六〇年代已多達十七萬三千人，包括線民，在東德每六十三人就有一個是線民。「當然，這樣的童年塑造了我，」她說，也許無意中透露了她是什麼樣的人，如何稱霸歐洲政壇十五年，以及為什麼在她自己的國家，她仍是個謎樣的人，當然外界對她始終霧裡看花。

回到現在，菲希繆勒牧師（Matthias Fichtmüller）問道，她是否讀過別人幫她寫的傳記。「讀過，但我認不出書中人，那不是我！」此話惹得在場民眾哄堂大笑。她說：「我立下非常明確的界限，我生活中的某些領域是禁地，不會對大眾開放。」梅克爾明白地說，除了她的官方角色，其他的一切，世界就別管了吧。總理的隨行人員把保密當作是信仰。在梅克爾擔任總理的十六年中，沒有發生過任何洩密事件，離職幕僚或她的密友，沒有任何人出書爆料。她的助理群對她極其忠誠，竭盡全力地保護她，大多數的人已在她身邊待了十五年。二〇一六年歐巴馬訪德[2]，來到柏林，看到梅克爾的團隊，不禁驚呼：「你們都還在？」從他二〇〇八年初次到訪柏林，這八年來梅克爾身邊的人幾乎是原班人馬。

幾十年來，她的樣貌、她的聲音，和她那巍然屹立如山般的形象，未曾讓德國人厭倦——因為她不會高高在上、不可一世。儘管德國人對他們總理的私生活知之甚少，只知道她除了治國，也和一般老百姓一樣，要打點柴米油鹽等瑣事，他們讓她三度連任總理，每一次都以相當大的差距擊敗對手。偶爾，他們會看到她盛裝參加拜魯特音樂節，聆賞華格納的歌劇，但他們也會看到她跟尋常主婦一樣上超市買菜。她汲取柯爾等前任的教訓——如柯爾一直以家庭美滿的形象示人，結果妻子自殺身亡，兒子也

2　譯注：歐巴馬二〇一六年訪問德國，是他任美國總統期間第六次訪德，也是第三次到訪柏林。

指控他對家庭漠不關心，憤而與他斷絕父子關係[3]——或是像冷戰英雄布蘭特（Willy Brandt），不但一直拈花惹草，甚至爆發召妓醜聞。

有時，梅克爾對隱私的堅持已近乎偏執。她不寫日記，不用電子郵件[4]，只有在必要時，才會傳送簡訊。曾跟她來往的人，只要有人透露她私生活的細節，就算只是微不足道的小事，她也會與之絕交。有一位政治盟友公布了她寫來的簡訊，儘管內文只有四個字：「多謝建議」，但卻從此失去梅克爾的信任。

觀察家為了解開梅克爾之謎，有時甚至會採用荒唐的策略。如德國重量級媒體《時代週報》（*Die Zeit*）就曾出現這樣的分析：「梅克爾和其他幾個人士在德國電視二臺（ZDF）站著談話時，她一直用手轉動外套上方的鈕釦。不是來來回回地轉，而且按照穩定的節奏轉圈。總理壓力很大的時候，會把頂針套在食指上擺弄，如果轉圈，意味她在靜靜地、專心地想一件事。」在外國首都的記者會上，「她對主人愈不耐煩，眼睛瞄向他手中文件的次數就愈多。」

有些視覺線索似乎合理得多：如她第一次和川普見面時，川普說：「安格拉，我們倆有一個共同點，也就是都被（歐巴馬）竊聽過。」她則歪著頭，瞪大眼睛，一副不可置信的樣子；在某一次記者會上，有人問她，她可「信任」老犯桃花的好色義大利總理貝魯斯柯尼（Silvio Berlusconi）或是普亭對她說教，她則大翻白眼；還有，二〇一六年她跟歐巴馬告別時，眼神充滿情感，甚至流下了一、兩滴淚水。

儘管她的極度自律有助於政治生命的延續，然而這樣的自律也使記者不得不從她每一次翻白眼和神經質的動作中找線索，這也是一種恥辱。其實，要了解目前這個時代，我們必須了解安格拉．梅克爾。在全球政治與社會斷裂的時刻，在世界舞臺上，沒有人像她那樣極力維護二戰結束以來的自由民主秩序。她不怕面對普亭和川普那樣的強權者。她使德國成為歐洲老大——不只是經濟的領頭羊，也是道德的榜樣——接納百萬名中東難民，使德國成為移民國家。

這個三重局外人——東德人、科學家，還是個女性——在歐洲國家中極少像她的國家未曾出現女王，她是如何辦到的呢？在這個注意力高度分散的數位時代，像她這樣口才和外表同樣不出色的政治人物，如何掌握這麼大的權力，政治生命也比其他領袖來得長久？當然，聰明才智和刻苦耐勞是其中一個原因。在這麼一個國家，現在祖父母輩仍記得火炬遊行及群眾齊聲高喊煽動者的名字，梅克爾平淡的說

3 譯注：其子華特．柯爾寫道：「他真正的家庭是基民黨，他娶的不是我媽，而是黨。」

4 譯注：梅克爾的電子郵件信箱在進總理府的前幾年就註銷了。

話風格也是一種優勢。世界貿易組織祕書長拉米（Pascal Lamy）曾給她建議，希望她的演講「多一點詩意」，她怒回一句：「我又不是詩人。」她的冷靜與善於分析是在年輕時學習物理的歲月中形成的，使她得以用長遠的眼光來看國事治理。她曾說：「我從結果開始思考——從期望的結果，然後逆向進行……重要的是，在兩年後能得到什麼樣的結果，而不是我們明天會在報上看到什麼。」她不會含沙射影地批判政敵，或做人格謀殺的事，也不會陷入圈套。德國前聯邦總統高克（Joachim Gauck）說道：「如果普亭或川普在騙她，都逃不過她的法眼。她不會隨之起舞。」她若是知道他們在憑空捏造，就會無視，繼續推動自己的計畫。

只要她還在權力的巔峰上，她就必須既強悍又堅定——但這樣的特質又得深藏不露，才能達成目的。

她在處理很多敏感的問題時，通常是透過旁敲側擊、間接使力，不會讓目光聚焦到自己身上。梅克爾所屬的基督教民主聯盟（CDU，簡稱基民黨）立場為中間偏右、保守，且黨員幾乎都是男性，而她是一個來自東德的新教徒，已經離婚，和一個理論化學家同居，竟然能躋身基民黨領導人，足證她低調、內斂的本領過人。她只是輕輕一推，就使德國變為一個更加自由、開放的社會。二〇〇九年，她任命韋斯特威勒（Guido Westerwelle）為外交部長，韋斯特威勒因而成為首位公開同志身分的德國外長。梅克爾公開讚揚他的同性伴侶，稱頌他們的愛情故事——卻沒有明白表示她支持婚姻平權。八年後，德國國會投票表決婚姻平權法案時，梅克爾建議同黨同志，要大家憑良心投票，放下對同性婚姻的成見。梅克爾本人未就此事發表演講，也沒做政策聲明，婚姻平權就過關了，德國正式成為承認同婚的國家。

她也利用同樣微妙的策略來擴大婦女的機會。極右翼的德國另類選擇黨黨魁發現梅克爾的核心幕僚都是女人，有如一支「娘子軍」，因此咆哮道：「基民黨沒男人了嗎？」梅克爾的政府新聞發言人克里斯堤楊森（Eva Christiansen）在她耳邊低語：「我們贏了！」梅克爾只是露出她那謎樣的微笑。她一再證明領導人毋需大張旗鼓，安靜也能成事，也不必誇耀自己的成就。

她政治天才的一部分來自認可好的想法，不管是誰提出來的。德國社會民主黨（SPD，簡稱社民黨）前文化部長諾曼（Michael Naumann）說：「她在能源、兒童保育、婚姻平權和婦女權利方面，採用反對黨提出的方案。」這也是消除潛在敵人的巧妙手法。東德第一位、同時也是最後一位民選總理德邁齊爾（Lothar de Maizière）曾是她的政治導師。他說：「任何議題，只要獲得推力，梅克爾就會善加利用。這就是為什麼反對黨害怕跟她結盟執政。」儘管如此，這十六年來，梅克爾的基民黨皆與反對黨結盟，使基民黨得以保住執政黨的地位。然而，正如我們將看到的，這個過程有時變得非常痛苦。

梅克爾政治生命長久的另一個關鍵是她具有永不滿足的好奇心。雖然她已六十多歲了，依然對新奇、有趣的事興奮。人物、事實、歷史、需要解決的爭端，這些都會激起她的興趣。除了熱愛挑戰，驅動梅克爾的力量是什麼?她的另一位導師柯爾說道：「權力、權力、權力（Macht, Macht, Macht）。」梅克爾只能透過觀察男性政治領袖來學習，自一九九〇到一九九八年擔任德國總理的柯爾就是其中之一。柯爾曾暱稱她「小姑娘」（das Mädchen）。不知有多少男性政治人物因為低估了她的實力，而走下政壇。除了俄羅斯帝國女皇凱薩琳大帝和居禮夫人，她幾乎沒有什麼女性榜樣，她也沒有支持網絡，她不得不為自己創造一個政治家的角色。梅克爾曾說：「身為女人，你必須學習如何展現自己的權威。沒有權力，你不大可能達成很大的成就。」但她要培養的權力是非常特殊的一種。

梅克爾的行為告訴我們，傲慢是男性的弱點。一個女性掌權者總是有很多十萬火急的事要處理，無暇顧及自我。然而，梅克爾的自我消音有時使她錯過打動人心的機會。二〇〇九年，梅克爾陪同波蘭總理圖斯克（Donald Tusk）來到漢堡，對群眾發表演說；梅克爾以前不只一次提到她是在漢堡出生的，也曾說她祖父是出生在波蘭。在這種情況下，大多數的政治家都會把握機會，強調自己的出身，但她沒有。在她擔任總理的最後這幾年，她這種低調的領導風格和在全球各地出盡鋒頭的魅力型領導人大異其趣。

不是說梅克爾缺乏強大的自我。如果是這樣，她就不會踏上政治之路。有人曾問她，誰是她這一生的榜樣，她答道：「我自己。」她重新定義女性領袖的外表、聲音和行為。只是梅克爾始終是個謎，愈是近看，愈是有霧裡看花之感。她一直是世界舞臺上最有權勢的女人——卻不願稱自己為女性主義者。身為極其成功的政治人物，她比較喜歡與音樂家、聲樂家、演員和作家為伍。在眾聲喧譁的強人時代，她寧可安安靜靜的。

她不完全是像我們想的那樣。在世人的眼光裡，她投射出來的形象是拘謹、認真的。年輕時，被困在鐵幕後的她，曾說自己的夢想是「看看洛磯山脈、開著車到處跑，聽布魯斯．史普林斯汀的歌」。曾擔任美國駐德國大使、現任紐澤西州州長的墨菲（Philip Murphy）說過：「其實，她是冷面笑匠。」儘管她已在世界舞臺上活躍了數十年，卻依然沒有失去做正常人的天賦。德國駐紐約總領事吉爾（David Gill）跟她一樣是東德人，曾解釋說：「如果你跟她一樣，是在圍牆的另一邊長大成人的——就會以為那堵牆永遠都在那裡——有生之年，你都不會忘記。其他人可能會忘記她的出身，但安格拉．梅克爾絕對不會。」

梅克爾有三大特質：幾乎過目不忘的本事、拆解問題的科學能力以及對工作的狂熱。此外，她不需要太多睡眠（一天最多睡五個小時）且擁有鐵鋼般的體格。兒時，由於她很晚才會走路，常摔倒和骨折。然而，六十多歲的她，憑藉純粹的意志力，去山林健行，一次可走六小時。這些長處——有些是天生的，有些是後天培養的——讓她流露一種無可動搖的自信。這種自信常讓其他國家元首不安，也拉長了她的政治生命。

與牧師的對談結束後，梅克爾在小小的教堂走來走去，跟來賓和服務人員閒聊。有些服務員是唐氏症患者或具有其他殘疾，他們也是這個教區的教友。她父親的教區就有一個殘疾人士庇護工場，兒時她常跟這樣的人在一起。因此，今晚總理似乎完全自在，愉快地品嘗他們準備的小點心。

梅克爾為何能有這樣的成就？她到底是什麼樣的人？答案就在她的出身。能在警察國家活下來，不被極權暴力摧毀，其實已是一大成就。這也可解釋梅克爾個人和政治上的韌力。那樣的前半生使她成為一個理想主義者的反面。梅克爾不相信歷史的弧線會向正義傾斜。反之，她是一個深知人性脆弱、以行動為導向的樂觀主義者。在她擔任總理的最後幾年，她不斷提到那些因為沒能護衛自由和安全最後滅絕的文明。她曾在一次演講中提及印加帝國的衰亡，最近則提到一五五五年奧格斯堡和約（Peace of Augsburg）。在歐洲十六、十七世紀的血腥宗教戰爭中，這個合約帶來短暫的和平，但也為日後的戰爭埋下導火線。在這段和平時期過後，不知戰爭苦難為何物的新一代陷入毀滅性的衝突，各日耳曼邦國有三分之一的人口因而死亡。

二戰結束至今，已超過七十五年，但直到今天，仍有一個問題困擾著德國：一個建造出奧斯威辛集中營、使用毒氣室、進行高效、系統化種族屠殺的國家，有可能「正常」嗎？梅克爾可能會給我們肯定的答案——但是有一個條件，也就是德國必須繼續扛起責任。德國既已寫下歷史上最黑暗的篇章，就必須贖罪。在她的領導之下，她會確保德國負責。身為牧師的女兒，她相信救贖是每天都得做的功課。

本書要描述的是梅克爾這個人，而不是呈現一幅政治人物的肖像。我的出發點是想回答這個問題：一個牧師的女兒、一個局外人，如何成為世界上最有權勢的女人？在寫作本書時，我參考了梅克爾自一九九〇年至二〇〇五年接受的採訪，也就是從她在三十五歲那年初次踏入政壇，直到二〇〇五年當選德國第一位女總理。採訪的問題多半都很深入，她也坦率回答。此外，我也採訪了她的導師、友人和同事，前後進行了約數十次——這些訪問稿很多都還未以英文發表過。他們的敘述為本書提供了血與肉。她的親信有幾個人願意跟我交談，條件是不直接引用他們的姓名。我自己和梅克爾的接觸可回溯到二〇〇一年，雖然不是正式採訪，但也使我對她更熟悉，也加深我對她的了解。

我是在匈牙利長大的。匈牙利屬於東歐社會主義集團，和梅克爾的東德很像。我的成長經歷對我了解她很有幫助，特別是她在公開場合的沉默寡言，畢竟她的童年和青年時期都是在一個警察國家度過的。在蘇維埃帝國崩塌瓦解後，梅克爾才開始她的政治生涯。在服務和行善的機會出現時，她依循她的路德派信仰，緊緊抓住這個機會。然而，正如我們將看到的，她這麼做的動機就和她本人一樣複雜難解。她被一堵牆擋住了三十五年，解放後，海闊天空，隨即踏上了一條鬥智、刺激的冒險之路。

回到禮拜堂，菲希繆勒牧師傾身向前，靠近她，問道：「在妳這個年紀，如果有人說妳是牧師的女兒，妳會在意嗎？」

這位世界上最有權勢的女人不假思索地說：「完全不會——因為這就是我。」

安格拉・梅克爾的父親赫斯特・卡斯納牧師在滕普林附近的樹林。這裡也是未來的德國總理安格拉・梅克爾成長之地。卡斯納牧師在女兒出生之後，就舉家從西德搬到東德，以響應路德教會的召喚，在這個無神論的共產國家傳教。卡斯納牧師是個硬漢，對東德政權卻過分遷就。安格拉從父親那裡學到合乎邏輯的嚴謹和清晰的論證。
圖片來源：Marcus C. Hurek/Picture Alliance/dpa

第一章
逆行

人生沒什麼好怕的。只要理解，就無所畏懼。

——瑪麗．斯科沃多夫斯卡－居禮

（Marie Sklodowska-Curie，一八六七～一九三四）

荷琳德生第一胎時，她的丈夫赫斯特．卡斯納牧師（Horst Kasner）不在她身邊。那天，也就是一九五四年七月十七日，卡斯納牧師開著一輛裝滿家具的貨車，要去東德一個偏僻的小村子。他即將在那裡展開小鎮牧師的新生活。

西德搬家公司的人告訴他：「只有共產黨或白痴才會志願去那種地方。」卡斯納牧師現年二十八歲，是個高個子，五官輪廓鮮明，身高超過一米八，像他這樣回應漢堡主教沃爾伯（Hans-Otto Wölber）的號召，願意到資源貧乏的蘇維埃地區服務的神職人員實在少之又少。卡斯納後來說：「只要能宣揚主的道，就算要我去天涯海角，我都會去。」他的妻子荷琳德是個二十六歲的英文老師，兩人在一年前才結婚。卡斯納牧師警告有著藍眼睛、嬌小纖細的荷琳德，他永遠都會把對教會的責任放在第一位。他果然說到做到。

赫斯特．卡斯納原本的姓氏是卡茲米爾札克（Kazmierczak）。他的父親路德維西．卡茲米爾札克是波蘭人，後來遷居柏林，並在這個城市娶妻生子，所以赫斯特是在柏林出生、長大的，後來他父親才決定將姓氏改為卡斯納。希特勒在一九三三年掌權時，赫斯特才七歲。他在中學時期加入納粹黨的希特勒青年團，十八歲那年被徵召加入德意志國防軍。據說，他在一年後被盟軍俘虜——然而，關於他人生的這個章節，沒有任何研究人員能獲知細節，畢竟那已是七、八十年前的陳年往事。獲釋後，他先後在海德堡大學及漢堡研究神學。安格拉．梅克爾父親背景的公開紀錄就是這些了。

幸好，我們能從一些個人訪談更了解他一點。在這位嚴肅、要求嚴格的牧師心目中，他的女兒安格拉永遠不會像他的信仰或信眾那麼重要。雖然安格拉接受這個事實，心中卻一直渴望父親能在自己身邊，並得到他的認可。卡斯納牧師有個出色的女兒，但是他未曾心滿意足——當然，也從未明確表示自己的認可——儘管如此，安格拉依然不斷努力，希望能得到父親全心全意的支持。也許正因她從未得到父親的完全認可，因而有一股強烈的驅力，促使她不斷追求更大的成就。綜觀赫斯特·卡斯納對女兒早年發展的影響，最重要的一件事莫過於他決定放棄西德的安逸生活，走上一條險路——前往蘇維埃占領的東德，面對危險和動盪不安。

安格拉·梅克爾的出生地漢堡，曾經是繁華的港市，一九四三年被英美轟炸機夷為平地，成為焦黑、滿目瘡痍、難以辨識的廢墟，四萬多人在此喪生。德國人創造了一個新詞—— Feuersturm（烈焰風暴）用來形容這個城市歷經的浩劫。然而，一九四五年五月八日，德國投降時，成千上萬走投無路的倖存者被吸引到漢堡——不斷湧入殘破的房子和臨時庇護所。這些可憐人有些是剛從集中營逃出的難民，有些則是為了逃避蘇聯紅軍的追殺才來到這裡。

到了一九五四年，也就是安格拉．朵若喜雅．卡斯納在漢堡巴姆貝克醫院（Barmbek Hospital）出生那年，市民已盡全力讓這座城市從灰燼中復活。街道又可以通行了，建築物外圍架設了鷹架，準備重建，市民的生活節奏也逐漸恢復。十年前轟炸德國的盟軍，在戰後，為了援助德國人，提供了數百萬美元的重建經費。漢堡漸漸成為德意志聯邦共和國的貿易、媒體和流行中心，恢復了它在十六、十七世紀做為漢薩同盟帝國自由城市的地位——幾百年來，漢堡一直是波羅的海海上貿易重要樞紐。烈焰風暴的倖存者再度憧憬能過著像樣的生活。急著把過去埋藏在廢墟底下的人們跑到聖保利（St.Pauli）的紅燈區，將小酒吧擠得水泄不通。這個城市重新湧現創造的能力，包括生氣蓬勃的音樂廳和劇院，以及活力充沛、粗野的新聞界。那些參與復興的人不願回想第三帝國時期的日子，就像他們早已把被困在蘇聯占領區的同胞拋在腦後。

到了一九五四年，世人已經了解，德意志民主共和國顯然一點也不民主。這個國家是一九四九年在蘇維埃軍事占領區成立的，事實上只是另一個莫斯科管理的衛星國，有如波蘭、匈牙利、捷克、保加利亞、羅馬尼亞和阿爾巴尼亞的翻版，只有一個合法政黨，也就是共產黨，人民和政治都由這個黨操控。在安格拉出生的前一年，也就是一九五三年六月十六日，東德工人發動罷工，成千上萬的建築工人放下工具，在東柏林的主要通道示威遊行，要求提高工資，改善工作條件，並進行公平選舉。由蘇聯控制的東德政府於是宣布戒嚴，殺害數百名抗議者，建立了一種血腥鎮壓的模式，在一九五六年的匈牙利、一九六八年的捷克和二〇一四年的烏克蘭重施故技。

政府的暴力與鎮壓，使得東德人潮不斷往西德流動。光是在那一年，就有三十三萬一千名東德人放棄自己的家園和生計，前往西邊。直到七年後，東德政府環繞西柏林邊境修築圍牆，才阻止東德居民透過西柏林前往西德。

有一個德國家庭卻逆向而行。卡斯納牧師先離開漢堡前往東德，兩個月後，他太太荷琳德才把女兒放在籃子裡，上了火車，三個小時後在布蘭登堡邦的科微卓村（Quitzow）與丈夫會合。繁華的漢堡和這個貧窮的小農村形成鮮明的對比，連這對習慣刻苦節儉的牧師伉儷也得花點時間才能適應。不久後，這一家搬到滕普林（Templin），科微卓村東邊九十英里的一個小鎮，那裡有很多古老的湖泊和松林，就像德國童話故事的背景。幼小的安格拉．卡斯納就在這裡踏出了她的第一步。

曾有人問安格拉，每當她聽到「Heimat」這個字，腦海中會出現什麼。

「Heimat」是一個很難翻譯的德語單字，不只含有「家」的概念，也意指你的歸屬之地。為了回答那個問題，她描述了滕普林一帶的風景：「湖、森林、乳牛，巨石林立……松樹，還有乾草。」在那裡，她可以專心、自由地探索自然，讓自己的想像力馳騁，年少的安格拉·梅克爾已學會獨立。直到今天，梅克爾仍說，她最喜歡在自己的家裡醒來——她指的是她在滕普林的老家。

從柏林到滕普林，火車蜿蜒而行，穿過上個世紀最血腥的幾個車站，包括奧拉寧堡（Oraninebrug，納粹最早在此設置集中營）、薩克森豪森（Sachsenhausen 這裡先是納粹集中營，後來變成蘇聯集中營）以及澤洛（Seelow，希特勒和史達林的軍隊在此互相殘殺，直到這場浴血之戰告終）。指向滕普林的道路標誌是用西里爾字母寫的，提醒路人一個無可否認的事實：這裡曾是蘇聯軍隊占領之地。由於以前蘇聯軍事基地就在附近，常進行武器試驗，所以此地土壤汙染嚴重。在安格拉的童年，那超現實、平靜的一天總會被低空掠過的蘇聯飛機擾亂好幾次。

遊客開車來到滕普林，會發現這是一個風景如畫的小鎮。這裡有鵝卵石街道和紅磚房屋。此地就是梅克爾成長、上學和第一次結婚的地方——她母親在二〇一九年過世之前，一直把這個小鎮當作是家鄉。有人問她母親搬到東德的事，她總是這樣解釋：「身為基督徒，來這裡是要幫助其他基督徒。有些人去了非洲。為什麼我們不去這個國家的另一邊呢？」荷琳德把東德和非洲相提並論實在很有意思，可見西德的人對東德有多陌生。荷琳德跟隨丈夫東遷，付出了很大的代價：身為資產階級牧師之妻，她被禁止教書。然而安格拉不記得母親曾後悔舉家搬到蘇維埃占領區。赫斯特和荷琳德・卡斯納在女兒還小的時候，就向她灌輸犧牲和自律的價值觀。

卡斯納剛來到瓦德霍夫（Waldhof，意思是「森林苑」）時，窮得連給安格拉買嬰兒車的錢都沒有。這個未來總理的嬰兒床則是板條箱做的。瓦德霍夫是屬於路德教會的獨立院落，約有三十棟房子。梅克爾回憶說：「我父親得去擠羊乳，我母親則請一位老太太教她煮蕁麻湯。」她最早的回憶是馬跑進他們的院子，她被嚇得拔腿就跑。她又說：「那時，我父母共用一輛小摩托車。」後來，她父親終於成為國家認可的牧師——也就是說，政府發現這名牧師未曾質疑共產主義國家的合法性，因此可以放心了——國家配給兩部私家車給卡斯納家，這在蘇聯衛星國可是罕見的特權[1]。其他牧師多半認為他對這個惡毒的政權過於寬容。儘管卡斯納因為他對教會貢獻卓越而享有特權，但是他和他的家人仍有危險。根據一九九四年一份官方報告，馬丁．路德（Martin Luther）改革下的國度在共產黨的統治下已「去基督教化」。然而，這種在渾沌水域中穿梭、應變的本領讓未來的總理得以培養出高超的政治靈活度。

東德最重要的神學院就在瓦德霍夫建築群中。卡斯納就此培育神職人員。那裡生活簡樸，只有生活必需品，沒有奢侈品。從以前到現在，這個教區都有一個庇護工場，收容了幾百名有身體和發展障礙的兒童及成年人，並教他們做簡單的活兒。他們是教會社群很重要的一部分，安格拉也就很習慣跟他們相處，甚至家裡有慶祝活動也會邀請他們前來。

老鄰居還記得赫斯特．卡斯納是個令人生畏、具爭議性的人物，是滕普林一帶的名人。安格拉兒時的朋友宣艾希（Ulrich Schöneich）說道：「他是個硬漢，給人的印象不像是個牧師。」宣艾希高大、壯碩，曾當過滕普林市長。卡斯納也許不是個和藹可親的牧師，但安格拉從他那裡學到合乎邏輯的嚴謹和清晰的論證。

卡斯納對安格拉的要求非常嚴格。她曾在政治生涯早期接受採訪時解釋說：「無論我做什麼，都必須有條不紊。」在成長的過程中，她很難了解父親心中的輕重緩急：「我父親很擅長接近人們，讓他們開口說話。在我小時候，真正讓我生氣的是，他很能諒解別人，但是如果我和弟弟、妹妹做錯了什麼，他的反應卻截然不同。」讓梅克爾特別痛苦的是，她摯愛的父親似乎以工作為理由，逃離家庭責任。她回憶說：「最糟的是，他說他會馬上回來，但是過了好幾個小時，還看不到人影。」有時候，她會站在家門外的街道上等他，「結果一等就是等上大半天」。

幸運的是，在梅克爾的少女時期，儘管父親很冷酷，母親又忙碌，在她身邊仍有大人用時間、耐心和溫暖來關愛她。「我還記得有個身材健壯的園丁伯伯，他給我的內心灌注信任與寧靜，」安格拉後來回憶道：「我從他那裡學到種種實用的生活經驗。我學會辨識花朵，知道什麼時候是仙客來花季。他也教我如何跟智能障礙者說話。和他在一起，我總有溫暖、信任的感覺。他允許我吃從地裡長出的胡蘿蔔。他喚醒了我與土地及大自然的連結……今天，我了解時間是多麼重要，比財物都要來得重要。」

在這個林木蔥鬱、湖面如鏡的所在，梅克爾漸漸從鄉野的寂靜中獲得慰藉。後

1 我和姊姊在匈牙利成長時，每個禮拜天都在附近教堂參加天主教彌撒，但是來我們家指導我們學習慕道的修女卻被禁止穿她的修女服。在那個時代，成為一名虔誠的教徒絕不是件好事。宗教會使你被貼上中產階級的標籤。我父母都是記者，正是因為宗教被逮捕，並被誣陷為美國間諜。

來，她在總理府的一名親信表示，滕普林的樹林有如她的「私人智囊團」。她的一位老朋友以「平和的梅克爾」來描述年輕時的她，愛徉徜在山林間，遠離都市生活的壓力和喧囂。她承認，自己現在依然很享受那種靜謐：「喋喋不休——有時對我來說是個問題……我得給自己留下一段時間，不必說任何話，靜靜地跟某個人在一起就好。」安格拉．梅克爾能在寂靜中得到自在——這點對她日後作為政治家和談判者很有幫助，因為她的靜默也是武器，會讓對手覺得侷促不安，因此有人說，她要是安靜下來，就危險了。

安格拉．梅克爾寧靜的童年在一九六一年八月十三日的早晨戛然而止。兩天前，她父親就感覺有什麼不對勁。他們一家去巴伐利亞渡假，在開車回來的路上，從西德進入東德時，卡斯納牧師注意到大綑大綑的鐵絲圍籬堆放在公路旁的松林裡。牧師對他的太太說，真是奇怪。兩天後，卡斯納一家在去教堂的路上，從收音機廣播聽到邊境關閉的消息。那些帶刺的鐵絲圍籬，就是要用來把東德和西德隔開——也與歐洲其他地區隔絕。從此，東德成了一個監獄國家。卡斯納為他的上帝及教會所做的犧牲突然升高到一個新的境界。

「那年，我才七歲，第一次看到父母像是天塌下來似的那樣不安。他們不知道該做什麼或說什麼。我媽媽整天都在哭，」梅克爾回憶道。「我想幫他們，讓他們擺脫愁雲慘霧，但這是不可能的。」荷琳德知道她可能永遠無法去漢堡探望家人了。至少她丈夫的家人住在東柏林，但是歐洲最嚴格的邊境管制切斷了卡斯納一家與漢堡親友的連繫，東德與西德就像截肢一樣，活生生地被切開、隔離。

東德共產政府為了截斷不停湧向西方自由世界的人流，只得興建了一道長約一六八公里的柏林圍牆（官方稱之為反法西斯保護壁壘）。只要邊界不關，每天都有兩千名東德人為了投奔自由前往西方。這道混凝土牆高約四公尺，厚一．二公尺，上面有鐵絲圍籠，牆腳上還有地雷、警犬，附近邊防哨所的士兵會手持機關槍掃射，東西柏林的邊界因而成為歐洲最致命的地帶。天黑後，探照燈的強光讓所有想逃跑的人心生膽怯，除非視死如歸才敢冒險一試。後來，梅克爾稱她年輕時代的國家為「Lager」，此字一般用來描述集中營。

然而，小小的安格拉在瓦德霍夫的生活並沒有多大的變化。除了爸媽、小她三歲的弟弟馬庫斯（一九五七年生），一九六四年她又多了個妹妹伊蓮娜。她父母從漢堡搬遷過來時，也帶來大批藏書，什麼主題的書籍都有；在一個封閉的國家，書籍就是孩子心靈的世外桃源。在青春期之前，她就對書中的新世界無限嚮往。在物質生活匱乏的瓦德霍夫，在那漫漫長夜，她總是陶醉在俄羅斯經典作品中，就此對俄羅斯文化與語言深愛不渝。她說：「俄語是一種很美的語言，充滿情感，有點像音樂，也有一點憂鬱。」她心中有一條邊界，一邊是俄羅斯情感豐富的作家、詩人或俄國人民，另一邊是蘇維埃領導人，兩者涇渭分明。

儘管荷琳德不能在東德教書，但是她可以教女兒實用英語，這對安格拉日後站上世界舞臺大有幫助。可惜，她家沒有多少英文書。在東德，未被馬列主義者批准的讀物都像武器一樣遭到嚴格控管[2]。年輕的安格拉唯一能看到的英文出版品是英國共產黨的黨報《晨星》（*The Morning Star*）。她去柏林時，手裡總會拿著這份報紙，在路上閱讀。

她窩在安靜的家裡飽覽群書，尤其是歐洲政治家和學者的傳記，從中找到她的榜樣：瑪麗．居禮。瑪麗．居禮不僅是首位諾貝爾獎的女性得主，甚至兩度榮獲諾貝爾獎。她會深受這位物理學家的吸引，有好幾個原因。首先，瑪麗．居禮和梅克爾的祖父一樣，都生於波蘭。梅克爾多年前接受採訪時曾說：「瑪麗．居禮在世時，波蘭被俄羅斯等國瓜分、占領。因此，我們曾有被俄國占領的經驗。」但是最讓少女梅克爾印象深刻的是瑪麗・居禮發現鐳元素，從而開啟物理學研究的新紀元：

「她會有這樣的發現，因為她相信自己有個很好的想法……如果你對自己的想法深信不疑——即使只有你一個人這麼想——如果你全心全意地去研究，不管經過多少起起落落、曲折坎坷，如果你的想法沒錯，最終還是會達成目標。」

在逃避現實和尋求榜樣的歷程中，瑪麗・居禮的韌力和最終勝利點燃了安格拉的鬥志，特別是在一個充滿性別歧視的領域裡。瑪麗・居禮曾寫道：「人生沒什麼好怕的。只要理解，就無所畏懼。」這句話在年輕的安格拉心中留下深深的烙印。

如果瑪麗・居禮的科學生涯提供安格拉靈感，她兒時的良伴《聖經》也是。由於她父親每個禮拜天在滕普林聖喬治教堂的佈道，這個小女孩因此對《舊約》和《新約》中的人物瞭如指掌，就像其他孩子對《格林童話》中的人物那樣熟悉。梅克爾的父親鼓勵嚴謹、具批判性的思考——就連有關上帝的問題也是，只是他也

2　一九七〇年代末期，身為新聞記者的我要從西柏林經過邊界到東柏林時，邊境守衛總會這樣問我：「有沒有攜帶任何違禁品、武器或報紙？」

許是無意的。梅克爾在早期接受的採訪中，就來世和救贖曾表達一種相當非正統的觀點，說道：「我相信這個世界是有限的，也是無可改變的，然而有一種超越今生的東西，讓我們得以忍受這個世界。你可稱之為神或是別的……但我發覺教會的存在令人安慰。我們都會犯罪，也能得到寬恕，對我來說，這樣的事實讓我鬆了一口氣。不然，你一定會瘋掉。」她從《聖經》發現了無窮的財富，並於日後成為她一生的力量泉源[3]。

梅克爾的信仰對於她是怎麼樣的人以及她的成就至關重要。她的信仰和她父親那種比較注重教義的基督教有很大的不同。她說：「我對宗教的態度一直很謹慎。對我而言，宗教屬於私人領域。宗教使我得以原諒自己和別人，避免自己被責任壓垮。如果我是無神論者，就很難承擔這樣的重擔……」

她在一九九五年召開的一場新教教友大會中解釋道：「最困難，也最重要的就是……愛。如果你讀聖經，讀約翰福音，發現經文中並未提及愛是富含感情的話語，而是告訴我們，愛是實際行動。這種愛是無條件、無畏的。愛是服事。」關於她個人和政治生涯的世界觀，這是最明確的表述。行動要比言語來得有力，要表達自己的愛，與其說是實現某一目標，不如說是堅持不懈地一再嘗試。這就是安格拉·梅克爾的信念。

十年後，梅克爾再次在新教教友大會發表演說，談到自己的信仰，她說自我了解及自信對於愛的給予和接受都很重要。她強調：「如果你愛自己、相信自己，了解自己，你才能具備愛的能力，也才能去愛別人……只有當你清楚自己是誰，才會有愛。」這樣的自我意識使她承認：「我就是歷史的一部分。我被允許犯錯，而且會犯錯。」她能有泰山崩於前而色不變的鎮定自若，正源於這種自我接納。

從很多方面來看，梅克爾的信仰建立在她與瓦德霍夫殘疾人士的接觸上。她在二〇〇五年那場教友大會引用《聖經》瑪拉基書，說道：「先知瑪拉基看到社會用暴力欺壓弱者、社會邊緣人、傭工、寡婦和孤兒。瑪拉基說，這是不對的，這些做法違反了上帝的誡律……社會不能壓迫最弱小的人。我們應該把注意力放在這些人的身上。」十年後，她將這番話語付諸實踐，收容了百萬名「社會邊緣人」——也就是來自中東的難民——讓他們在德國生活。如果你了解她的信仰，就不會訝異她

3 在她步上政壇之初，梅克爾在演講時有時會說溜嘴，採用聖經語言。例如二〇〇一年一月十七日，她敦促當時的外交部長費雪（Joschka Fischer）為參加學運的往事「悔罪」。一九六八年，費雪是個激進的學運份子，曾在街頭對一名警察投擲石塊。後來，梅克爾成了更老練的政治人物，就不再犯這種錯誤了。

會這麼做。

為了實現她的服務目標，梅克爾很早就知道她將需要權力，而她不認為權力是骯髒的字眼。她解釋說：「權力本身並不是壞事。權力是必要的。有了權力，你才能去做一些事情。如果我想做某一件事，就需要合適的工具；也就是說，需要一個團體的支持……權力的反面就是無能為力。如果無法執行，再好的想法都沒有用。」聽一個政治人物，不管是男人或女人，對權力表達出如此明確的觀點，並直言無諱地講述自己對權力的需求，實在很不尋常。

她很早就開始學習行使權力。在兒時友人宣艾希口中，安格拉「打從一開始就是領導者。如有需要組織的事情，她就會去做。」她說，她很快就做好自己的課堂作業，然後幫忙同學。不管做什麼，妥善的準備讓她安心。「在聖誕節前兩個月，我已開始考慮要買什麼禮物。把生活管理得井然有序，避免混亂，對我來說非常重要。」

她從小就展現一種與生俱來的謹慎和對控制的需求。她的友人講述她在跳水板上的故事最能說明這點。三年級時，這個九歲大的小女孩在老師的勸誘和同學的嘲弄和笑聲中爬上十二級高的階梯，走到長達三公尺的跳水板上——然後就愣住了。

水面似乎在遙遠的深處。她沒有退縮，只是來來回回地在板子上踱步，足足走了四十五分鐘，似乎在計算代價與益處。最後，就在下課鈴響起的那一剎那，她跳了下去。

在東德，安格拉無法逃避的一個問題是，如何在一個惡性的體制裡生存下去。除了蘇聯以外，沒有任何一個國家像東德，有那麼多的俄國軍隊：在一九九一年之前，估計有三十八萬名俄軍和十八萬名俄國平民占領這個國家。後來，她會在滕普林的街上和那些俄國軍民及東德合作者說話，但這樣的交談往往成了她沮喪甚至憤怒的根源。她後來說道，她每天放學回到家，「第一件事就是跟我母親訴苦，我得說出來，不然會憋死。」除了那道牆，安格拉碰到愈來愈多看不見的界限。她回憶道：「你無法挑戰自我，看看自己到底能走多遠。」你的背景——中產階級或無產階級——就是決定你未來的關鍵[4]。儘管挫折感愈來愈強，她仍然和自己協商：

4 你的未來也視你和你的家人對國家的態度而定。我父母因為對共產黨控制的匈牙利態度不友善而被視為「國家的敵人」，因此我不可能在匈牙利接受學術教育，只能接受技職教育。

「我告訴自己，如果我無法忍受這裡的生活，也不會讓自己的生活被毀掉。如果真的到了忍無可忍的地步，我就會設法去西邊[5]。」

卓爾不群會惹禍上身，所以她知道出鋒頭不是件好事。在這個時期拍的一張團體照中，安格拉留著直劉海，穿著一件寬大的毛衣，站在後排，露出微笑。但她是學校裡第一個穿上藍色牛仔褲的學生——這褲子是漢堡親戚給她的違禁品，是西方頹廢時尚的象徵。但梅克爾很快就知道，即使是一條褲子也會給你帶來麻煩。校長有時會叫穿牛仔褲的學生回家，並告誡學生：「要選擇適合工農國家人民的衣服。」然而，安格拉．卡斯納讓人矚目的不是她的外表，而是她的聰明。她的俄語老師班恩（Erika Benn）回憶說：「我最初教她的時候，她還是一個瘦瘦的十二歲女孩。今天我們會說，這樣的孩子『很有天賦』。她很有學習動力，俄語語法從不出錯，有一次在地區的語言奧林匹亞競賽獲得高分，然後在全國賽獲勝。」班恩是前共產黨員，說這個明星學生唯一的問題就是在舞臺上像個木頭人。「她從來不笑！壓根兒不想展現魅力吸引你。我每次看到她盯著自己的鞋子，就會氣急敗壞地小聲提醒她：『要跟觀眾眼神接觸！』」

由於贏得俄語奧林匹亞競賽，這個十五歲少女得到的獎勵是出國旅遊。這是她第一次出國，去的地方是莫斯科。對這趟旅行，梅克爾最深刻的記憶是她第一次購買西方唱片，只是不記得那張黑膠唱片是披頭四還是滾石樂團的專輯。（在蘇維埃衛星國中，東德是對帝國主義或西方文化及政治影響控制最嚴格的國家。）

一個神職人員的孩子，能上高中而非讀技職學校，的確很特別。雖然梅克爾是每個科目都拿到 A 的優等生，老師很少讚美她或給她獎勵。事實上，她的俄語老師甚至因為安格拉得獎而受到訓斥。班恩老師回憶說：「在學校召開的一次黨部會議上，有個共產黨官員嗤之以鼻地說：『中產階級的子女要拿到好成績不難吧！我們該好好培養工人和農民的孩子！』」安格拉會成為校長、老師的眼中釘總是因為她是資產階級牧師之女，即使她父親絕非異議份子，但在一個無神論國家，路德派牧師總是會受到懷疑。梅克爾回憶說：「我不得不比班上其他人強。」

不管她有多優秀，安格拉依然渴望同儕的陪伴與認可，因此她加入了少年先鋒隊，也就是學習社會主義的共產主義預備隊。她坦承，自己加入這個組織的動機有

5 「去西邊」需要嚴密的計畫、很大的勇氣，還得籌一筆錢支付給「嚮導」，當然，也必須看運氣。成功逃亡的機率極小。記得在我童年時期，我父母嘗試過各種逃離鐵幕的路線——不幸都失敗了，原因不一而足，如被親友背叛、天氣惡劣、孩子摔倒（那個孩子就是我）。

七十％是機會主義，她希望利用這個機會擴展自己的社交生活，她想要有歸屬感。因此，安格拉在兩個世界中遊走：她在教堂裡唱路德派聖歌，在學校模仿列寧歌頌社會主義。她承認：「有時，我很羨慕一些輕易相信的人。他們沒有疑問，不懷疑，只是照規則行事。」

即使她嫻熟馬列主義及其對無產階級必勝的預言，她仍偷偷關注另一個德國的政治。「一九六九年，我帶著收音機溜進女廁，聽西德總統選舉候選人的辯論，」她回憶道。「他們總統選舉進行的三輪投票真令人興奮！我實在很感動！」那年，她父親幫她取得蘇聯核物理學家沙卡洛夫（Andrei Sakharov）寫的一篇抨擊莫斯科加入軍備競賽的文章。這位「氫彈之父」在文中警告核武器的危險，人類將為此付出慘重的代價。梅克爾被校方抓到閱讀這樣的反動文章，卡斯納牧師隨即被國家安全部傳喚、審問。他拒絕透露這篇文章是怎麼來的，但這件事提醒了他，即使是對國家「友好」的牧師也不能免除來自恐怖機關的恐嚇威脅。

宣艾希等人認為安格拉的父親對當局過於友善，很多人說他「紅到出汁」。這位牧師在宣揚福音的同時，並不會大力抵抗國家對教會的侵擾和控管。前東德總理、東德基督教民主聯盟主席德邁齊爾告訴我：「有一段時間，像安格拉的父親這樣的人認為共產黨人和基督徒有相同的目標，他們都相信人性本善。」因此，他們試著尋找共同點。「我們不想成為反對社會主義的教會，也不想成為支持社會主義的教會。我們希望在這個體系中做基督徒，與國家和平共處。這個公式就是安格拉．梅克爾的父親發明的。」

在柏林圍牆倒塌數十年後，有些人對卡斯納牧師記憶猶新且懷恨在心。艾培曼（Rainer Eppelmann）就是這樣的神職人員。這位在一九八〇年代的東德敢大膽直言的牧師和異議份子，三度成為國家安全部暗殺的目標，但都逃過一劫。他在滕普林的神學院遇見卡斯納牧師時，已快完成他的神學研究。二〇一七年，他在柏林接受我們採訪，談了很多。他說：「卡斯納的態度讓我震驚。」赫斯特．卡斯納本來應該指導他們這些新牧師，在這神學訓練最後階段給予協助，但根據艾培曼的說法，卡斯納似乎深信社會主義的德國「沒有剝削的問題」，而且確實比資產主義的德國來得好。「他一再向我們表明這一點，高傲地批評新教教會。其實，新教教會已在巨大的壓力之下盡力挺住。」卡斯納還告訴艾培曼，不久後東德恐怕就沒有牧師了。

「你想想，」艾培曼說，「十五個年輕人坐在這間鄉野神學院裡，等待分發到東德的某個教區服務。突然間，卡斯納告訴我們：『你們不會成為教區牧師了，因為東德會繼續縮減牧師人數，教會養不起你們了。你們需要去找一份朝九晚五的正常工作，禮拜一到禮拜五工作，禮拜六、日再來教會服務。』你可以想像這番話對我們的打擊有多大。」卡斯納把政治和宗教意識型態合為一體的做法讓艾培曼感到不快——有時，他的所作所為看起來很虛偽：「我認為他把信仰和政治結合在一起，真是糟透了。他不願看到信奉新教的父母和兒童在東德受苦……他又拒絕承認，因為他們是基督徒，才會受到這樣的折磨！卡斯納認為所有的人都應該成為『成熟的社會主義者』，甚至連基督教的牧師也該如此。」

卡斯納被迫配合國家安全部執行廢除牧師的計畫時，人們不禁要問，他是否後悔搬到東德。無論如何，安格拉的父親依然堅持他的社會主義理想——即使相反的證據已堆積如山。

梅克爾未曾公開批評父親的政治思想。「我父親試圖塑造出一個滿足東德人民需求的教會，」她說，她認為她的父親就像拉丁美洲的解放神學家。然而，她公開為父親辯護並不表示她私底下同意他的觀點。她記得年輕時曾跟父親爭論「在必須負擔私人責任的同時，多少財產該公有化」的問題。多年後，父親卡斯納說道，他早就失去這個女兒了，並刻薄地說，他管不動女兒了，「她老是做她自己想做的事。」

一九六八年，卡斯納理想化的社會主義又遭到沉重的打擊——這個事件必然讓十四歲的安格拉畢生難忘。那年年初捷克斯洛伐克社會主義共和國出現了一場波瀾壯闊的政治民主化運動，也就是布拉格之春。那年一月到八月，媒體、言論和旅遊管制都鬆綁了。多年後，梅克爾回憶道：「我還記得當時洋溢著樂觀的氣氛，社會將有一個新的開始。」

「當時，我們正在捷克斯洛伐克的山上渡假。每個人都很興奮。然後我父母去布拉格，在那裡待了兩天，去溫塞斯拉斯廣場瞧瞧，」反政府抗議行動就在那裡進行。「回來時，他們興高采烈，充滿希望，認為社會主義陣營將有所改變，最後終會走向開放……今天在捷克斯洛伐克發生的，也許日後也會發生在東德。記得當時小小年紀的我仍對社會主義本身的變革持懷疑態度。」

八月二十一日，安格拉結束了這段山林假期，去東柏林的奶奶家。「記得那天早上，我站在奶奶家的廚房，聽到收音機廣播：俄軍已入侵布拉格。」來自波蘭、保加利亞、匈牙利以及東德社會主義共和國的五十萬名士兵在俄軍帶頭下越過捷克邊境，於是布拉格之春被腥風血雨籠罩。最讓小安格拉痛心的是，東德人也為虎作偎，加入鎮壓的行列。梅克爾後來回憶說：「那是一大打擊。我感到羞愧、難過。」二〇一四年，俄羅斯坦克壓制烏克蘭的改革運動，梅克爾的反應比其他國家領袖要來得更快，而且更強而有力，這種殘暴的行為無疑勾起了她的回憶——一九六八年的夏天，她站在奶奶家的廚房，聽到收音機傳來晴天霹靂的消息……

布拉格之春是為了實現「帶有人性臉孔的社會主義」。這個理想是改革運動領導人捷克斯洛伐克共產黨第一書記杜布切克（Alexander Dubcek）揭櫫的。蘇聯粉碎這場自由主義實驗，卡斯納牧師知道自己無法再自欺欺人，以為東德政體的本質會有所改變。然而，卡斯納未曾放棄他對人性化社會主義的夢想，也無法跟資本主義妥協。在德國統一之後，有一天他女兒成為這個資本主義國家的政治新星時，他悲嘆道：「對資本主義者來說，錢是最重要的，生產者賺取利潤，消費者購買東西，甚至會買太多，超過自己所需。市場經濟打動我們的心，不被質疑。什麼都商品化，變成了『市場』，就連大自然也是。」

安格拉在滕普林一所文理高中（相當於美國以大學為目標的預備高中）就讀，

她在數學、物理和俄語的成績皆名列前茅，但是她差點畢不了業，就因為一場惡作劇。她和幾個畢業生依照校方要求，籌劃了一場宣揚馬列主義的表演。在演出中，不只是聲援越共、反抗美國，也支持高舉社會主義大旗的莫三比克解放陣線，對抗來自葡萄牙的殖民者。嚴格來說，莫三比克解放陣營不是親蘇派，所以就有點問題了。最糟糕的是，梅克爾的團隊最後用英語——帝國主義的語言——高唱共產主義運動的頌歌《國際歌》。這群畢業生的叛逆行動讓共產黨氣得扣留了整個地區高中生的畢業證書，包括已錄取萊比錫大學（一九五三～一九九一年，該校名為萊比錫卡爾·馬克思大學）的優秀學生。

看到女兒捅了婁子，卡斯納牧師心急如焚，只得硬著頭皮請主教幫忙，懇求當局高抬貴手。安格拉和她的同學終於得以拿到畢業證書，成為大學新鮮人，但她也得到教訓，體認到一個殘暴的國家什麼都做得出來，不惜為了小小的惡作劇，斷送優秀年輕人的大好前程。

一九七三年，十九歲的安格拉．梅克爾來到宏偉的萊比錫中央車站，準備前往著名的萊比錫大學物理系就讀。迎接她的是共產主義英雄的巨幅頭像——列寧。從這時起，她開始學習獨立。她學習動機強烈，是個非常優秀的學生，但政治態度保守謹慎。

圖片來源：Interfoto/Alamy

第二章

萊比錫

看起來要有民主的樣子，但一切必須仍在我們的掌控之中。

——一九五〇～一九七一東德統一社會黨總書記烏布利希（Walter Ulbricht）

一九七三年秋天，十九歲的安格拉·卡斯納離家前往萊比錫大學就讀，當時的東德正處於陰鬱時期。那些公然為布拉格之春喉舌的共產黨人不是依然身陷囹圄，就是已被共產黨剷除。前一年，美國總統尼克森才浩浩蕩蕩地訪問中國，但在克里姆林宮，中央總書記布里茲涅夫（Leonid Brezhnev）已上了年紀，無意說服東德領導人烏布利希，要他放棄強硬的史達林路線。東德人民只能默默地接受現狀，把苦水往肚裡吞。

在國家無時無刻的監控下，梅克爾和同學畢業前的惡作劇，有如捋虎鬚，得到教訓後，她隨即逃往比較安全的科學領域。她後來說：「我選擇攻讀物理，是因為我想了解愛因斯坦的相對論，因為基礎運算和自然的規律不是東德能廢除的。」為什麼不研究人文學科呢？梅克爾回憶道，儘管德國作家伯爾（Heinrich Böll）最近榮獲諾貝爾文學獎的殊榮，「你要讀伯爾的小說《小丑之見》（*Ansichten eines Clowns*）還得先取得當局的許可，也不能看外文書報。」她的目標是物理學博士學位。她選擇萊比錫大學，不只是因為該校名列德國頂尖的科學殿堂，而且距離滕普林約二百七十公里。現在該是她學習獨立的時候了。她解釋說：「我想離開家，離開這個小鎮。」無疑的，她希望跟她那難以取悅的父親及唯夫是從的母親保持距離。

她從滕普林上了火車，在萊比錫中央車站下車，站在穹頂大廳——這是歐洲最宏偉的火車站，鐵路黃金時代的遺跡。共產主義英雄的巨幅頭像——馬克思、列寧、烏布利希——歡迎這個十九歲的女孩。然而，即使是政治宣傳也無法削弱這座城市的雄偉。萊比錫以自己的歷史為傲，依然帶有國際色彩。作曲家巴哈、詩人席勒（Friedrich von Schiller）、劇作家歌德（Johann Wolfgang von Goethe）和藝術家貝克曼（Max Beckmann）都曾在這裡學習。此外，這裡是每年一度萊比錫貿易博覽會主辦地點，也是一所著名大學的所在地，以蘇聯衛星國的標準來看，這個城市是個生氣蓬勃之地。

梅克爾跳上輕軌電車，來到卡爾．馬克思廣場（現已改回舊名，也就是奧古斯特廣場），在萊比錫大學那了無生氣的混凝土行政大樓註冊、選課。安格拉第一次走過那簡樸的長廊，在階梯教室和研討室裡坐定時，必然興奮莫名。這裡也是哲學家尼采、作曲家華格納、諾貝爾物理學獎得主海森堡（Werner Heisenberg）及赫茲（Gustav Hertz）求學之地，一百多年來幾乎完全沒變。

這年，萊比錫大學物理系招收七十名新生，其中只有七個是女生，梅克爾就是其中之一。熱力學教授哈伯蘭特（Reinhold Haberlandt）回憶道：「她是第一個出現在我班上的女生。」這位身材高大、神情嚴肅的教授現在已經八十多歲，談起四十年前的往事，他的記憶依然鮮活，說她不喜歡出鋒頭，「安格拉是個很文靜的女生，說話總是準確到位。我課堂上有八十個學生，只有點名要她回答，她才會說話。」但她的表現非常出色。她的同學麥茲卡爾斯基（Frank Mieszkalski）說：「她在課堂上發言時，她和教授彷彿在說一種他們自己的語言，我們其他人根本聽不懂。我想，她的大腦神經特別發達。」

萊比錫大學校區很大，學生俱樂部就在一棟大樓的地下室。有一晚，麥茲卡爾斯基在那裡向安格拉邀舞。多年後，他向我描述這件事：

「她受寵若驚，喜形於色——直到我顯露真正的動機。我希望她能幫我準備期末考。有一門資訊科技的課，我只上了第一堂課，一整個學期的課都蹺掉了。起初，她看起來有點失望，隨後她就釋然了。我們坐下，她為我複習這個學期教授教的東西，我做筆記。她的記憶力極佳，思考有條不紊。這堂課的內容全都在她的腦海裡！」

麥茲卡爾斯基過了！大學四年，安格拉只有一門課沒拿到好成績，也就是必修課馬列主義：genügend（尚可），低分過關的意思。

即使在科學領域，共產主義國家仍為學習設下障礙。哈伯蘭特教授搖頭嘆息，說道：「我們不准讀用英文發表的科學研究報告，這是件危險的事，我們只得把所有英文文獻翻譯成俄文，然後才能閱讀，好像英文有毒似的。真是的！當我們吃飽沒事幹？」我問，他的得意門生轉換跑道從科學研究轉向從政，他有什麼反應？他答道：「我相信她能成為好的科學家。問題是，好的科學家多如過江之鯽，好的政治家卻寥寥無幾。」

梅克爾的碩士論文指導教授是德爾（Ralf Der）。這位神經資訊和機器人學專家回憶這個名滿天下的學生給他的第一印象：「年輕、開放、活潑，一頭俏麗短髮。我馬上就喜歡上她。」這對師徒很快就成為摯友，兩人還在一九八〇年共同發表了一篇研究報告，題為〈論空間相關性對密集系統中化學反應速率的影響〉。然而，德爾發現梅克爾最令人難忘的特質不是直接與學術成就相關。他說：「她似乎有個強大的內心世界。這點讓所有人印象深刻。」

「記得我曾問她一個問題，」麥茲卡爾斯基回憶說，「我們都知道她是一個牧師的女兒，而身為一名科學家，她如何看待自己的基督教信仰？」安格拉答道：「對我而言，信奉上帝就是過著合乎倫理的生活。」她說，她的目標是把基督教倫理和科學融合在一起。

在教會與國家之間生活、在獨立思考和馬列教條之間游走，不但頭腦要很靈活，也要懂得情緒轉換。梅克爾很精明，知道如何存活下來，所以能同時做一個虔誠的路德派信徒和共產主義青年團的成員。她懂得明哲保身之道，所以不會攻擊哪一邊，而危及自己的未來。適應和妥協很棘手，但她已知如何遊刃有餘——而且明白不能輕易透露自己的看法。

然而，她圈子裡的人，並非每個人都跟她一樣謹言慎行。她在萊比錫有個朋友也是物理學家，名叫伍爾夫特（Reinhard Wulfert），公開發言批評東德政府。一九八二年，也就是畢業幾年後，他參加在圖林根耶拿市舉行的一場無聲的和平遊行。國家安全部的警察和便衣人員當然緊盯著這次遊行，不久伍爾夫特就被逮捕了。後來在全世界科學家和學術界的壓力之下，當局不得不讓步，將他釋放，因此讓他有機會逃到西德。之後，伍爾夫特寫信給安格拉，但她請對方別再跟自己連繫，畢竟國家安全部的耳目無所不在。梅克爾絕不會允許自己做這樣大膽、冒險的事。

一九八九年，柏林圍牆倒塌後，梅克爾主動寫信給這個老朋友。然而這一次，住在西德的伍爾夫特拒絕跟她和好。

梅克爾的自由市場經濟初體驗是在學生會當酒保。她調的威士忌櫻桃汁雞尾酒特別好喝，同學會向她買。每個禮拜她總要搭輕軌電車到萊比錫的另一端去買櫻桃罐頭和便宜的威士忌。同學都記得她是個開朗愛笑、手法熟練的酒保，而且謹守自己的底線。她說：「我一直是那個只吃花生、不跳舞的女孩。」她沒有受到流行音樂的感染——這又是國家控制的另一個例子。她說：「國家規定了一個精確的配額，學生聚會播放的音樂，東德音樂必須占百分之六十，西方流行音樂占百分之四十。」她希望這個比例是相反的。

大一快結束時，安格拉也是學校未吻者社團（Club der Ungeküssten）的成員。這個社團的縮寫為CDU，剛好和她未來的政黨基民黨（CDU）相同。由於安格拉打扮中性，甚至像個男人婆，老是穿寬鬆的長褲，喜歡素顏，因此不容易吸引男人。其實，她也覺得男人很煩人。她說：「上課的時候，我寧可跟女同學一起做實驗。使用實驗室設備時，男同學會馬上去搶本生燈等器材，而我則會先思索即將進行的實驗。等到我想要動手時，所有的器材都被男生拿走了，很多零件甚至已經被他們弄壞了。」

然而，有一天，安格拉還是墜入愛河了。一九七四年，二十歲的她與烏里許·梅克爾（Ulrich Merkel）相遇。烏里許也是萊比錫大學物理系的學生，和安格拉等幾個同學去蘇聯和列寧格勒參加青少年交流活動。麥茲卡爾斯基開玩笑說：「烏里許是個好人，一個可以讓人信賴的人，你可以跟他一起去偷馬。」這裡的「偷馬」是德國諺語，意指他是個可以推心置腹的人。烏里許·梅克爾破天荒在二〇〇四年接受訪問時回憶道：「我會注意到安格拉，因為她是個親切、開放、不會矯揉造作的女生。」他們約會將近兩年時，開始同居。他說：「我們和其他學生住在一棟合住公寓，共用衛浴。兩人共同分擔一個月二十馬克的房租。我們有一張床、兩張書桌和一個衣櫃。就這樣，沒別的東西。聽起來很簡陋，但對我倆來說，這個簡單的小窩已經足夠。」

「我們一起為共同的未來努力，」烏里許說，他承認「我們想要早點結婚還有一個比較實際的動機：如果結婚，比較有可能分配到住房。」兩人在同居一年後結婚，安格拉二十三歲，烏里許大她一歲。婚禮在滕普林老家的小教堂舉行，安格拉的父親卡斯納牧師卻沒有為兩人主持儀式。新娘穿的是藍色禮服。

由於這對新人必須準備期末考，只得放棄蜜月旅行，埋首書堆。梅克爾的碩士論文題目是〈核物理面面觀〉，發表在英國科學期刊《化學物理學》（*Chemical Physics*）。對東德研究生來說，這可說是一項了不起的成就。即使她的學業成績優異，她的生涯選擇仍相當有限。由於她的「中產階級」家庭背景，教書是不可能的。就算有機會教書，這個國家的意識型態原則也會讓她厭惡這樣的工作。這位未來的總理說：「要是當老師，我就不得不跟其他老師一樣……我得強迫信基督教的學生站起來，表明自己的身分。要是我住在西德，就很可能從事教職。」

很難想像，這個才華洋溢、沉靜寡言又胸懷大志的年輕女性，在東德蝸居多年，鑽研科學，有一天竟然會從柏林走上冷戰的最前線。

一九八六年，她在柏林取得物理學博士學位，和摯友邁可．辛德翰和她未來的夫婿約阿希姆．紹爾一起慶祝。
圖片來源：Courtesy of Michael Schindhelm

第三章
柏林

八〇年代，我和安格拉在這個城市過著不可思議的生活。

——邁可．辛德翰（Michael Schindhelm）

安格拉．梅克爾從萊比錫遷居柏林的過程有點曲折。離開萊比錫大學之後，柏林其實不是她的首選。她本來申請到圖林根伊爾默瑙工業大學（Technical University Ilmenau）工作。她喜歡這個鬱鬱蔥蔥、森林茂密的地區。伊爾默瑙曾經是馬丁．路德的避難所，現在則是科學研究的重鎮。但是，梅克爾去面試時，迎接她的是兩個國家安全部的官員。他們帶她到一間辦公室，提出一些想要嚇唬她的問題：「妳常聽西方廣播嗎？」

「妳愛妳的國家嗎？」

「妳如何防範帝國主義特務的滲透？」

他們的目標是勸說她承擔「愛國責任」，注意未來同事的一言一行，然後偷偷向國家安全部舉報。

安格拉就像任何一個東德人，早就有心理準備，知道如何應付這樣的人。她回憶說：「我父母總是對我耳提面命，要我跟國家安全部的官員這麼說：我是個話匣子，很難守口如瓶。我還告訴他們，要我當線人可以，但我無法對我丈夫隱瞞這件事。」一個天真的研究人員說出這樣的話似乎很可信。那兩個官員聳聳肩——無疑會在她的檔案上留下紀錄。她沒被錄用。

安格拉和烏里許只得放棄伊爾默瑙的小城生活，到位於東柏林的東德科學院任職。在一九七〇年代晚期，儘管柏林被一分為二，最具有歷史意義的地標皆在東柏林，那裡依然沒有修復。二戰結束已過了三十年，這個曾被蘇聯占領的城市仍予人原始、荒蕪之感。曾遭轟炸、縱火的國會大廈（Reichstag）殘破不堪，周圍雜草叢生，矗立在柏林圍牆的西側，原則上屬於西柏林。菩提大道蕭索淒涼，曾經風華絕代的阿德隆酒店（Hotel Adlon）也變得灰頭土臉，慢慢地在廢墟中重生，成為蘇聯軍官的招待所。每天早晚通勤，安格拉總要搭柏林快鐵（S-Bahn）沿著圍牆蜿蜒而行，來回住處和坐落在市郊、看起來了無生氣的科學院。科學院旁是荒涼的沙地，附近還有瞭望塔和巡邏的警犬——這景象總讓她覺得沮喪。從十一月到三月下旬，才三、四點天就黑了，柏林也就被一片陰鬱籠罩著。夜晚，這個城市的東半部幾乎是一片漆黑。

安格拉和烏里許住進瑪利恩街（Marienstrasse）二十四號，一間只有一房一廳的公寓，就在布蘭登堡門附近，這座城門也是東西分隔的界線。每小時柏林快鐵會轟隆隆地駛過數次，梅克爾家的小公寓也會跟著震動。站在窗邊，他們可以看到淚宮（Tränenpalast）——東西柏林的邊境檢查站，有無數東德人在這裡與來訪的西柏林親友淚別，因以為名。

梅克爾還在攻讀她的物理學博士，她得為國家工作三年，以償還教育費用。儘管這裡是東德首屈一指的研究機構，實驗室卻由過去建築工人的平房改建，非常簡陋，堆放了許多陳舊的設備。所謂的電腦中心只有一臺中央處理器，梅克爾團隊的十二名科學家都得自己寫程式。她是唯一的女性——在她的職業生涯中，她總是萬綠叢中一點紅。

她的工作就和通勤一樣單調：在高溫下重複進行碳原子和氫原子的分離實驗。梅克爾不久後就厭煩這樣的工作，發現自己更喜歡抽象和理論思考。她後來提到那些年的限制帶給她的挫折感，一貫輕描淡寫地說：「想到未來的二十五年都得捉襟見肘地進行科學研究，實在不是很誘人。」

家裡的情況也沒好多少。不到三年，梅克爾就發覺這場婚姻是個錯誤的決定。她後來承認：「每一個人都結婚了，所以我們也跟著結婚。對婚姻，老實說，我沒有很認真。」烏里許說，他根本不知道安格拉想離開他。他說：「她突然打包東西，搬了出去。這是她自己的決定。」儘管很遺憾，兩人不得不走上仳離之路，還是和平分手。他回憶道：「我們沒有多少東西好分。她搬走了洗衣機，家具則留給我。」烏里許最後一次見到安格拉是一九八九年在科學院的時候，也就是柏林圍牆倒塌前夕。雖然她仍冠夫姓，卻很少提及這段短暫的婚姻。

安格拉以重獲自由慶祝自己的而立之年，住在普倫茨勞爾貝格（Prenzlauer Berg）的滕普林街（Templiner Strasse）。這一帶的建築物歷經戰爭摧殘，殘破、老舊，住在這裡的多半是非法入居者——梅克爾也是。她在友人幫助下，闖入一間廢棄的空屋，稍事整修之後就住下了。那一年，安格拉記憶最深的是她父親的來訪。卡斯納牧師打量著這個破舊且不甚合法的居處，刻薄地說：「安格拉，看來妳還有很長的路要走啊。」父親這樣的批評必然讓她很不是滋味，但安格拉並沒有抗議或反駁；她不是喜歡爭執的人，不管過去或現在，都是如此。其他大人物也曾這樣低估她的實力，她將等待時機，證明她的父親錯了。

這幾年，為了讓自己有活著的感覺，她會去附近位於貝托爾特．布萊希特廣場（Bertolt-Brecht Platz）、由政府經營的柏林劇團（Berliner Ensemble）觀看演出。她還擴大了自己的朋友圈——沒想到這麼做會有危險。她渾然不知，她在實驗室的研究夥伴和知己法蘭克．施耐德（Frank Schneider）就是國家安全部派來盯著她的。就政治方面的言行而言，雖然梅克爾沒有什麼可被告發的，但施耐德似乎對這名離婚的年輕女性的感情生活很感興趣。一九八〇年八月三十日，施耐德在給當局的信上寫道：「有時，我開車去她家接她，要載她去上班時，她的一位情人會穿著浴袍在門口跟我打招呼。但她的戀情多半會在六個月內無疾而終。」（安格拉．梅克爾在這個自由時期的感情生活，唯一的紀錄就是來自施耐德的告密信函。梅克爾未提過自己當年在柏林的單身生活。畢竟，那是她的私人領域。）

梅克爾似乎對這個告密者完全信任。她請施耐德幫她修繕公寓。他老婆是喬治亞人，梅克爾也跟她成為好友，偶爾還會幫他們帶小孩。她甚至曾邀請施耐德去她在滕普林的老家做客。卡斯納牧師夫婦的事，施耐德也向當局報告了。施耐德發現卡斯納夫婦沒有顛覆嫌疑，只是不時要求荷琳德在漢堡的姊姊寄食品和衣物過來。

較具政治意義的報告是關於梅克爾一九八一年秋天的波蘭行。梅克爾拍了很多照片，眉飛色舞地描述波蘭第一個獨立工會，也就是由華勒沙（Lech Walesa）領導的團結工聯（Solidarity）。華勒沙原本是列寧造船廠的電工，後來成為工會運動者，多次帶領工人罷工，各地工廠也發動罷工響應，很快地就撼動波蘭共和國及整個蘇維埃帝國：要求更好的工作條件、言論自由等權利。施耐德告訴國家安全部：「她不是異議份子，但有時候會不自覺地把自己的想法說出來。」直到二〇〇五年，梅克爾才從公開報告得知這個朋友背叛了她。她說：「我沒生氣，只是有一點失望。」然而，在安格拉·梅克爾的詞彙裡，失望是個強烈的字眼。

梅克爾一直在柏林過著沉悶陰鬱的日子。一九八五年，她的生活終於出現一道亮光。一個名叫邁可．辛德翰的年輕人在俄羅斯西南的佛羅尼斯（Voronezh）學了四年的量子化學。他回到柏林，很快就成了梅克爾的摯友。（量子化學又名分子量子化學，是化學的一個分支，主要是應用量子力學的規律和方法來研究化學問題。）

辛德翰帶來第一手的消息。他說，冰封已久的蘇維埃帝國已出現令人振奮的變化。那年，戈巴契夫上臺，擔任蘇聯共產黨中央委員會總書記。由於前幾任最高領導人個個老態龍鍾，五十四歲的戈巴契夫看起來活力充沛，似乎是新品種的蘇維埃人。英國首相柴契爾夫人說：「我們可以跟戈巴契夫這樣的人打交道。」美國總統雷根和戈巴契夫在瑞士日內瓦及冰島雷克雅維克參加高峰會時，很快就建立了友好的關係，這兩位領導人似乎英雄惜英雄。有鑑於蘇維埃經濟搖搖欲墜，與阿富汗之戰歹戲拖棚，加上雷根發表戰略防衛倡議（Strategic Defense Initiative，即廣為人知的星戰計畫），蘇聯漸漸被拖進難以負擔的軍備競賽，戈比（戈巴契夫的暱稱）迫不及待地想要進行改革。東德可能還停留在史達林主義的冰河時代，但在蘇維埃帝國的其他地方，冰層已開始裂解。

這個世界瞬息萬變，梅克爾渴望獲知未經過濾的新聞，辛德翰講述的蘇聯生活讓她聽得入迷。他說，莫斯科就是悲慘世界，常常缺水、沒有暖氣，人民吃不飽。辛德翰告訴這位新朋友：「你可以感覺到這是冷戰的最後一幕。」安格拉詢問辛德翰，戈巴契夫的改革政策對東德將會有什麼影響，特別是重建（perestroika）與開放（glasnost）——也就是重建中央計劃的蘇維埃經濟並向市場開放。梅克爾和辛德翰在這個分裂的城市生活、工作，這裡仍是冷戰最動盪不安的前線，雙方依然提心吊膽地盯著對方，東西方的坦克和軍隊隔著一條狹窄的無人區互相對峙[1]。

我和辛德翰第一次在柏林見面時，他回憶道：「長日將盡之時，我常在安格拉的家待個一個小時左右。她會煮土耳其咖啡，我們天南地北地聊。」他是個優雅的男人，戴著一頂李歐納・柯恩式的紳士帽。在柏林圍牆倒塌後，他也開啟自己的新人生，成為歌劇總監、導演和劇作家。兩人的友誼漸漸深厚，梅克爾和辛德翰發現彼此有很多共同點。他說：「我們從父親那裡學到如何和國家保持距離，在國家逼近時，必須把自己偽裝起來，等國家不在了，再卸除偽裝。我們私底下相處時，就沒有國家的干擾。安格拉有一種奇妙的幽默感。即使是在那時，她已經是個相當神祕的人。對我來說，她一直沒變。」安格拉介紹小她三歲的弟弟馬庫斯給辛德翰。馬庫斯也成了物理學家。辛德翰回憶說：「馬庫斯跟他姊姊很像。姊弟都很冷靜、莫測高深。我看得出來，這種特質源於他們的成長歷程。」

在辛德翰眼裡，八〇年代的梅克爾也是個不快樂、跟社會格格不入的人。他後來寫了一本影射小說，其中蕾娜特（Renate）一角的原型就是梅克爾，描繪在東德生活的她猶如槁木死灰。他說：「她是一個典型沒有幻想的年輕科學家。她已為自己的博士學位努力了好幾年，卻沒有一個明確的目標。聊到在布蘭登堡騎單車時，她才有點興致的樣子。」另一件讓她興奮的事情是：想到西方。「我們都對牆的另一邊感到欽佩。每天我們通勤，從普倫茨勞爾貝格沿著圍牆到阿德勒斯霍夫（Adlershof），另一邊似乎有一種魔力，牢牢抓住我們的心。」

儘管梅克爾在東柏林生活的那十年一直過得壓抑，日後她會成為何種類型的領導人仍取決於她的生活經歷。影響她至深的不是政治教育，而是道德教育。一九八五年，她為一場沒幾個東德人聽到的演講深深震懾。她透過路德教會的朋

1 冷戰期間，有三十萬美軍駐紮在德國，其中有數千人部署在柏林以及周圍。一九六二年爆發古巴飛彈危機時，甘迺迪總統最擔心的就是俄國人會奪走整個柏林，點燃歐洲戰火。

友，聽到西德總統馮．魏茨澤克（Richard von Weizsäcker）的紀念終戰四十週年演講。這位總統誠實地面對過去、對大屠殺的直言不諱，讓她震驚——這和學校教她的大相逕庭。

戰後，東德從歷史編織出自己的神話，以反法西斯的社會主義共和國自居，也就是抵抗希特勒的那個德國。在滕普林的課堂上，甚至去柏林附近的薩克森豪森集中營進行校外教學，焦點仍在與法西斯奮戰的東德共產黨及二千二百萬戰死的蘇聯人。東德人認為自己是戰爭的受害者，而非加害者。梅克爾回憶說：「在學校，我們沒有一個禮拜不談國家社會主義。從二年級開始，我們定期參觀集中營。然而，在課堂上，我們只討論受害的共產主義者。幾乎沒提及猶太人——真的提到時，通常是那些與共產主義友好的猶太人。」

現在，她聽到一個完全不同版本的歷史。新當選的西德總統說道：「我們需要睜大眼睛，看清真相；我們愈誠實，就愈能自在地面對結果。暴政的根源就是希特勒對猶太同胞那無可估量的仇恨。希特勒從未向民眾隱瞞這樣的仇恨，甚至讓整個國家變成仇恨的工具。」馮．魏茨澤克敦促所有的德國同胞：「特別要記住在德國集中營被殺害的六百萬名猶太人——這是史上獨一無二的種族滅絕。」這位總統呼籲德國正視過去，對梅克爾的政治和道德演化而言，是個重要的里程碑，對她的影響非常深遠。辛德翰說：「我和安格拉不知花了幾個小時討論馮．魏茨澤克的演講[2]。」正如我們將看到的，在她當上領導人之後，承諾德國永遠負有對猶太大屠殺（Shoah）的責任，而且認為德國欠猶太人的這筆血債是永遠都還不了的。

翌年，有幾件事在安格拉單調的生活中激起漣漪。她第一次獲准到西邊旅遊，這代表她的謹言慎行有了回報。她去了自己的出生地漢堡，參加表妹的婚禮。她忐忑不安地踏上資本主義國家的地盤。她回憶道：「我曾獨自前往布達佩斯、莫斯科、列寧格勒和波蘭，但這次的旅行似乎大不相同。」她不知道一些最基本的事在西方是怎麼做的。例如，「我不知道一個女人是否可以預訂飯店房間。我的焦慮來

2 在戰後的幾十年，西德同樣不願面對這段最黑暗的歷史。儘管現在聽來令人震驚，但這個國家首次廣泛接觸納粹大屠殺的議題是源於一部虛構的美國電視劇集《大屠殺》（*Holocaust*）。由於我是ABC廣播公司駐西德記者，一九七七年我在波昂報導中曾提到：「對二千萬德國觀眾來說，有如晴天霹靂……這部美國人拍的電視劇集引發了早該進行的全國辯論。包括本人，所有的外國觀察家都對該節目在德國播出的熱烈反應感到驚訝。正如一個德國人說的：『那些事根本與我無關，我用不著感到內疚，然而我現在的感覺是羞恥。』」

自我在電視上看到的犯罪節目。」她說。

結果，她在西德沒碰到罪犯，倒是見識了德國高速運輸系統的厲害。她驚嘆道：「這真是科技奇蹟！」火車不但準點，而且平穩、舒適。她了解，如此先進的科技是東邊無法相比的。她能花用的錢不多，只在西邊買了幾件款式新穎的衣服，包括「兩件給男友的襯衫」。從西邊歸來，她深信德意志民主共和國必將敗亡。

由於男友紹爾（Joachim Sauer），梅克爾心甘情願地回到東柏林，過著死寂的生活。辛德翰說：「我想，他們早已墜入情網。」紹爾比梅克爾大五歲，是一位傑出的量子化學家，已經結婚，妻子也是同行。兩年前，他和安格拉一起去了布拉格，當時她是捷克科學院海伊羅夫斯基物理化學研究所（J. Heyrovsky Institute of Physical Chemistry）研究員。根據愛告密的施耐德所述，這兩人在捷克首都「走得有點近」。

紹爾的婚姻也許早已名存實亡，但他兩個兒子還小，一個十二歲，一個十四歲，他無法拋棄他們，偷渡出國。紹爾破天荒在二〇一七年接受《柏林日報》（*Berliner Zeitung*）採訪時坦承：「我不想入獄，不像有人願意冒這個險。」於是，他和安格拉留在東柏林，容忍一個令人厭惡的制度，謹守自己的界線，不跟當局合作。他們當然希望早日脫離這種妥協和小心盤算的日子，渾然不知那一天再過三年就會來到，也就是一九八九年十一月一個寒冷的夜晚。是夜，柏林圍牆倒塌了。

一九八九年十一月，將柏林分隔兩邊幾乎長達三十年的圍牆突然出現一個開口。東、西柏林的人蜂擁而至。兩德統一是改變安格拉・梅克爾一生的事件，為她帶來從政的契機。

圖片來源：Gerard Maile/AFP/Getty Images

第四章

一九八九

這一切令人熱血沸騰，教我不知疲倦是為何物……我非常渴望行動。

——安格拉．梅克爾

柏林圍牆的倒塌可說是陰錯陽差的結果。由於東德政府發言人說了一個字，致使成千上萬的東德人立即湧向柏林圍牆，邊境衛兵不得不打開邊境柵欄。

當時，東德政府發言人在例行記者會發布有關出入境的新規定。有人詢問，現在前往西邊是否需要申請，這個發言人淡淡地說：「不需要。」「新規定何時生效？」沒想到這位發言人回答：「Sofort（即刻生效）。」Sofort這個字因而翻開歷史新頁。這個發言人會說出這個字，也許是記者會現場擁擠、混亂，然而近幾個月以來，鐵幕內的抗議聲浪愈來愈大。誠如英國首相邱吉爾在一九四六年的鐵幕演說所言，那道鐵幕「從波羅的海的斯泰丁到亞得里亞海的第里亞斯特[1]」橫貫歐洲大陸，可見影響範圍很大。當時戈巴契夫也可選擇派兵維護東德共黨政權，但他沒有這麼做，下令按兵不動。東德共產大壩就此潰堤。

「聽到消息後，我打電話給我母親，」安格拉後來回憶說，「我們在老家時常這麼說：『要是有一天圍牆倒了，我們就去凱賓斯基吃生蠔。』」凱賓斯基是西柏林最奢華的飯店。「我告訴我母親，我們可以去凱賓斯基了。然後我就去桑拿房。」這是她每個禮拜四都要去的地方。（德國人，不管是東德人還是西德人，都很喜歡桑拿。在東德共產制度之下，這是少數的奢侈享受。）這位東德物理學家並沒有樂昏頭，即使她腳下的歷史板塊受到擠壓、正在位移。

從桑拿房出來後，梅克爾並沒有像平常一樣去附近的小酒館暢飲啤酒（今天，那家酒館依然把她的照片掛在吧臺上方），她跟著興高采烈的人群走上波荷木街（Bornholmer Strasse）上的鐵橋，湧向禁忌的西邊[2]。提到這段經歷時，她說：「我遇見了幾個人，我們不知不覺走進一間公寓，跟一個快樂的西德家庭坐在客廳，慶祝這一刻。每個人都想去選帝侯大道（Kurfürstendamm）。」那裡商場雲集，是西柏林的時尚大街。然而，即使在這天搖地變的歷史關鍵時刻，務實的安格拉決定回家。她解釋說：「第二天我還得早起去上班。今晚能跟這麼多外國人在一起，已經夠了。」由於安格拉．梅克爾這一生的前三十五年都是在牆的東邊度過，因此西柏林人對她而言就是「外國人」。

安格拉對西柏林的第一印象是震驚。後來，她真的去選帝侯大道時，那光彩奪目的商店、漂亮嶄新的公寓房子——沒有一絲戰爭破壞的痕跡——教她看得目眩神迷。她周遭事物變化之快，同樣讓她眼花。沒想到一個擁有數十萬名軍警和便衣人員的國家竟然像沙堡，在一夜之間崩塌了。長久以來，去西邊旅遊對安格拉來說就像一個遙不可及的夢想，這個夢想突然在她眼前閃爍，雖然還模模糊糊，但似乎很快就能實現。由於她的成長經歷，她知道自己得小心謹慎，不可操之過急。

在柏林圍牆倒塌後，幾天、幾個禮拜過去了，不管是在莫斯科、美國華府，最

1 在此必須補充說明：「亞得里亞海的第里亞斯特」在一九八九年是南斯拉夫的一部分，而南斯拉夫在民族主義者狄托（Josip Broz Tito）的領導下，仍是一黨專政的共產主義國家，但早已脫離莫斯科的掌控。

2 譯注：這座橋名為柏瑟橋（Bösebrücke），橋下是圍牆，橋的另一端是西柏林。

重要的是東德共產黨政治局，都沒有人能預見未來。所謂的德意志民主共和國能生存下去嗎？在東德各城市，特別是萊比錫和東柏林，沒聽見槍聲、沒有人被逮捕、沒實施宵禁，也沒有催淚彈或坦克來鎮壓抗議國家安全部的群眾。新獲得的自由並沒有讓民眾的膽子變大了。只有這次，政府沒透過電視向全體國民發出嚴厲的警告，提醒他們小心來自西方的破壞者就在身邊。當局也沒運用熟悉的伎倆來「恢復秩序」。日子一天天地溜走，隨著反法西斯保護壁壘的混凝土牆被敲碎成瓦礫堆，恐懼逐漸消散。東德的雜貨店突然出現香蕉——這是代表現今一切皆有可能的終極象徵。

那是個令人激動又不穩定的時期，除了幾次抽空去西柏林走走，梅克爾的生活幾乎跟以前沒什麼兩樣。她坦承：「在柏林圍牆倒塌後的幾天，我去波蘭參加科學研討會。在那裡，我聽到有人說下一步就是德國統一。這句話教我吃了一驚！我還沒想到會有那麼一天。」但是到了一九八九年底，在學院擔任理論研究人員的工作讓她覺得愈來愈沒意義。對她那顆喜愛探索的心，物理學研究生涯一直是個安全的出口，但在這個自由的新時代，她不想再整天把自己關在實驗室。她後來說：「我討厭白天都沒有機會跟人說話。」於是，她開始思索新的生活和新的職業。

在幾週內，美國總統老布希（George H. W. Bush）及國務卿貝克（James A. Baker）領導西方國家負責東西德的統一。這次統一是根據西德總理柯爾的計畫，包括東德選舉將開放，讓所有的黨派競逐，不再只是一黨專政，並瓦解東德的中央集權經濟。東西德的結合就像許多婚姻，起初歡天喜地，後來才發現情況要比早先預想的更為複雜。

欣喜若狂也只是暫時的。東方四十年來對西方自由的夢想是一回事，現實又是另外一回事。服從、猜疑、儉約、沒有個人自主性，這些都不是可以輕易甩開的。無論微不足道或後果嚴重，很多人扮演過祕密線人，為國家服務，不惜出賣親朋好友，以換取入學資格、公寓或工作——他們的檔案因而有了永久的汙點，也玷汙了自己的良知。由於東德的大學、醫療院所、工廠和文化生活都由國家掌控，將近四十%的人民被囊括在這個體系當中。一整個世代的德國人已經被洗腦，認為德意志民主共和國就是德國土地上第一個由農民和工人組成的國家，他們有幸身為國民。突然間，他們發現自己其實跟另一個德國的人民沒什麼不同。

辛德翰說：「雖然我們沒逃離自己的國家，但我們也是難民。」東德人不得不接受許多新的做法和優先順序，包括醫療（國家不再提供免費醫療）、教育（基於競爭和實力，而非只要信奉馬列主義和具備無產階級背景就可上好學校），乃至社交生活和搖滾團體。他們甚至失去了皮堤和小鴨——東德兒童電視節目中深受小朋友喜愛的木偶。西德應該更自由，但是德意志聯邦共和國給很多東德人的印象是管制過嚴。在東德，你可以隨便停車——而且不必付停車費。甚至可以搬進沒有主人的空屋。被暱稱為「Ossis」的東德人突然覺得自己是可憐的表兄弟：笨手笨腳、行動遲緩的鄉巴佬。

世事變化之快，教人暈頭轉向——有時甚至讓人不安。一九九〇年十月三日，有一場慶祝兩德統一的音樂會，安格拉．梅克爾欣喜雀躍地走上柏林愛樂廳的臺階，瞥見一個穿著新制服的警察，不禁愣住了。她說：「在我看來，他就像是東德人，突然換了不同的制服。我看到西德武裝部隊聯邦國防軍的人也有同樣的反應。昨天，他們仍是東德軍隊的一部分。我可以認出他們。但西德人知道自己將和什麼樣的人一起生活嗎？他們了解東德人和自己的差別嗎？」她擔心西德並不完全了解共產體系的殘酷，也不知道這個體系如何使其最忠實的僕人變成鐵石心腸——但現在，他們是同一個自由國家的公民，甚至是這個國家的警察。

安格拉．梅克爾熱中於理解和克服這些差異。執導影片曾榮獲奧斯卡最佳外語片獎的導演施隆多夫（Volker Schlöndorff）是梅克爾在西德最早結識的朋友。他們在柏林一個晚宴上碰面時就有一見如故之感——不久後梅克爾就邀請施隆多夫去她位於滕普林的老家。施隆多夫回憶說：「我記得在她家附近走了很久，我們在空曠的原野上漫步。」兩人互相詢問對方的生活情況。梅克爾笑著說：「我們可以學習，變得跟你們一樣，但你們無法弄清我們——因為我們的『主人』（Lehrmeister）已經死了。」當然，她指的是馬克思、列寧、史達林等其他共產主義偶像，但這點似乎讓她洋洋得意。她意指：對你們來說，我們永遠無可捉摸，但在我們看來，你們卻是透明的。

在統一後的幾週內，東德的經濟垮了，三分之一的東德人突然失業——因為中央計劃經濟的工廠破舊，企業效能低落，無法在自由市場上競爭。在一九九〇年四月至十月期間擔任東德過渡總理的德邁齊爾說道：「我總是說，我們的世代不是晚十年就是早十年：有些人事業要重新開始，已經晚了十年，還有一些人要退休，則是早了十年。這些人都是剩餘的人群。」

安格拉決心不成為剩餘的人。「我們東德人志願加入德意志聯邦共和國，」她告訴知名的德國攝影師柯爾珀（Herlinde Koelbl），柯爾珀自一九九一年起開始幫她拍照，在接下來的七年，贏得這位未來總理的信任。「原因很簡單，也很有道理：西方的經濟和政治秩序更成功、更有效能，也更合理，而且更自由。沒有一堆『以及、如果、但是』。我們想要加入這個體系。」她對不如自己靈活、適應性差的東德人會很不耐煩。

「有時，我很震驚，」她說，「東德有些人一直認為自己還在舒適圈內，好像國家依然必須照顧他們……不知東德的經濟已經垮了……對很多東德人來說，除了把懸掛在牆上的何內克肖像拿下來，什麼都沒有改變。」備受厭惡的東德末代領導人埃里希·何內克（Erich Honecker）就在柏林圍牆倒塌的前兩個月辭職。當時，三十五歲的梅克爾心理素質和才智都比大多數的人出色。她不像很多東德人，她未曾完全屈服於這個警察國家。早在一九八九年十一月之前，她已經想清楚了：一個建立在恐懼以及對人民完全監控的體系是不可能長久——早晚會垮臺的。

該她上場了。

一九八九年十二月，梅克爾低調踏入政壇。歷經十二年納粹恐怖統治及四十年共產主義社會的壓迫，許多東德人低頭傾首，不想引人矚目。現在，他們渴望組建或加入新的政黨。梅克爾就是其中之一。「我知道，現在是在政治上活躍起來的時候，」她說。她的實驗室研究生涯就像一條死巷，教她煩悶。國家剛獲得解放，國家的未來正待塑造，想到能夠共襄盛舉，她就興奮不已。再者，她還有機會展開人生新頁。

她早已受夠了社會主義的實驗，因此不考慮加入西德社會民主黨（West German Social Democratic Party）。「他們意識型態過強。」她說。儘管未曾公開表示，但選擇一個比較右傾的政黨，可能是她向自己信奉社會主義的父親宣布獨立的另一種方式。

東德的新政黨之一是民主覺醒黨（Demokratischer Aufbruch），該黨不久後將與強大的基民黨合併。民主覺醒黨的成員多半為男性、天主教徒、屬於保守派，但安格拉喜歡在那裡遇到的認真負責、不執著於意識型態的人。與社會主義者相比，他們給她的印象是比較不會自以為是，心態也更包容、開放。她還欣賞這個黨的名稱：民主覺醒。

民主覺醒黨領導人艾佩爾特（Andreas Apelt）說道：「安格拉參加我們第一次

會議時的情景，我還記得很清楚。她很含蓄、謙虛，看起來不到三十五歲。她穿著一條皺巴巴的燈芯絨長裙，腳踩羅馬涼鞋，留著齊劉海的荷蘭男孩鮑伯頭。」她一旦看到機會，就會牢牢把握——這是她在政治生涯經常展現的一項特點。這名科學家發現黨辦公室角落有一些密封的箱子，就捲起袖子，把裡面的東西拿出來，組裝好該黨的第一批電腦。此舉讓東德政治圈子的人刮目相看，因此給她一席之地。「安格拉說她在科學院工作，不曾提過自己有博士學位。起初，她只是安靜地傾聽大家說話。」艾佩爾特回憶道。幾天後，她才加入談話。於是，她開始踏上政治這條不歸路。

她的科學生涯已經結束。她後來回憶道：「我曾是一名優秀的物理學家，但沒傑出到可獲得諾貝爾獎。」這句話揭露了一點：她想站上某個領域的巔峰——即使必須等待幾十年才能達成，她也願意。然而她在科學領域努力了這麼多年，並不算白費工夫。「我的思維是科學教育塑造的，」她說，「我試圖將理性思維帶入任何辯論中。這讓一些男人驚訝，因為他們老是說，女人缺乏理性思考的能力。」

一九九〇年春天，梅克爾正式辭去她在科學院的工作，將所有時間投入政治中。艾佩爾特注意到她做事很有條理，而且能在混亂中保持平靜，於是請她擔任民主覺醒黨的發言人——跟媒體打交道，協助擬定黨所要傳達的訊息，以及匯整與黨相關的新聞報導對領導人簡報。艾佩爾特說：「她的反應讓我吃驚。她說：『我得先考慮一下。』」安格拉．梅克爾討厭被趕鴨子上架。她最後同意就任，艾佩爾特還發現一點：「如果你告訴梅克爾，有一份文件請她於明天早上七點完成，那份文件必然會在六點五十九分出現在你的桌子上。」

我們可以從梅克爾在政治路途上的步步高升觀察到另一種模式。在九〇年代，在她挺身前進的過程中，政壇巨人——包括她政治啟蒙恩師——一個個倒下了。對手出事的時候，她可能沒火上加油，但是在他們引火自焚時，她從未急著去拿消防水帶過來。她只是站在後頭，冷眼旁觀。雖然她天性謹慎，我們很快就發現她有一種本能，是在事情發生當下，大膽採取行動。

一九九一年十二月，基民黨於德勒斯登舉行黨代表大會。柯爾總理看著自己的女弟子——也就是他口中的「我的小姑娘」——露出和藹的微笑。柯爾指派她擔任婦女與青年部部長，後來又請她擔任環保部長。梅克爾能在德國政壇步步高升，正是因為柯爾的大力提攜。

圖片來源：Thomas Omo/Photothek/Getty Images

第五章

門徒

在政治上我和梅克爾沒多大的不同。我們真正的差異是她的背景——她來自東德。

——英國前首相東尼．布萊爾（Tony Blair）

在兩德統一之初，由於安格拉．梅克爾是來自東德的女性，因此獲益匪淺，因為當時的總理柯爾需要把兩類人納入新的德意志聯邦共和國領導階層，梅克爾正好符合。在東德政壇，女性可謂鳳毛麟角，也沒有人像梅克爾那樣專一穩定、精明幹練，而且具有雄心壯志。她自制力高、具策略思維，在必要時以退為進，因此得以在政治上平步青雲。

她能夠成功，也是運氣使然。但幸運之神降臨時，她總是已經準備好了。梅克爾在東德政壇有三位啟蒙恩師，他們都因為與國家安全部有牽連或拿黑錢，從政治巔峰上墜落。他們的覆亡為梅克爾清出一條路，使她得以成為東德的翹楚，在日後的政壇大放異彩。

民主覺醒黨的頭兩名黨魁都因為國家安全部栽了。首先是這個黨的共同創建人施努爾（Wolfgang Schnur）。他曾是東德著名的維權律師，被祕密警察揭露他的真面目——國家安全部的線人。施努爾長年透過出賣別人換得榮華富貴的醜聞讓民主覺醒黨其他領導人大為震驚，甚至恐慌起來，深怕在這個自由爆炸的新環境中，自己一度當過線人的黑歷史或是很久以前不知做過什麼蠢事會被揭發。安格拉的政治前輩焦急地絞扭雙手時，這位新上任的新聞發言人沉著冷靜，板著一張臉把西方記者趕出民主覺醒黨的總部，讓這個新的政黨能關起門來撲滅第一把火。

下一個殞落的政治明星其實不到該被砍頭的地步。德邁齊爾是東德改革派中鼎鼎大名且頗受歡迎的人物，本來是職業小提琴家，其家族屬於雨格諾派（Huguenot）——基督教新教信奉喀爾文思想的教派。他是東德最後一任總理，主要的歷史任務就是促使德國統一。梅克爾擔任民主覺醒黨發言人才幾個月，德邁齊爾就請她擔任東德第一位也是最後一位民選政府的副發言人。今天，德邁齊爾在柏林有個辦公室，裡面堆滿了兩德統一的紀念品。他將老布希、柯爾和戈巴契夫簽名的照片及菜單掛在牆上。

他回憶道：「我請她擔任副發言人時，她告訴我，她週末要去倫敦，回來後再告訴我她的決定。」梅克爾想要彌補失去的時光。有一次她去布達佩斯旅行時，曾幻想去倫敦；她站在壯麗的匈牙利國會大廈前，想像西敏寺大教堂的模樣。她得先去倫敦瞧瞧，她不急著在政治階梯上往上爬，等到週末過後她再回覆德邁齊爾。

當然，她接受了德邁齊爾的邀請——以後見之明來看，這是一個明智的舉動，因為在一九九〇年十月，民主覺醒黨就併入基民黨——她也很能適應這個新角色。安格拉和大多數的政治人物不同，對媒體說話字字精準如科學，句子也明白易懂。德邁齊爾說：「她幾乎不用形容詞，講話很實在，不會花裡胡哨。她提供的訊息量是同事的兩倍。這種說話爽直的科學家實在難得。」特別是對渴望得知事實的東德民眾來說，她的報告蘊含大量訊息也是一大優點。「後來，讓我吃驚的是她能堅定、有自信地表達自己，」德邁齊爾說，「我真的沒料到這點。」這位師父也沒想到自己的門徒會精於冷酷的政治算計。

到了一九九〇年底，有傳言說，德邁齊爾也曾是國家安全部的線人。儘管這不是事實，但殺傷力甚大，德邁齊爾的政治生命不久就結束了。他憤恨不平地說：「在情況難纏時，梅克爾把我除掉了。」儘管這是誇張的說法，不過在他遭受攻擊時，他的門徒的確沒有跳出來為其辯護。這個來自東德的年輕女子具有不感情用事的特質，實事求是，因此在政壇上扶搖直上。

德邁齊爾想到不久前自己是怎麼提拔梅克爾的，她竟然在他落難之時袖手旁觀，就吞不下這口氣。柯爾在總理任期的第八年徵詢德邁齊爾的意見，說他想找個東德女性填補一個內閣職位，然後說出一個人選的名字。德邁齊爾說：「我告訴他：『那個女人不夠格，找梅克爾博士吧。她是最聰明的。』」於是柯爾聽從德邁齊爾的建議[1]。

一年前，她才悠哉游哉地踏入位於東柏林的民主覺醒黨辦公室，自願幫忙組裝電腦，如今，也就是在一九九一年一月十八日，她已加入柯爾總理的內閣，在新統一的德意志聯邦共和國擔任婦女與青年部部長。德邁齊爾挖苦地說：「她根本不關心婦女和青年吧。」

身為柯爾內閣中最年輕、也最沒有經驗的一員，梅克爾知道自己在內閣的象徵因素。她坦承：「如果我有同樣的能力，卻是在西德長大，就不會有這麼一天。」她分析自己跟分析別人一樣清晰透澈。但是梅克爾沒浪費這個機會。

波昂是萊茵河畔的一個小鎮，以作曲家貝多芬的出生地而聞名，二次大戰後成為西德首都，其中一個原因就是聯邦共和國第一任總理艾德諾（Konrad Adenauer，任期一九四九～一九六三）的家鄉在科隆，離波昂很近。德國的首都原本在柏林，由於戰後柏林有一部分被蘇聯占領，波昂便成了臨時首都。安格拉．梅克爾從

1 柯爾是個重量級的歷史人物，自一九八二年至一九九八年是德國最高領導人，擔任基民黨黨魁的時間更長（一九七三～一九九八）。他相當親美，跟美國總統柯林頓稱兄道弟，兩人最愛一起吃高熱量的美食。（他們倆常在華府附近的義大利餐館大快朵頤，這也是九〇年代的記者最愛聊的主題。）在某些方面，兩人都像樸實、性格隨和、愛開玩笑的大叔。我先生霍爾布魯克（Richard Holbrooke）是柯林頓執政早期駐德國大使，記得他曾告訴我，如果柯爾身邊只有男人，就常喜歡開黃腔。

一九九〇年到一九九八年，都待在波昂這個以男性為主體的基地——那裡是個灰色之地，萊茵河灰濛濛的，現代辦公大樓是鉛灰色，男士西裝也錯落著深深淺淺的灰。在大廳、餐館和比較高級的餐廳（共三家，兩家義式餐廳，一家法式餐廳），觸目所及是男政府官員、男外交官和男記者，女性則是他們的助理。九〇年代在波昂從事非服務業的年輕女性總是會意識到自己與眾不同[2]。

在東德的學術圈子裡，像梅克爾這樣的女性研究人員很少見，而在西邊的政治圈子中，根據梅克爾的說法，女性再怎麼聰明、努力，也「拚不過男性的嗓門和體型」。

梅克爾住在一棟四層樓的公寓，打開窗就能眺望聳立在萊茵河上游的七嶺山（Siebengebirge）及著名的龍岩山（Drachenfels）。然而這位新上任的女性部長很少能準時下班欣賞夕陽西下的美景，因為她正在努力適應這個新職務和新身分。

此時，梅克爾已經有了崇拜者。她剛加入柯爾的內閣，美國前國務卿季辛吉（Henry Kissinger）就來拜訪她。季辛吉說：「安格拉說，『像我這樣的名人』會來拜訪她，讓她非常驚奇。我告訴她，我很好奇，想知道一個在東邊成長的人在西邊會有什麼樣的表現。」兩人一見如故，除了同樣熱愛德國文化——偉大的作家、哲學家和作曲家，他們都是在這種文化的熏陶下長大的——這個星球上最有名的兩名德國人對人生的悲劇因素抱持相同的看法。季辛吉是猶太人，為了逃避納粹迫害，舉家移居到紐約，而梅克爾在年少歲月也飽嘗共產黨政體的壓迫，開始內在放逐，以科學研究為庇護所。兩人都不得不在陌生的新土地上重新塑造自我：季辛吉在美國，梅克爾則是在前西德。兩人都深知悲劇人生的滋味，卻成為完全不同的人：季辛吉成為現實政治的悲觀預言家，梅克爾卻成為堅定的樂觀主義者。

季辛吉發現他的新徒弟有一個與眾不同的特點。他說：「大多數德國政治人物都會設陷阱，她從未上當。他們會玩弄花招，只跟自己人說話。」季辛吉主動把她介紹給具影響力的美國人，但是沒料想到這個外表平凡、沒什麼魅力、有科學背景的女性從政者會有偉大的未來。或許除了梅克爾本人，其他人也沒想到。二〇〇五年六月，德國大選前夕，英國首相布萊爾前來柏林訪問，梅克爾直截了當地問他。

「我想請教：我是一個女人、沒有超凡的魅力，也不善於溝通，如何才能彌

2 在柯爾的十七名內閣成員中，只有二、三名女性，包括安格拉·梅克爾。在聯邦議院中，自一九九〇年至一九九五年，女性席次約占二十%（即六六二個席次中有一三六席是女性）。今日，聯邦議院的女性席次大約占三分之一。

補這些缺點？」對此，布萊爾的幕僚長回憶說：「其實，她很有信心，已勝券在握。」

✿ ✿ ✿

梅克爾年僅三十六歲就當上部長，可說是德國史上最年輕的部長，而且她還是來自東德的女性──梅克爾知道所有人都把目光投向她。然而，即使像梅克爾這樣熱中學習新方法的人，從東德科學界轉戰西德政治圈，這條路並不容易。

人們對她外表的關注特別讓她驚愕。在東德，幾乎沒有表現虛榮的餘地。在人民的百貨商場，每一季最新款式的大衣通常只有兩種，因此一般人都不知時尚為何物。每一個人的穿著打扮都很樸素。突然間，大家都盯著安格拉那土氣的髮型、平底鞋和寬大的外套。柯爾內閣只有兩名來自東德，除了梅克爾，另一個就是新任研究和科技部長克魯格（Paul Krüger）。他說：「我在政治活動上注意到安格拉。她對自己的外表毫不在意，這點著實讓我驚訝。但她氣場強大。不知為何，打從一開始，我就發覺她與眾不同。她擁有一種權威。」而「Mehr sein als schein」（本質要比外表來得重要）就是安格拉的路德派教規。安格拉欲勝任新的角色，有很多事情要做，其中之一就是對外表的重視。由於梅克爾沒有穿搭品味，德邁齊爾和柯爾先後曾懇求女助理或老婆幫她打理門面。德邁齊爾說：「那時，安格拉穿得就像學生：涼鞋、寬鬆的長褲。」在他們第一次正式訪問莫斯科前，他吩咐辦公室經理：「拜託你告訴梅克爾博士。如果她看起來還是那個樣子，我不能跟她同行。」為了這趟行程，梅克爾穿了新衣裳，德邁齊爾讚美她說：「哇！安格拉，妳今天可真好看！」這溢美之辭並沒有讓她開心。「她漲紅了臉，非常尷尬似的。」梅克爾的時尚挑戰可濃縮成一個流行於九〇年代的冷笑話：

「梅克爾怎麼處理她的舊衣服？」

「她會穿在身上。」

梅克爾發牢騷說：「男人就算連續一百天都穿深藍色的西裝，依然一點問題也沒有。同一件外套，我要穿上四次，民眾就會寫信來了……有一次我讓攝影師趴在桌子底下，拍我的腳踝。」但是她一如以往，還是適應了。為了不讓人為了她的外表小題大作，她從漢堡一家服裝名店那裡購入許許多多色彩鮮豔的短外套，好穿的黑色長褲和黑色平底鞋。最後，她甚至願意讓髮型師每天來幫她整理頭髮——畢竟打扮也是一種義務、有助於她達成目的手段。她的老朋友辛德翰說，有一次他在薩爾茲堡音樂節看到梅克爾穿著巴伐利亞傳統的爆乳緊身背心裙洋裝，眼珠子差點掉出來。他驚訝地說：「安格拉，這是我第一次看妳穿裙子！」結果，這句話讓她臉上出現三條線。

然而，英國外交官萊弗（Paul Lever）稱讚她在奧斯陸歌劇院穿的那件晚禮服時，說道：「總理女士，您穿這件真好看！」梅克爾似乎滿心歡喜，聊了一下這件禮服的細節和設計師。她破天荒以低胸晚禮服示人，沒穿大家預期的「制服」，媒體因此沸騰，之後她就把那件禮服束之高閣。

還有一些形象問題讓她困擾。例如，站在講臺上時，手要怎麼擺。她了解自己要是動來動去會傳遞錯誤的訊息。經過多次嘗試錯誤，她終於決定採用一種手勢：食指指尖接觸，以食指和拇指構成一個菱形。這個特別的手勢被稱作「梅克爾菱形」，自此成為她的招牌，有人甚至為這個手勢設計出表情符號。（多年後，她的政黨就在選戰中使用這個表情符號，加上口號：「把德國的未來交給可靠的人。」）

儘管九〇年代的梅克爾不修邊幅、不喜歡化妝，波昂的政治圈都覺得這位來自東德的小姐崛起太快——至少，在踏上政壇第一年就進入內閣，可謂極不尋常。總理柯爾視她為愛徒，不但柯爾身邊的人不以為然，基民黨的黨員也不服氣：她只是一個政治素人，只因來自東德就能雀屏中選？晚上，在首都附近的酒館，最熱門的話題就是，誰能將這個東德小姑娘踩下。基民黨裡有十二個前途無量的年輕人組成了一個名叫「安地斯聯盟」（Andenpakt）的工作小組，刻意把女性（基民黨的稀有物種）排除在外。這個小團體就像兄弟會——成員皆來自富裕的、以工業為主的聯邦——發誓互相扶持，並刻意提醒一點：在黨內高層，女性是不受歡迎的。

她有足夠的智慧來建立自己的基礎，避免老是要靠恩師扶持。她參加選舉，也在聯邦議院贏得一個席位（雖然內閣成員不一定要參選，但是大多數部長皆為聯邦議院的成員），成為前東德的麥克倫堡—佛波門邦（Mecklenburg Vorpommern）代表。當地著名的政治人物克勞瑟（Günther Krause）因與國家安全部有所牽連而中箭落馬，少了這個對手，梅克爾的競選之路也就更加順暢。雖然梅克爾並非來自波羅的海地區，但在競選時，她與漁民暢飲當地的杜松子酒，以其純真、青春和樂觀贏得支持。身為參選人，她不會給人高高在上的感覺，也不會假裝自己什麼都知道，主要是願意傾聽民眾的聲音，有同理心，並用質樸率真的方式表達自己，讓當地人相信她是他們當中的一員。自一九九〇年以來，每次聯邦選舉，他們都以選票支持她。

梅克爾也許沒注意到基民黨的男性成員已組成一個祕密網絡，設法超越她。她也許看起來像是睜大眼睛的無辜者，但對危險已愈來愈有所警覺。她曾在一九九一年說道：「如果有人晉升的速度快得不尋常，貪婪和嫉妒很快就會抬起頭來。有人會嚴密地監視你。你犯的每一個小錯誤都會被記錄下來，強烈的反應隨之而來。」她痛恨有人說柯爾給她特殊待遇，也不喜歡經常聽到有人說她是柯爾的「小姑娘」。她又說：「我只能說，這種說法很煩人。我們的關係……並非一直都是友好的。柯爾會帶著批判的眼光仔細地看我的表現。」

然而，她確實承認，柯爾是將她推向世界舞臺的人。一九九一年，柯爾帶她同行前往美國訪問，把她介紹給她的英雄前總統雷根。（可惜，雷根那時已罹患阿茲海默症。）根據美國駐德國大使金密特（Robert Kimmitt）的描述：「她第一次踏進白宮，在內閣會議室和布希總統握手時，露出驚奇的表情。」

在那次訪美的行程中，柯爾問梅克爾，東德人對他的看法如何。梅克爾不願說假話——在她看來，這是一種罪過——儘管阿諛奉承輕鬆又討好，她依然不想這麼做。她說了實話：經過多年的宣傳，在東德人的印象中，他就是漫畫家筆下那個跟山姆大叔勾肩搭背的梨子頭資本主義者[3]。對她來說，真實要比迎合需要過多關注的自我來得重要。她不擅長偽裝情感，也沒興趣學這一套。

她正是在這個從政初期跌跌撞撞的階段，把鎮定自若的工夫修養到家。一九九一年春天，她與其他內閣成員去以色列訪問，幾乎被接待的以色列官員冷落了，他們以為她只是某位部長的助理。有些媒體報導說，她流下沮喪的淚水。當時，她對攝影師柯爾珀說：「我該更強悍一點。」

如果說這趟以色列之行是以愁眉淚眼做為起點，梅克爾回憶說，終點則是豁然開朗。他們在回國前，參觀加利利海邊的一座修道院：

「我們站在高處，俯瞰下方的鄉村和丘陵。我們眺望被內陸包圍的加利利海。有個僧侶說：『各位看啊，耶穌就從這裡下山，來到湖邊，呼召漁夫彼得做祂的門徒……再走上一小段路，就是祂餵飽五千人的地方。後來祂帶著門徒渡海，海上起了風暴。』我熟知聖經，也知道這場暴風雨。但聽到有人指證歷歷地說，事情就是在這裡發生的，著實吃了一驚。」

3 俄式的宣傳常極盡詆毀之能事：我在布達佩斯上幼稚園時，老師曾教我唱一首難以翻譯的匈牙利歌謠，到現在我還能背誦出來。這首歌謠把美國總統艾森豪形容成一顆人體定時炸彈，隨時可能會爆炸。

梅克爾從加利利海得到啟發，也就在迷茫的變化中找到一個穩固的立足點。她說：「我對於自己的信仰其實不是那麼清楚，有時，也有疑惑。」這種坦白對政治人物來說很不尋常。但在那加利利海邊的修道院，看到本篤會修士不辭辛苦地照顧殘疾青少年，她發現那些修士擁有一種她很羨慕的力量。

就任總理之後，梅克爾多次回到以色列，把處理棘手的德以關係視為其政府的核心問題，也是現代德國的基礎。然而，梅克爾初次踏上以色列時，她尋求的是內在力量。在短短兩年之間，她腳下的土地出現劇烈變動，她的國家已經改變，她也脫胎換骨。現在，她的雄心壯志需要一個更強而有力的錨，而她的個人信仰和聖經將使她平穩地走在坎坷之路上。

德國是東西方武力對峙的前線，長久以來一直是美國避免核戰浩劫的中心點。九〇年代，在柯爾總理的領導下，德國在多年的高度緊張後，得以暫時喘息。隨著兩德統一，德國成為戰後機構網絡的一部分，因此覺得安全，且有美國為之撐腰，而且從一九九三年開始就是新成立的歐洲聯盟的成員。此時也是大西洋同盟的巔峰時期，柯爾與柯林頓的深情厚意正可體現這一點——這兩個領導人的天賦和弱點都很相似。柯爾的目標是將東、西德合併成一個名實相符的國家。一九九四年，在一個萬里無雲的七月天，柯林頓和柯爾肩並肩，一起從西柏林走到東柏林的布蘭登堡門，對已上演五十年的大戲柏林風雲而言，此時似乎就是完美結局：一九四八年，蘇聯將柏林包圍封鎖，以美國為首的西方陣營，為了避免柏林落入蘇聯手中，展開史上規模最大的空中運輸行動，也就是柏林空投，透過空運，為絕望的西柏林居民提供食物、水和藥品；一九六一年修築柏林圍牆，美蘇兩國坦克在查理檢查哨對峙；一九六三年，甘迺迪總統在柏林圍牆邊宣告：「我是柏林人」（Ich bin ein Berliner）；一九八七年六月，雷根來到西柏林，背對著布蘭登堡大門，對蘇聯共產黨總書記戈巴契夫喊話：「拆掉這道牆吧！」德國在柯爾的領導下，變成歐洲大國，不久就一躍成為歐陸經濟強權。

安格拉．梅克爾是柯爾政府中最突出的東德人，也是柯爾兩德合併計畫的一部分。曾為梅克爾政治生涯作傳的柯內留斯（Stefan Kornelius）論道，對柯爾而言，梅克爾有如公開展示的「統一戰利品」。愛講話、精明老練的柯爾沒想到，他的「戰利品」也有自己的計畫和雄心，能耐心等待時機，以實現目標。儘管她在擔任婦女與青年部部長任內，沒有任何突破，但她證明自己是一個靈活、不被意識型態綑綁的政治人物，因此在遇到具有爭議性的問題時，知道如何折衷。例如，關於墮胎，她反對人工流產合法化，但贊成除罪化。就某些議題，儘管偏向保守，她經常不予表態。

梅克爾用行動證明她的勤奮、忠誠和謹慎，柯爾因此在一九九四年請她擔任一個更重要的職位，也就是環保部長。她沒有立即熱情地接受，再次要求給自己時間考慮。在波昂，如有這樣的機運，其他政治人物早就將此等好消息傳播出去，她卻守口如瓶，把這個消息藏了幾個禮拜。柯爾甚至懷疑她對這個職務不感興趣。但梅克爾只是在評估，若要她扛起這個重責大任，得面對哪些問題。在這個歐洲工業強國，要倡導新的環境保護政策，她要扮演的角色絕非只是「配額女士」。

長久以來，梅克爾一直不願被歸類：既不想被稱為「東德人」（Ossi），也不願被視為「西德人」（Wessi）。她同時抗拒「女士」（Frau）這樣的標籤——就這個身分來說，已是不言自明。一九九三年五月，她找到一個方式來表明自己壓根兒是個女性主義者，只是傾向低調。她為德國一家主流女性雜誌撰寫書評，評論的是法露迪（Susan Faludi）的著作《反挫：誰與女性為敵》（*Backlash: The*

Undeclared War Against American Women）。她在這篇文章中論道：

> 只要領導階層沒有婦女，無論媒體、政府、利益團體或企業，只要她們不在頂級設計師、一流廚師等的行列，婦女的榜樣就會由男人來決定……如果我在領導階層，我結婚的機率有多大？流產的機率又有多大？如果我要兼顧工作和家庭，我的孩子受到的影響有多大？有人一而再、再而三地討論這些問題，而且舉了很多負面的例子，讓婦女氣餒。這是男人霸占職務、地位的說法……在我看來，平等意味婦女也有塑造自己人生的平等權利。

顯然安格拉．梅克爾是個女性主義者。然而，多年來一直有人批評她，說她為提升女性地位所做的承諾不足——她在這方面的表現過於低調。雖然她對性別歧視的幽默很反感，還是不會讓講笑話的人當眾難堪。「我會給他一個憤怒的眼神，稍後，我們有機會獨處時，我會告訴他，這是不對的。」她曾解釋她的做法。她說，她自己對抗性別歧視最強大的武器就是獲得成功，然後刺激別人一起努力。不管是領導或其他方面，她都不會利用自己的權勢和名望迫使別人接受自己的觀點。

梅克爾就任環保部長後，就必須在更嚴苛的目光下掌握德國政治和媒體關係。由於她只有兩年的政府工作經驗，知道在首都流傳的謠言，說她根本無法勝任。有人大聲表示疑惑：「為什麼是她？」她的對手批評說，她的英語不夠好，無法應付國際會議。她隨即上晚間英語課程，加強英語實力，這種謠言很快就平息了。接著，她在上任六週後，解雇了環保部次長史多羅特曼（Clemens Stroetmann）。波昂是個小城，這位環保人士雖然備受尊敬，卻是個大嘴巴，說梅克爾很依賴他，如果沒有他，這個部門就要停擺了。不管史多羅特曼條件如何，她的決定表明她這位新部長不害怕行使權力。

梅克爾在那個時期拍的照片經常是笑咪咪的，看起來要比實際年齡四十歲來得年輕。她注視著早已被人遺忘的政治人物——他們通常一隻手隨意地搭在這名年輕部長的肩膀上。她也許在微笑，但也在分析他們，想知道哪些人是成功的，以及原因為何。儘管她受不了那些吵吵嚷嚷的公孔雀，還是試著控制自己。她坦承：「在男人面前，我常覺得困擾，因為對他們來說，要討論的不是事實，而只有誰能夠真正威脅對方。」這種困擾也是她要學會隱藏起來的。

在德國這樣的工業強國，要擔任環保部長真的很不容易。她簡要描述這個職務的挑戰：「我常常站在火線上，面對來自各方的攻擊，如食品加工業、各個聯邦、聯邦議會，當然還有更了解一切的經濟學家！我還得面對歐盟、獨占事業、兼併委員會，以及憲法法院。對一方來說，法規不夠，但對另一方來說，法規太多，第三方則不想受到任何法規的約束，而第四方希望法規愈多愈好。在這種情況之下，早上起床，心情總是好不起來。」她就像往常一樣，走在鋼索上，努力尋求共識，有時成功，有時則否。

有一次內閣會議令她萬分沮喪，忍不住落淚。看她不順眼的人，回味起這一幕，那晚暢飲啤酒時想必特別痛快。她後來承認：「也許像男人一樣怒吼會來得更好。」當時，她是為了空氣品質眼眶泛紅。「夏天就要來到。他們想把我推出去，進行新一輪的談判，要我面對上帝，以及全世界！我很清楚結果會如何。因此，我只是說……許多父母都很擔心，不敢讓孩子在外頭玩耍，人們都很害怕，要求我們採取行動。」她那沮喪的淚水震撼了內閣，讓他們動了起來，通過一套嚴格的潔淨空氣法規。她會潸然淚下是源於疲憊和挫折，因為內閣只會逃避和小看問題，不斷派她參加沒有意義的公關活動——但這淚水奏效了。這也是她最後一次在內閣會議中落淚。

社會民主黨領導人施洛德（Gerhard Schröder）接替柯爾成為總理後，有時會用各種問題激怒她，說她是「沒有指揮能力的可憐蟲」。儘管施洛德對她使出強硬的政治手段，她沒掉一滴眼淚，而是用憤怒和輕蔑來回敬他。她告訴柯爾珀：「我跟他說，有朝一日，我也會把他逼到牆角。但不是現在，我需要時間，但我期待有這麼一天。」那個曾經膽小如鼠、有點不知所措的東德小姑娘學得很快。

梅克爾渴望早點掌握西方的做法，希望能在柯爾的內閣之外找到榜樣。於是，她與其他國家的政治家接觸。一九九七年至二〇〇三年派駐到德國的英國大使萊弗說道：「她問我很多關於英國政治體系運作的問題，想知道英國的部長會在自己的選區花多少時間，也想了解首相和國會議員的關係。我想，她正在為自己的國際角色進行準備[4]。」

美國大使金密特回憶道：「她是好奇心和遠大志向的結合體。」梅克爾曾邀請金密特伉儷到她和紹爾在烏克馬克（Uckermark）的鄉間小別墅共進午餐。她精心準備了匈牙利燉牛肉。飯後，兩對夫婦一起去健行。金密特說：「我發覺安格拉已經安排好了，紹爾帶我太太走上一條路，而我跟安格拉則走另一條路。在接下來的兩、三個小時，她不斷問我：『告訴我北約的情況。』『美國在各種安全戰略計畫當中扮演的角色為何？』——如果你這一生都待在東德，就不會有這樣的問題，然而若是你要在政治階梯上往上爬，則必須知道這些問題的答案。」在他看來，那個萊茵河畔的小城將不會是梅克爾的最終目的地。

儘管安格拉在環保部長四年任內吃了不少苦，也有勝利的喜悅。一九九五年，這位曾是東德科學家的環保部長站在巨大的藍色地球下方，歡迎來自一百六十個國家的一千多名代表來到柏林的自然歷史博物館，參加第一屆聯合國氣候會議（United Nations Climate Conference）。前科羅拉多州參議員、美國代表團團長沃思（Timothy Wirth）說，他見到梅克爾的第一反應是：「柯爾總理想必查核了很多條件，才會挑這個邋遢的東德女人來當部長！」經過幾天下來的觀察，沃思改變了他的看法。

梅克爾仍在摸索，用簡單的英語參與小組討論，當她要對一千多位代表講話時，則用德語。一如既往，她努力尋找可能助她一臂之力的人。她聽從經驗老到的

4 二〇〇一年九月，梅克爾的導演友人施隆多夫安排她和我先生，美國駐聯合國大使霍爾布魯克見面——我先生不久前才設法使波士尼亞戰爭落幕。我跟先生同行。這是我第一次見到梅克爾。沒想到作家桑塔格（Susan Sotag）也是施隆多夫家的座上賓。桑塔格和梅克爾是鮮明的對比：桑塔格非常健談，梅克爾則善於傾聽。

印度代表納斯（Kamal Nath）給她的建議，把所有的代表分為兩組，一組是開發中國家，另一組是已開發國家，並在兩組之間穿梭。她不拘一格，一心一意想透過妥協取得成果。她首次展現自己具備擔任總理的一項重要特質，就是驚人的耐力。經過一整夜的交涉、談判，到了凌晨時分，大多數代表皆疲憊不堪。安格拉・梅克爾則不然，她已打起精神，準備主持第二天一早的會議。這次會議最後達成一項《柏林授權書》（Berlin Mandate）的提議，要求各國政府必須為減少溫室氣體的排放量設定明確的、有法律約束力的目標及時間表。這個協議在兩年後促成具有里程碑意義的《京都議定書》（Kyoto Protocol）。

梅克爾曾說，柏林氣候會議是她「最偉大的成就之一」。但她又修正說：「也許不能說這是我的成就。姑且說是經驗吧。」梅克爾一向謙虛，不管她如何形容自己在世界舞臺的首次亮相，她承認：「我第一次有機會去了解這個世界的不同文化及其不同的運作方式。這次真的讓我有活出自我的感覺。」梅克爾也在那次氣候會議上結識了許多朋友，以開發中國家之友自居，這對她未來的工作大有幫助。她的自信也增強了。

梅克爾會在小團體中流露她在公開場合很少展示的熱情。在柏林氣候會議結束幾年後，梅克爾邀請當時的美國財政部長鮑爾森（Henry "Hank" Paulson）協助她準備與布希總統的首次會面。鮑爾森回憶說：「我找了一群重量級的財經人士跟她見面，包括執行長、銀行總裁、金融界領導人向她提問以及回答她的問題。她做了件很溫馨的事：她在回答他們的問題時，會在桌子底下輕輕地捏我的手。我永遠忘不了這個舉動。」鮑爾森想起極其嚴肅的梅克爾展現這種令人出乎意料的熱情時，不禁笑了起來。

他們愈來愈熟之後，鮑爾森也見識到梅克爾較強悍的一面。他回憶說：「我覺得他們的財政部長史坦布律克（Peer Steinbrück）不好相處。安格拉跟我說：『瞧，我們是聯合政府，他是社民黨的人，自我膨脹得很厲害，也許想當總理。所以呢，你就好好注意他、體貼他，聽他說話，就會比較順利了。』我照她的話去做。她的建議果然沒錯。我和那個財政部長的關係變好了。她和大多數男人不同的是，不會想要掌控人或是得分，也不會順從別人。我從來沒見過這樣的女人：尋求共識，深藏不露，但是有堅定的信念。」

哈佛大學校長包考（Lawrence Bacow）同樣料想不到梅克爾會展現溫暖的一

面。二〇一九年六月，梅克爾受邀至美國哈佛大學擔任畢業典禮演講嘉賓，在演講前，她和包考閒聊時，她問起他的母親。安格拉．梅克爾，一如既往，已做好了功課。她知道包考的母親來自法蘭克福外的一個小村莊，在納粹大屠殺期間，村民幾乎全數慘遭殺害，包括他母親的家人，其實他母親是那個村子唯一倖存的猶太人。梅克爾把手放在他的手臂上，問道他是否曾回去那個村莊。「是的，我曾回去看看，」包考說，並提到自從納粹占領那個村子，有個老婦人一直住在他的老家。包考對梅克爾說：「我看著她、她看著我，兩人都很尷尬。」

「這趟返鄉之旅有可能不同嗎？」梅克爾問道。

「對這次會面的衝擊，看來她想了很多，」包考說，「她對雙方都很關心，在思索和解的可能。她的關心和真誠，讓我非常感動。」

儘管梅克爾私底下是個溫柔的人，她也會視情況需要，強悍起來。在她擔任環保部長期間，深具影響力的科隆樞機主教邁斯納（Joachim Meisner）對德國八卦娛樂媒體《畫報》（*Bild*）說：「顯然有一位信仰基督教的女部長活在罪惡之中。」面對樞機主教的公開指責，她無法忍氣吞聲。她說：「我開車到他的住處，向他解釋，為什麼我認為如果你已結過一次婚，要再考慮婚姻，必然要格外謹慎。」她把他的攻擊化為自己的優勢——好像她才是潔身自愛、敬拜上帝的僕人，而不是他。

接著，在一九九八年十二月三十日，德國發行量最大的報紙《法蘭克福匯報》（*Frankfurter Allgemeine Zeitung*）刊登了一則結婚啟事，內容極簡，正是這對新人的風格：「我們結婚了。安格拉．梅克爾、約阿希姆．紹爾。」結婚儀式也低調到家，可見這對夫妻多重視隱私，甚至連梅克爾的父母及紹爾的兩個兒子都沒出席。梅克爾說：「沒有人知道我們會在這個時候結婚。」梅克爾擅長這種突襲式的行動。她會決定在此時結婚，是因為她了解德國是個保守的社會，要繼續在政治階梯上往上爬，必然得清除這個潛在的障礙。

有一次，被問及她對德國政治有何貢獻時，她回答說：「一個在沒有自由的體制下生活了三十五年的人，應該深知自由的獨特價值……而且基民黨缺乏渴望體驗意外、在社會中建立橋樑、有改革衝動的人。」但梅克爾向上攀升的下一個階段不是搭橋，而是焚毀一座橋樑。

柯爾四度連任總理，治理德國長達十六個年頭，然而在一九九八年第五次競選時失利。翌年爆出醜聞：他從一九八二年開始接受非法政治獻金，總計高達數百萬德國馬克。儘管社會民主黨的施洛德是新任總理，柯爾仍是基民黨的領袖，他拒絕提供捐獻者姓名，以阻礙調查。他聲稱，這是「名譽問題」。

安格拉．梅克爾現在已是基民黨祕書長，不久前才卸下部長職務，是聯邦議院成員，也是家喻戶曉的政治人物。然而，無論基民黨和德國都將了解她不再是眾多人眼中那個願意包容的小姑娘。

十二月二日，德國人一覺醒來，發現《法蘭克福匯報》上有一篇文章，標題是〈柯爾所作所為傷害了基民黨〉，作者署名安格拉．梅克爾。也許這篇文章可採用另一個標題——〈國王駕崩，女王萬歲〉。柯爾萬萬沒想到他的愛徒會這樣和自己切割，他最可能的繼承人蕭伯勒（Wolfgang Schäuble）驚訝萬分，事實上，梅克爾發表此文，形同在德國政壇投下一枚震撼彈。梅克爾說醜聞是一齣「悲劇」，明確表示她的忠誠不是對某一個人，而是對黨的未來。「黨主席柯爾的時代已經結束，無法逆轉，」她冷靜地宣布，並大膽暗示，她是在幫柯爾的忙，讓他在晚年卸下權力的重擔。她寫道：「黨必須要學習走路，在沒有老戰馬的情況下，與政敵搏鬥。」

沒有第二個人有勇氣送「老戰馬」歸西，解救基民黨。施隆多夫說道：「柯爾覺得這就像大衛和歌利亞，這個街頭小子竟然敢向我扔石頭？」有人問梅克爾，她是否害怕這個政壇巨人，她假裝茫然不解：「為什麼要怕他？我們都一起工作八年了。」她的意思是：這裡沒有巨人，只有政客。

她暗示，即使沒有主席，再過二十幾年，基民黨還是會好好的。這可說是當代德國政治最大膽的舉動。近十年，她的平和讓人低估她的狡黠。現在，她已經證明，她那嚴肅的外表下隱藏著鋼鐵般的意志。對梅克爾來說，寫這篇文章對她個人而言是必要的，如此才能得到解放。多年後，有人問起她發表這篇文章的動機，她誠實地解釋：「主要是我想擺脫束縛，為自己創造空間。」

梅克爾大筆一揮，不只終結柯爾的政治生命，也除去在基民黨可能和她競爭的對手：也就是她的師兄蕭伯勒。蕭伯勒對柯爾忠心耿耿，也被捲入政治獻金風暴。他的公職生涯始自一九八四年，擔任柯爾總理府的祕書長，歷任內政部長、財政部長，是個出色且受歡迎的政治人物。一九九〇年，他出席一場競選活動時，慘遭刺殺，子彈打中他的脊椎，從此下半身癱瘓，只能依靠輪椅行動。儘管基民黨有很多人認為蕭伯勒已不良於行，無法活躍於政壇，柯爾依然力挺他，讓他擔任內政部長，之後更將他送上基民黨黨魁的寶座。梅克爾沒警告他，自己即將發表文章譴責他們共同的恩師。在獻金醜聞發生後，柯爾倒下，蕭伯勒也黯然辭去基民黨主席的職務。

二〇〇〇年初，梅克爾已把柯爾和蕭伯勒踩在腳下，加上她展現出來的勇氣，在無人反對下，順利當選基民黨主席。這位四十五歲的物理學家成了政治領袖，為冷戰後的基民黨提供了新的形象和新的開端。她解脫柯爾的束縛後，第一次成為自己政治命運的主人。現在，她必須牢牢掌控這個保守政黨。

四月十日，在她擔任基民黨主席的第一天，她大步邁進波昂總部的會議室，基民黨重要幹部都在那裡等著她。她環視四周，然後請大家站起來、在長長的會議桌旁隨意走動。她的訊息很明確：現在老娘當家，別想謀殺我，我正盯著你們。

這一年，德國議會決定將首都從波昂遷回柏林。梅克爾幾乎了無遺憾地離開萊茵河畔的那個小城。波昂鄙俗、保守，政府官員中男性占大多數，因此她認為自己只是過客，未曾把這裡當成真正的家。現在，她的初步政治修煉已經完成，得以返回她熟悉的城市——柏林。打從兒時開始，她就常去東柏林探望祖母。重回柏林，她選擇的居處不是在優雅、綠樹成蔭的高級住宅區，也不在格呂內瓦爾德（Grunewald）的森林區、富裕的達勒姆（Dahlem）或是精品店雲集的夏洛滕堡（Charlottenburg）。她和約阿希姆在前東柏林市中心挑了間簡樸的公寓，就在佩加蒙博物館（Pergamon Museum）的對面——她對這裡很熟，就像對滕普林瓦德霍夫那樣熟悉。她現在開窗，看到的不是緩緩流動的萊茵河，而是俯瞰一個重建得如火如荼的城市。這個城市即將成為國際大都會——天際線被許許多多的起重機吊桿切割，東西柏林之間的無人區還看得到圍牆的遺跡，在二次大戰間慘遭多次空襲和砲擊的國會大廈正在重建。在柏林，安格拉·梅克爾有回到家的感覺，她步履穩健，人生課程也已修習完畢。

自我過於強大者通常很難原諒傷害他們的人。然而，柯爾最後還是跟自己的門徒和解了。到了二〇〇五年，他甚至公開支持安格拉·梅克爾競選總理。四年後，梅克爾到柯爾家中拜訪，代表兩人已前嫌盡棄、言歸於好。無論他們真實的感受為何，他們都熟悉政治規則，懂得將自己的失望和痛苦藏好，擺出笑臉。二〇一二年，美國大使墨菲（Philip Murphy）為紀念柯爾上任三十週年，舉辦了一個小型晚宴。梅克爾剛結束訪華行程，因此直接從中國飛來。她熱情地舉杯向以前的恩師敬酒。前大使金密特也在場，他說：「她講述中國之行時，我一直看著柯爾。柯爾露出微笑，就像是個驕傲的父親。但是，大家都很清楚，現在總理是誰。」

二〇一四年，梅克爾歡度六十大壽，柯爾在《畫報》上發表了一封公開信以表祝賀之意，但話中有話。他寫道：「今日你可高枕無憂地回顧往事，因為你知道自己已牢牢抓住人生給你的機會。」柯爾是她的政治導師，教她認識權力、運用權力，但是懂得抓住機會，確實是她的一大天賦，就連這位德國政壇老戰馬也不得不甘拜下風。

儘管梅克爾常常提到柯爾對她有提攜之功，她將之歸結為政治恩情，而非她個人虧欠他的。對她而言，這個國家是更大的恩人——拜兩德統一之賜，她才能獲得第二次機會。

二〇〇五年十一月二十二日，這是安格拉．梅克爾締造歷史的一天。這個三重局外人——女性、科學家，還是個東德人——宣誓就職，成為德國第一位女總理。歷任總理的肖像都掛在總理府這個走廊上。工作人員正要把她的肖像掛上去。

圖片來源：Jens Buettner/dpa/Alamy

第六章
終於進入總理府

德國人想要的不是一個照鏡子的人，而是能夠照見問題的人。她把一種政治風格修煉得爐火純青，也就是不讓自己成為焦點。

——前德國國防部長古滕伯格（Karl-Theodor zu Guttenberg）

我拙於言辭，只會說實話。

——蘇格拉底（Socrates）

二〇〇五年，施洛德總理請求提前一年舉行聯邦大選，看來梅克爾的時代即將來臨——基民黨無人提出異議。這個曾經充滿沙文主義的政黨選擇了一位務實的領導人：她維持中間路線，以謙和的形象示人，並和大西洋對岸建立緊密關係，將能給這個國家帶來新開始、新氣象——甚至有機會創造歷史，成為該國第一位女總理。德國人喜歡她謙虛、平實、耿直的風格，欣賞她的真誠、不做作，似乎不費工夫就從東德融入西德，如魚得水。然而，人民對她的了解不多，只知道在柯爾讓基民黨和國家失望時，她冷靜、勇敢地與他切割。但是，無論梅克爾或是她的對手——中間偏左的社民黨黨魁施洛德——都未主張脫離以禮相待的共識型政治。這種政治雖然無聊，卻很適合二戰後的德國。

根據九月大選前幾週的民調，梅克爾似乎穩操勝算。儘管媒體喜愛不吝分享私生活的領導人，畢竟這是報導的好材料，梅克爾與她的政黨依然遙遙領先愛講話的施洛德。然而選戰局勢瞬息萬變，她差點就輸了。在這段過程中，安格拉·梅克爾學到寶貴的一課：如果她決心領導這個國家，就得知道如何識人、用人，也得隨時關注民意。

梅克爾的問題和所得稅政策有關。在競選期間，她提名基許霍夫（Paul Kirchhof）擔任財政部長。基許霍夫是海德堡大學法學教授，缺乏政治敏感度的他提出所得稅單一稅率[1]，民意不買單。想要尋求連任的施洛德總理，追得很辛苦，這下子讓他撿到槍。施洛德抨擊說，梅克爾是個與現實脫節的保守派激進份子，會為德國經濟帶來致命的打擊。不久後，梅克爾領先的幅度就從兩位數縮減到個位數。

德國是議會制政府，各選區公民投票選出議員，做為他們在聯邦議會的代表；再由這些議員選出總理。得票最多的政黨將與得票次多的政黨組成聯盟，並就內閣成員的分配進行複雜的談判，這個過程可能需要數週，有時甚至會拖上好幾個月。二〇〇五年德國大選結果揭曉之夜，施洛德的社民黨和梅克爾的基民黨幾乎打成平手——基民黨只比社民黨多出四席，除非組成聯合政府，無法達到多數繼續執政。那晚，就組成聯合政府的事宜進行談判前，他們依照德國候選人的慣例，一起現身在電視螢光幕前，接受記者的拷問。在攝影棚的強光下，梅克爾看起來面容憔悴、疲憊不堪。施洛德一屁股坐在她旁邊的扶手椅，大膽地向觀眾保證：「我會繼續擔任總理。你們真的相信我們社民黨會接受梅克爾的提議，進行談判嗎？」他的表情半是洋洋得意，半是不屑。就在這時，鏡頭轉向梅克爾，她那鬆弛下垂的臉孔浮現幾乎讓人難以察覺的微笑。她保持沉默，讓施洛德繼續說下去。這是高明的一招：讓一個大男人喋喋不休，耐心地等，等他自我毀滅。

最後，梅克爾靠近麥克風，平靜地說：「事實擺在眼前，你們今天沒有贏。」施洛德氣得吹鬍子、瞪眼睛。她把目光轉向觀眾，補充說：「我保證，我們會遵守民主的準則，不會顛三倒四。」觀眾席上爆出熱烈的掌聲。梅克爾這才允許自己露出滿意的笑容。她實現了她的誓言，有一天，她將「把施洛德逼到牆角」。就在這一刻，她創造了歷史。

兩個月後，也就是在十一月二十二日，安格拉・梅克爾宣誓就職，成為德國第一位女總理。就職典禮在國會大廈舉行。這棟大樓曾在一九三三年慘遭祝融之災，希特勒正是利用這把火埋葬了德國的公民權與選舉制度，鞏固絕對的權力。如今，國會大廈已修建完成，莊嚴宏偉[2]。柏林做為統一後的德國首都，顯得格外耀眼。光線從國會大廈的玻璃拱頂流瀉而下，這透明象徵德國的民主救贖。五十歲的安格拉・梅克爾，身穿黑色套裝，莊嚴肅穆地舉起右手宣誓：「上帝可鑑：我願為德國

1 德國稅收制度採取累進稅率，收入愈高，稅率愈高。
2 國會大廈縱火案發生在一九三三年二月二十七日，也就是希特勒宣誓就任總理的一個月後。希特勒政府聲稱縱火者是共產主義煽動者，而納粹則以這場火災做為藉口，指稱德國已遭受共產主義者的威脅。接下來，被希特勒認為是敵人者皆遭受逮捕。

人民的福祉奉獻我的力量，增進他們的福利，保護他們，使他們免於受到傷害，維護憲法，捍衛憲法尊嚴。」她接著抬起頭，接受觀眾掌聲，羞赧地笑了笑，硬生生抑制住淚水。誰想得到她的人生會有這麼一天？她的父母和弟妹平靜地坐在觀禮席上，幾乎沒有流露任何情緒，不過這一家人本來就不是容易激動的人。懷抱社會主義理想的赫斯特．卡斯納牧師，此刻看到女兒宣誓就職，成為資本主義國家的總理，不知有何感想？

令人驚訝的是，梅克爾的丈夫並未到場觀禮，見證這場創造歷史的儀式。紹爾是量子化學家，他跟往常一樣在實驗室埋頭苦幹。他的妻子似乎並不在意。這位新總理說道：「更重要的是，他在關鍵時刻支持我。」不久後，她就需要這樣的支持。

最先恭賀德國第八任總理的是第七任總理。「親愛的總理女士，」施洛德在就職典禮結束時，向她伸出手，說道：「希望妳能成功領導這個國家。」

「謝謝你為我們的國家所做的一切。我好延續你的優良政績。」梅克爾客客氣氣地說。然而，在一個成熟的民主國家，即使領導人順利交班，宿怨仍難以消解。二〇〇七年七月，施洛德回到總理府，參加他的官方畫像揭幕儀式，梅克爾對這位前總理說：「好吧，遲早我們都會被掛在這面牆上。」施洛德答道：「是啊，只是有些人比較早。」

宣誓儀式結束後，梅克爾大步走出國會大廈大門。入口拱柱上方山牆底下雕刻了「為德意志人民而建」（Dem Deutchen Volke）——這幾個字是在第一次世界大戰期間被安置上去，字母則使用拿破崙戰爭末期交出的兩門大炮熔化鑄造而成。梅克爾步履輕快地走過大片草坪，來到她的新辦公室，迫不及待地展開工作。但首先，她必須面對來自全世界的媒體。

在大多數德國人的印象中，他們那位極度鎮定的總理只有一、兩次在公開場合一時之間說不出話來。第一次就是在宣誓就職後的記者會上。讓她啞口無言的問題其實再平常不過。《國際先驅論壇報》[3]的鄧普西（Judy Dempsey）問道：「總理女士，請問您現在感覺如何？」也許梅克爾沒想過這個問題。她不是會在感情中打轉的人，特別是自己的感情。「嗯，是的，嗯，在這種情況之下……」她支支吾吾，一度失去慣常的平靜，不久就恢復正常，她的座右銘（「In der Ruhe liegt die Kraft」，亦即「心靜就是力量」）再度發揮作用。十年後，她才在公開場合再度語塞。

3 譯注：《國際先驅論壇報》（*International Herald Tribune*）為《紐約時報國際版》的原名。

德意志聯邦共和國的總理不是強大的管理者。聯邦共和國的權力——特別是國內事務方面——刻意分散在十六個「邦」（Länder）以及一個強大的憲法法院之中。因此，總理主要是靠共識和說服來統治，對外交事務要比對國內政策有更大的轉圜空間。梅克爾提出的，不是方案或具體政策，而是一套核心價值：她那虔誠的私人信仰；對責任和服務的堅定信念；認為德國永遠虧欠猶太人（意指大屠殺）；以科學家的精神制定精確、基於證據的決策；以及打從內心對禁錮人民的獨裁者感到厭惡。所謂的言論自由和行動自由，對像她這樣的政治家而言，絕非陳腔濫調，因為這兩種自由正是她在人生前三十五年欠缺的。

儘管抱持堅定的信念，她不是一個大膽的領導人，而是一步一步帶著人民往前走，利用民調來證實她的本能沒錯、她想做的事是可行的。然而，當她在極罕見的情況下偏離往常的謹慎，不但讓全國人民驚訝，也撼動了全世界。

梅克爾上任的目標是讓德國強大到足以抵禦愈來愈得寸進尺的俄國，並提高警覺，對抗無處不在的種族主義和仇外情緒。北約與跨大西洋關係構成梅克爾外交政策的基石。她希望德國是歐洲的一部分——不是歐陸領導者，也不會對歐陸構成威脅。梅克爾的英雄——雷根、老布希和她的導師柯爾，在兩德統一時期努力消除英、法對德意志聯邦共和國的恐懼，讓他們知道這個新近擴張的經濟強國是朋友不是敵人。她希望向他們效法，使德國成為國中之國，自信但謙虛——就像現在領導這個國家的女人。

從她上任的第一天起，梅克爾的總理府就像醫院一樣肅靜。這棟前衛的現代風格建築使用了大量的玻璃和鋼鐵，是一個辦公的所在，而非儀式的場所。站在大門、身穿海軍藍制服的警衛看起來不像會在餘暇射擊或健身的人，也像是在這裡辦公的人。我們很難想像他們會齊步前進。入內之後，你會看到淺綠色的牆壁沒有權力和歷史的標誌，沒有帝王和將軍的肖像。這是一個國家的權力中心，但這個國家無法無愧地面對自己的歷史，也對自己新近取得的強國地位感到侷促不安。

一大早，柏林的天空剛露出魚肚白，梅克爾就踏入總理府。用一個助理的話說，梅克爾以「本來的面目」來到這裡，準備上工——沒有化妝、沒整理髮型、穿著樸素。之後，由造型師凱勒女士（Petra Keller）來幫她打點門面，重現這位女總理為世人熟知的形象。十幾年來，凱勒一直是梅克爾的造型師，是她出訪行程的隨行人員，但凱勒未曾去過梅克爾的家。她一邊為梅克爾化妝、整理頭髮，這位總理則一邊吃早餐，一邊在平板電腦上閱讀最新訊息和新聞。即使在危機四伏之下，她的團隊也會確保總理府的氣氛如同她在滕普林的老家那樣，遠離喧囂與騷亂。

梅克爾必須完全掌控從總理府傳出的消息。她知道社交媒體可能散播錯誤訊息，甚至會把再平常不過的互動變成火藥，自己也將被炸得體無完膚，因此對社交媒體敬而遠之。二〇一六年七月歐盟在富麗堂皇的巴黎愛儷榭宮舉行會議，討論巴爾幹地區的問題。為了慶祝會議圓滿落幕，蒙特內哥羅副總理達契奇（Ivica Dacic）忍不住引吭高歌，唱他最喜愛的拿波里歌謠《我的太陽》（*O Sole Mio*），其他歐盟領導人紛紛拿起手機捕捉這一刻。雖然這種照片或影片放在社交媒體上很吸睛，但梅克爾只看到潛在的危險。她站起來，懇求大家：「拜託，把手機收起來吧。要是照片或影片在網路上瘋傳，這次會議恐怕會給人不好的印象。」於是，大家乖乖地將手機關機，那位副總理的歌聲戛然而止。梅克爾神色威嚴凝重，其他國家元首都臣服在她的權威之下。

梅克爾在總理府做的第一項改變就是調整辦公桌。她的辦公室很大，足足有四十四平方公尺。在學生時代，她不喜歡坐在前排，偏好中間的座位，好觀察其他同學。她不用房間後方那張大得像戰艦的總理辦公桌，平常都是坐在靠近門口的一張工作桌，每次有人進來，她就可以先看到來者為何人。在那新穎、明亮、超現代的總理府，她的辦公室就像一個成功新創公司的總部，而不是一個世界大國的權力中樞。從那簡樸的裝飾可以看出梅克爾崇尚路德教派的謙虛和簡約。她常常走到陽臺，欣賞國會大廈的雄偉。如果有人來訪，她也會讓客人從陽臺俯瞰這個發展中的城市。在新近的歷史發展中，她和這個現代首都皆已脫胎換骨。

在開始一天緊密的行程前，梅克爾會先打幾通電話（她以自己打電話為榮）——她可能打電話給其他國家元首，或是打電話感謝每天一早在她桌上擺上鮮花的園丁。梅克爾把前任總理的衣帽間變成一個小廚房。她常在那裡為訪客煮咖啡。（咖啡香漸漸取代了施洛德留下的古巴雪茄味。）

為客人煮咖啡，不只是客人想喝咖啡，而是希望辦公室的環境不要阻礙人與人之間的交流。這位總理一邊煮咖啡，一邊對來訪者提出問題，試圖從他們身上問出她以前不知道的事。聯合國前祕書長安南（Kofi Annan）的助理基廷（Michael Keating）回憶道，二〇〇六年安南來到這裡第一次與總理見面時，「她一邊認真傾聽為什麼德國該優先考慮非洲，一邊消除緊張。在討論氣候變遷的衝擊、非洲的經濟實力、移民和恐怖主義之間，她不時展現幽默。」

她桌子上擺了一幅小小的加了銀色相框的肖像畫。那是凱薩琳大帝（Catherine

the Great）的畫像。她是日耳曼公主，原名蘇菲・馮・安哈特—采爾布斯特（Sophie von Anhalt-Zerbst），是路德教派的信徒，來自離梅克爾老家滕普林不遠的斯德丁（Stettin）。她嫁給彼得大帝的外孫，也就是未來的彼得三世。蘇菲後來把她的名字改為俄文名字葉卡捷琳娜（或凱薩琳）。一七六二年，她透過政變廢黜其夫彼得三世，即位為俄羅斯女皇。她精明果斷，許多估低她實力的人都栽在她手裡。凱薩琳大帝統治俄羅斯長達三十四年。她的大膽功績包括從奧圖曼人手裡奪取烏克蘭；二〇一四年，普亭出兵烏克蘭，併吞烏克蘭領土克里米亞半島，梅克爾聯合西方各國，在此與普亭角力。

她牆上有一張裱框的巨幅照片，是柯爾和老布希在柏林圍牆前的合照，還有一幅奧地利表現主義畫家柯克西卡（Oskar Kokoschka）為德意志聯邦共和國第一任總理艾德諾畫的肖像。二次大戰結束後，艾德諾使殘破不堪的德國從廢墟中站起來，和西方站在同一線上，尤其是華盛頓。梅克爾桌上還有一個樹脂玻璃做的立方體，上面刻了她的座右銘：「In der Ruhe liegt die Kraft」，亦即「心靜就是力量」。角落有個巨大的西洋棋棋子。當然，那就是后。

梅克爾的一舉一動都在安全人員的監視之下，她的日程安排分配給各個政府部門，她因此在工作和私人生活之間劃出一條更清晰的界線。她身邊的助理沒有人去過她家。她住在總理府附近、只要幾分鐘就可走到的一間相當不起眼的公寓。那是她和紹爾租的租金管制公寓，房東不得任意把租金調高到一定數額以上。她的助理很快就知道，這位新總理比較喜歡回家睡在自己的床上——哪怕只能睡幾個小時——即使她在歐洲另一個首都待了一天，也會連夜飛回柏林。

梅克爾在擔任總理的這十六年，作息時間幾乎沒有什麼變化。早上八點半，如她的幕僚所言，造型師已幫她打點好妝髮、服裝，讓她得以「全副武裝」準備面對新的一天。首先，她會和幾位核心幕僚召開晨間會議，包括她的辦公室主任鮑曼（Beate Baumann）、她的發言人塞柏特（Steffen Seibert）、她的萬事通克里斯堤楊森等人。國家安全顧問海克（Jan Hecker）則是在她最後的任期加入的。在這個小圈子當中，鮑曼是最重要的一位——於梅克爾在任期間，她也許是德國政壇的第二號人物，也就是一人之下，萬人之上。除了紹爾，沒有人比鮑曼更了解梅克爾，她也是梅克爾最信任的人。

鮑曼比梅克爾小十歲，在劍橋大學接受教育，未婚。梅克爾政治主張的成形及對美國的崇敬都和鮑曼有很大的關係。鮑曼可以不出現在公眾場合、不表露自己的身分——梅克爾也很希望自己能成為這樣的隱形人。梅克爾在一九九五年聘請鮑曼擔任自己的私人祕書和辦公室主任，這個頭銜一直延續至二〇二一年——只是她在總理府的角色非常複雜，不是任何職務可以概括的。在長達二十五年的共生關係中，梅克爾和鮑曼，仍然以敬語「您」（Sie）相稱[4]。然而，為了凸顯自己的地位，鮑曼會以「梅克爾女士」（Frau Merkel）來稱呼她老闆，如果有外人在場，她就會跟其他幕僚一樣以「總理女士」（Frau Bundeskanzlerin）稱呼梅克爾。幾十年來，為《時代週報》跑總理府新聞的記者烏爾里許（Bernd Ulrich）形容梅克爾和鮑曼「親如姊妹。她們會打斷對方的話，會意見相左，但兩人之間沒有任何隔閡，只有信賴。」在梅克爾擔任總理頭幾年，她演講時鮑曼會坐在前排，用手勢對她打暗號，像是「快一點」、「準備收尾」、「露出微笑」——沒有幾個人敢給總理這樣的提示。

如果梅克爾是大姊，鮑曼是二姊，伊娃·克里斯堤楊森則是美麗迷人的小妹。伊娃負責前東德地區網路系統的升級，她比梅克爾年輕二十歲，金髮碧眼，身材苗條——看起來就像瑜伽老師那樣健美。這三個女人加上梅克爾的前國防部長、現任歐盟執委會主席范德賴恩（Ursula von der Leyen）被德國媒體稱為「娘子軍」，但她們都滿不在乎。

二〇一八年六月，我到總理府參訪，發現梅克爾、鮑曼和克里斯堤楊森三人不約而同在看同一本書，那是德國歷史學家包爾（Thomas Bauer）寫的《意義模糊的文化：另一種伊斯蘭歷史》（*A Culture of Ambiguity: An Alternative History of Islam*）——作者重新探討古典和現代伊斯蘭以及包含在各種脈絡中的衝突。

梅克爾總是希望她核心圈子裡的每一個人直言不諱。「娘子軍」中的一員說：「她的幕僚沒有馬屁精。我們都能批評她。」在她任期內擔任大使最久的伊辛格（Wolfgang Ischinger）證實，要打入梅克爾的小圈子很不容易——梅克爾仔細考慮之後才會讓你知道你可以加入，也會言明她對你有何期待。「在歐巴馬任期，要去白宮參訪的路上，總理的電話響了，」他回憶說，「她用手遮住話筒，對我說：『不好意思，這是機密。』沒想到她還特別向我解釋。」如果你想到她曾經在一個警察國家生活那麼多年，知道信任可能會為你帶來麻煩，或許就不會吃驚了。

4　譯注：梅克爾至今仍以「您」相稱的，只有兩位，也就是鮑曼和她的新聞發言人克里斯堤楊森。這兩位也在她的信任榮譽榜上名列前兩名。至於她在基民黨的老戰友和基社黨主席等人和梅克爾則皆以平輩的「你」（Du）相稱。

梅克爾不是什麼事都找自己核心圈子裡的人。二〇一七年，梅克爾提名施泰因邁爾（Frank-Walter Steinmeier）擔任總統——二〇〇八年，梅克爾競選連任，他是社民黨派出來的總理候選人，但是慘遭落敗。德國是議會內閣制，政府最高領導人是總理，總統則是虛位元首，扮演儀式性、無實權的角色。她的另一個座右銘就是：「你要親近朋友，更要拉攏敵人。」她也用同樣的手法馴服其他兩個潛在的危險對手：一個成了她的衛生部長，也就是史巴恩（Jens Spahn），另一個則是她的內政部長澤霍夫（Horst Seehofer）。她剛當上總理，就請師兄蕭伯勒擔任內政部長，在二〇〇九年，又請他出任財政部長，正是將這招化敵為友發揮到淋漓盡致。蕭伯勒本是基民黨黨魁，因為被捲入柯爾政治獻金醜聞，因此辭職，梅克爾才能在基民黨當家，進而參選總理。蕭伯勒擔任財政部長長達八年，英國《金融時報》於二〇一〇年，將他評為歐洲最佳財政部長，在全球經濟動盪不安的那幾年，他成為輔佐梅克爾的大功臣。

如果你無法達到她立下的標準，就得走人。托馬斯．德邁齊爾（Thomas de Maizière）說道：「若是你跟她說話，得講求精確。」他曾擔任她的國防部長，後來出任內政部長。梅克爾過去在東德的政治導師羅特．德邁齊爾就是他的堂兄。她不只是要求周遭的人精確，對自己也是如此。托馬斯．德邁齊爾講了這麼一個故事：「有一次，我在跟她說話時引用了一個數字。那只是一個大概的數字。幾天後，她在一次公開演講時引用了這個數字，結果發現這個數字不夠精確。後來，我問她，她從哪裡知道這個數字的？她說：『你一個禮拜以前告訴我的啊！』那是我在閒聊時提到的。當然，她記得一清二楚……她的記憶力真是驚人。跟她在一起，你得隨時提高警覺，可不能打馬虎眼。」

這種對精確的要求讓跟她一起做事的人如坐針氈。有人問托馬斯．德邁齊爾，二十年來，他在梅克爾的內閣工作是否愉快？「一點也不！」他激動地回答，「那是一大挑戰，分分秒秒都是挑戰……但是有一點值得安慰：她很有幽默感，這一面是一般大眾看不到的。」

幽默是梅克爾化解高度緊張的妙方。二〇一〇年十二月，梅克爾搭機視察部署在阿富汗的德國軍隊，結果她乘坐的飛機接近戰區時，在電子警告系統的作用下，機尾發射了信號彈，以干擾敵人雷達。飛行員駕機閃避時，飛機搖搖晃晃，防禦導彈的煙霧從敞開的彈艙冒出。聽到警報解除時，梅克爾轉頭過去，面無表情地問她的護衛官：「你們還為我準備了其他娛樂節目嗎？」

梅克爾總是能在奇特的地方找到笑點。常陪她搭機的一名幕僚說：「有一次她說起德國賣一艘潛水艇給某個國家的故事。梅克爾說，那個國家一直不肯付錢，不斷想出新的藉口。最後一個藉口竟然是潛水艇不是筆直的，而是像香蕉一樣彎彎的。她一邊說，一邊笑彎了腰。」

梅克爾還很會模仿火冒三丈的普亭，學他在紙上瘋狂地塗鴉。梅克爾學普亭尖叫，一邊用手指戳著紙張：「你看！你看！」普亭在世人面前總是擺出一張神祕的臉孔，這模樣實在好笑。

總理府有五百名公務員和一百名政策顧問，梅克爾經常讓他們的日子不好過。有一位演講稿撰寫人抱怨：「她討厭華麗的辭藻。就連宏偉的想法、崇高的片語都在禁忌之列。」這位撰稿人夢想寫一篇慷慨激昂、鏗鏘有力的演講稿，就像歐巴馬總統於二〇一五年三月七日在阿拉巴馬州瑟爾瑪（Selma）發表的演說，以紀念金恩博士（Martin Luther King）在五十年前不畏當局血腥鎮壓，為了爭取投票權領導民眾從瑟爾瑪走到蒙哥馬利。

「安格拉．梅克爾永遠不會接受這樣的演講稿。即使我寫出來，她也不會採用，她要的風格和歐巴馬不同。」

梅克爾很少在演講前排練，當然也不會站在鏡子前練習，經常直接照稿子唸。前外交部長費雪有時抱怨：「為什麼她的演講總是官腔官調？」但對梅克爾來說，用話語煽動人心是一種危險的天賦。她堅持用直率的溝通方式，不僅只是她缺乏口才，而是因為許多德國人對希特勒那慷慨激昂的演講記憶猶新。根據她的自身經驗，語言是不可靠的。文字是必須謹慎使用的武器。梅克爾寧可成為一個乏味但明智的監護人，好好守住自由主義西方，也不願蠱惑人心。從梅克爾的角度來看，即使如歐巴馬者，舌燦蓮花也並非有利特質。

安格拉．梅克爾也不是唯一偏好木訥的現代德國政治家。極力捍衛民主價值的第一任總理艾德諾亦然。他的演講總是枯燥乏味。當代學者曾抱怨，他的字彙似乎只有兩百個左右，有人則反駁道：「他是個聰明人，所以不會濫用字彙。」

梅克爾最重要的生存機制就是冷靜超然，不會被感情左右，能客觀地看待政治，把自我擺在一旁。她因而得以抵禦來自各方面的攻擊，尤其是自己聯盟內的人——他們花了很長的時間才能接受女性做為他們的領導人。她對國內事務並不熱中。這也難怪，因為這涉及跟不合作的聯盟政黨打交道，應付有數百位成員的聯邦議院或是擁護自己利益的各邦，而且各邦法律規定多如牛毛，涵蓋生活的點點滴滴[5]。也難怪梅克爾對外交政策比較感興趣，因為這方面有更大的創造空間和自由，讓她施展非凡的分析能力。大多數德國總理都是這樣，但梅克爾尤其如此。她在東德剛踏入政壇時，能發揮的創造力及行動力都很有限。

儘管經濟不是她特別著力之處，她依然設法讓德國經濟走強。在她的監督之下，這個國家日益繁榮，取代法國，成為歐洲最具競爭力的經濟體。雖然這主要歸功於前總理施洛德所進行的改革，但毫無疑問的是，她以一雙穩健的手引導德國經濟，正如我們很快就會看到的，在全球經濟衰退中，她拯救歐元，度過歐債危機。

然而，對梅克爾最有吸引力的，仍是德國邊境以外的世界，她也在這個領域做出特別的貢獻。在她擔任總理早期那段比較平靜的日子裡，有兩個事件值得一提，因為我們可從中看出她的性格和領導力。儘管這兩個事件都不是發生在德國本土，但都對她領導的國家有著深遠的影響。

對梅克爾意義最大的土地，除了美國，就是以色列。以色列就是第一樁事件發生之地。

二〇〇八年初春，一群大屠殺的倖存者吃力地走上一段上坡路，不時停下來喘氣。他們的目的地是以色列國會（Knesset），也就是耶路撒冷那棟呈立方體的現代主義國會大廈。這些長者，男人戴著基帕（小圓帽），穿著開領衫，女人則穿著安息日的盛裝。他們辛辛苦苦地爬上小丘，是為了聽德國總理演講。她的國家在六十年前屠殺他們的親人。由於這位德國總理以「謀殺者的語言」發表演說，在一百二十位以色列議員當中有六位離席表示抗議。以色列的藍白旗幟和德國的黑紅金國旗並立竿頭，在微風中飄揚——那些倖存者看了，不禁心痛如絞。

其實，這個第一位對以色列國會議員演講的德國總理並不是用「謀殺者的語言」做為開場白。她站在以色列國旗旁，一身黑衣，輕柔地用希伯來語說：「Anni modda lachem……感謝上帝讓我來到這裡，在以色列國會，跟各位說話。」接著，

5 我住在波昂時，有一次房東提醒我，禮拜天洗澡的時間不宜過長，因為這天必須保持安靜。他在我的門口貼了張當地法令，要我特別注意這點。（譯按，根據《北威邦週日和公共假期法》〔§ 3 Sonn- und Feiertagsgesetz NRW〕第三條，週日和公共假日必須避免不必要的干擾和噪音。）

她才改用德語。

「我也感謝各位允許我用我的母語說話。我向受害者鞠躬。我向倖存者及幫助他們活下去的人鞠躬。納粹大屠殺讓德國人深深感到羞恥。身為德國總理，我認為以色列的安全是無可妥協的。」

看著幾百位倖存者嚴肅的臉龐及受害者的子子孫孫，她的謙遜和樸實的話語打動了他們的心。演講前，梅克爾去了猶太大屠殺紀念館（Yad Vashem）。她低著頭，走進一個只有微弱燭光反射的黝黑洞穴，一步步地在螺旋階梯往上走，一邊傾聽一個沉靜的聲音，唸出在大屠殺中被殺害的一百五十萬名兒童和青少年的姓名、住所和死亡年齡。她內心的衝擊溢於言表。

「文明斷層就是這場大屠殺造成的創傷，至今仍未癒合，」她嚴峻地指出。「似乎以色列和德國永遠不可能握手言和。以色列護照內頁早就有這樣的字樣：『本護照除德國外，在其他各國均有效』。」接著，她提到自己在國內大多刻意迴避的一個話題：

「我在德國的一個地方度過了我人生的前三十五年。在那裡，國家社會主義（即納粹主義）帶來的災難，向來被認為是西德的問題[6]……直到四十多年後，德國統一，這才承認並接受自己的歷史責任，並對以色列負責……在此，我要明確強調，這種歷史責任是我國存在的理由之一。」

如此明確、公開地將自己國家存在的目的與另一個國家相連，是前所未有的大膽聲明。

但梅克爾還沒說完。表明以色列安全的無可妥協之後，她轉而談到伊朗。「如果伊朗獲得核武器，將會帶來災難——首先也是最重要的，這將會威脅到以色列的安全和生存，其次是危及整個地區，最後所有的歐洲人和全世界都可能受害……我們必須防止這種情況。」她總結說。每次，梅克爾在聯合國演講，都提醒各國要小心防範伊朗會發展核武，直到二〇一五年伊朗與全球六個主要國家達成核協議。

梅克爾在演講的最後，又用希伯來語說了幾句：「Mazel tov（祝福大家）：在這以色列建國六十週年。祝各位平安！（Shalom!）」在場的以色列國會議員和大屠殺倖存者全都站起來鼓掌。

梅克爾與以色列總理歐默特（Ehud Olmert）建立深厚的友誼，歐默特二

6 譯注：梅克爾不認同東德對以色列的史觀。在東德史觀中，迫害猶太人這一頁是次要的。東德與納粹罪行劃清界線，希望藉此取得代表德國的正統地位，自詡為法西斯德國的對比。

〇〇六年至二〇〇九年在位期間，她幾乎天天都打電話給他。但自從納坦雅胡（Benjamin Netanyahu）就任總理後，由於納坦雅胡敷衍與巴勒斯坦進行談判，也對兩國方案[7]嗤之以鼻，她很快就體認到道不同不相為謀，認為此人不可能成為合作夥伴。儘管如此，她依然堅持二〇〇八年春天，自己在耶路撒冷表達的信念，也就是以色列是德國存在的理由之一。

梅克爾也一直把德國猶太人的責任放在心上。慕尼黑一個繁華猶太社群的領導人克諾布洛赫（Charlotte Knobloch）曾陪同梅克爾去耶路撒冷，並啟迪梅克爾對這個問題的深入思考。她回憶道：「在二十一世紀初，梅克爾找我幫忙時，她對大屠殺的了解確實不深。但她求知若渴。身為神學家的女兒，她非常了解猶太教和基督教有著共同的根源。」克諾布洛赫認為梅克爾特別關心德國猶太公民的福祉是源於路德教派的信仰，她說道：「她的政策是以道德標準為圭臬，而這些標準都建立在《妥拉》[8]之上，後來為基督教的創始者採用。」

克諾布洛赫希望梅克爾能理解「我們不希望反猶主義成為我們的問題。」在梅克爾的領導下，這也成為德國的負擔。二〇〇九年她公開譴責教宗本篤十六世允許四位爭議主教重回教會。本篤十六世是德國人，先前因為極右派英國籍主教威廉森（Richard Williamson）等人表示納粹毒氣室是子虛烏有之事，且只有三十萬名猶太人死於納粹屠殺，不是六百萬人，而遭到教廷開除教籍。這位牧師的女兒堅定地說：「如果梵蒂岡的決策給人一種印象，以為可以就大屠殺一事說謊，問題就嚴重了。」結果，那幾位爭議主教再次被逐出教會。

沒有人知道梅克爾的承諾在她擔任總理的最後幾年對打擊德國反猶主義有多麼重要——因為種族主義就像岩漿，將在歐洲和大西洋的彼岸不斷蔓延。

下一次梅克爾大膽採取行動，動力來源不是她的路德派信仰，而是源於她多年的科學訓練，以及政治機會主義。

---

7 譯注：兩國方案（Two-state solution）是以巴衝突中的政治解決方案之一，這個方案主張為居住於巴勒斯坦土地的猶太人和阿拉伯人各自建立兩個不同國家，並劃定約旦河西岸及加薩走廊為巴勒斯坦建國範圍，與以色列並存。但以色列總理納坦雅胡不願承認巴勒斯坦的國家地位，還主張併吞約旦河西岸。

8 譯注：Torah 為希伯來文，中文音譯是「妥拉」。其狹義通常是指《摩西五經》（簡稱《五經》）或《五經》經卷（Torah Scroll）；廣義則有教導和指引的意思。因此，猶太人把《妥拉》引伸理解為整本《希伯來聖經》，甚至是所有的拉比文獻和傳統。

二〇一一年三月十一日，日本遭遇史上破壞力最強的地震，震度達芮氏八．九級，引發大海嘯，致使一萬五千多人喪生，摧毀了無數家園，甚至有好幾個沿海城市都遭到嚴重襲擊。由於災區內有兩個核電廠，這次的地震不只是天然災害，更演變成極其恐怖的緊急情況——日本政府稱之為二戰以來最重大的國家危機。福島第一核電廠的一個反應爐因為過熱、爆炸，在第二次爆炸之前，政府已緊急疏散電廠附近的十六萬居民。據報導，在海嘯發生幾天後，已有一萬多人死亡，至於輻射外洩對當地居民的影響，則需要數十年後才能完全評估，如同一九八六年在烏克蘭爆發的車諾比核電廠事故[9]。

在遙遠的柏林，唯一的物理學家元首目不轉睛地在 iPad 上看著福島核電廠爆炸的世紀大災難，心中充滿難以言喻的恐懼。三個月後，也就是在六月九日，她嚴正地告訴聯邦議院：「核能發電的風險無法控制。如果你相信人為錯誤絕對不會發生，才能接受這樣的風險。然而風險一旦發生，破壞力之猛烈與長久，將超過其他能源種類的風險總合。」梅克爾原本支持核能，向來和商界領袖站在一起，此刻覺今是而昨非，逐跳過正式辯論，也省去政府各部會的委託研究，呼籲廢除核能，改採再生能源。梅克爾政府的關閉核電廠提案順利過關，先關閉八座老舊的反應爐，剩下還在運轉的九座反應爐將於二〇二二年之前陸續關閉，以達成全面廢除核電廠的目標。

經常批評她的諾貝爾經濟學獎得主史迪格里茲（Joseph Stiglitz）這回則為她的決定鼓掌。梅克爾的廢核動機也許來自憂患意識，但史迪格里茲指出，梅克爾的計畫也具有經濟意義。他論道：「核電廠的生存完全依賴隱蔽的政府補貼。一旦發生災難事故，則由整個社會承擔代價。核廢料的處置目前依然缺乏有效管理，這個代價同樣要由社會承擔。不看社會必須為核能發電承擔的一切，就會忽略隱形成本。」

即將就任德國總統的高克認為，梅克爾的核能政策逆轉是基於科學的決定，也是明智的政治行動。正如他後來告訴我的：

「我對梅克爾說，她的決定有點不尋常。我說，我們的鄰居法國和波蘭也有科學家，然而出於某種理由，他們支持核能發電。她暗示，當然，這也是政治問題。我相信廢核是她的策略，以確保自己能再次贏得選戰。」

9 譯注：烏克蘭衛生局局長發現約有二百四十萬烏克蘭人身心受到影響，研究人員則認為在二〇六五年之前，還有一萬六千人會死於癌症。

梅克爾明白，當她擁有公眾支持時，就是時機來了，必須果斷行動。她對減緩氣候變遷的承諾是真切的，但她也是一個戰術家，她的民調人員每週都會提交報告給她，讓她知道民眾對重大議題的觀感。除了民調，還有人告訴她北威邦或巴伐利亞邦的人民在說什麼、擔心什麼、感覺如何。她會把這些情報納入她的最終計算當中。

綠黨最有力的號召向來是：「要核能嗎？不了，謝謝。」（Atomkraft Nein, Danke!）梅克爾關閉了核電廠，綠黨就無戲可唱了。

對廢核的決定，政治家梅克爾和道德家梅克爾是一致的。這就是她的行事方式：她感覺她的大膽會得民心，就會義無反顧地去做。上任六年來，她不曾為了自己的原則賭上政治生命——但那只是時機未到。時機到了，她還是會勇往直前。

二〇〇五年七月，小布希總統來到梅克爾的選區：北臨波羅的海的麥克倫堡－佛波門邦吃烤肉。小布希對她在警察國家長大的人生故事很感興趣。梅克爾認為這個德州人「很真」，跟他在一起很愉快。
圖片來源：Guido Bergmann/BPA/Picture-Alliance/dpa

第七章

迎來首位美國元首

安格拉，妳真是冰雪聰明。

——前美國總統喬治．W．布希（George W. Bush）

安格拉．梅克爾在第一任總理任期，與截然不同的兩個人建立了最重要的關係：也就是普亭和小布希。有鑑於她有不少與大男人交手的經驗，普亭是她熟悉的物種。從許多方面來看，她和曾是蘇聯情報人員、好勇鬥狠的普亭有較多的共同點，與出身美國政治世家的小布希——喬治．W．布希相比，似乎是兩個世界的人——一位是意氣風發、單純天真的德州人，也是重生的基督徒[1]，另一位則是來自東德、低調、自科學領域轉行的政治家。這兩人都想不到他們會一拍即合（這位美國第四十三任總統打從一開始就堅持要安格拉稱他喬治）。但小布希有一個很大的優勢：安格拉崇尚美國和美國的價值觀，並認為德國統一以及自己能獲得第二次機會大抵是拜美國之賜。小布希的父親老布希——美國第四十一任總統，是梅克爾的冷戰英雄，因為他是兩德和平統一的重要推手。梅克爾辦公室的牆上就有一幅老布希的肖像，旁邊則是柯爾。國家元首之間情誼深厚，並不代表兩國關係良好，但梅克爾在這方面非常用心。她在擔任總理期間，從不會貿然批評其他國家的元首，無論是普亭、艾爾段（Erdogan）、習近平或川普。她總是將建立信賴關係放在第一位。在她就任第一任總理之初，她想知道，是否可與其他領導人建立融洽的關係，然後利用友誼——或者說信賴——來改變他們的想法。她決定先在小布希身上試水溫。

即使梅克爾並未全心全意支持美國在二〇〇三年三月發動伊拉克戰爭，也不會

1 譯注：小布希年輕時常酗酒，過著漫不經心的生活，在四十歲那年（一九八六年）戒酒成功，成為重生的基督徒。

損害德國與這位重要盟友的關係，不管怎麼說，她已比她的前任更支持小布希。二〇〇三年二月，身為反對黨領袖的她在《華盛頓郵報》民意論壇發表文章，批評當時擔任總理的施洛德反對美國發動伊拉克戰爭。

大屠殺以及她出身警察國家的過去，不是塵封書籍的章節，而是她DNA的一部分。因此，她會不遺餘力地避免與華盛頓發生衝突，即使討厭用武力來解決棘手的問題，也得暫時忍受。

然而，對美國而言，梅克爾並非永遠是順從的盟友。二〇〇六年一月，她就任才兩個月，在前往華盛頓會見小布希之前，她接受《明鏡週刊》（*Der Spiegel*）的專訪。當時，她呼籲美國政府關閉位於古巴關塔拿摩灣（Guantanamo Bay）海軍基地拘留中心。那裡就是專門關押恐怖份子的監獄，因為層出不窮的虐囚手段而惡名昭彰。梅克爾說，對這些恐怖份子，應該還有其他處置辦法。由於她即將出訪美國，有人認為這樣公然批評該國政策會讓人難堪，但梅克爾故意這樣表態，她寧可讓華盛頓方面了解她的立場，以免對方感到意外。

為了這次歷史性的會面，梅克爾還做了其他準備，甚至同意接受髮型改造。一個月後，她從美國回來，又回到選帝侯大道上烏多．華茲（Udo Walz）開設的髮廊剪髮、染髮，她興高采烈地說道：「這髮型讓我像變了個人似的。」顯然，她對這次改造的結果非常滿意，之後便定期光臨這家髮廊。另一個改變也同樣一直持續下去。在此之前，梅克爾與外國政要見面都仰賴口譯員傳遞訊息。這次去白宮，伊辛格大使為她做簡報，並建議採用另一種做法。伊辛格回憶說：「她抗議說：『不行啦。我的英文不夠好！』」我要她放心，說道：「放心，小布希的英文也馬馬虎虎啦。」於是，她這次採取伊辛格的建議，不透過口譯員和小布希交談——結果，她和小布希相談甚歡。小布希對她的人生故事很感興趣，問道：「妳真的在一個警察國家長大嗎？」梅克爾述說東德歲月的點點滴滴，他聽得入迷。

梅克爾認為這個德州人「很真」——這是她的最高讚美了。他有幾個地方都讓她欣賞，包括不喜歡誇耀，不會假裝什麼事都知道，也不怕問問題。此外，小布希是虔誠的基督徒，梅克爾也是虔信之人——這點也有助於兩人的情誼升溫。

梅克爾巧妙地把她在東德的生活經驗轉化為政策優勢，讓小布希能從她的觀點來看事情。談到需要制裁伊朗，以遏止其發展核武，梅克爾指出，美國在八〇年代對蘇聯祭出一系列的制裁措施，做為入侵阿富汗的懲罰，結果她家鄉的柳橙價格飆漲。她對小布希說：「我們認為這是不公平的。」伊辛格回憶道：「她用這樣的個人故事讓小布希仔細想想是否應該制裁伊朗。」小布希後來讚嘆道：「安格拉，妳真是冰雪聰明。」

那年夏天，G8在聖彼得堡舉行圓桌會議，結果有一段花絮影片在網路上瘋傳：梅克爾坐在圓桌上，與鄰座的義大利總理普羅迪（Romano Prodi）聊得正起勁。這時小布希從她身後走過，冷不防像按摩般捏她的兩個肩膀，當作是打招呼。這個親暱的舉動讓她嚇得縮起脖子、舉起雙手。小布希對她眨眨眼，露出心照不宣的微笑。在這重大的首腦會議上，這一幕教旁觀者眼珠子差點掉下來，其他六名西方民主國家領導人也就知道一點：在這場會議上，最重要的兩位成員已經是朋友了。

其實，不久前，梅克爾才邀請小布希夫婦到她的選區一遊。於是，小布希夫婦在北臨波羅的海的麥克倫堡—佛波門邦待了兩天，品嘗當地的特產、野豬肉以及在地漁民捕獲的鯡魚。梅克爾欣賞小布希的不擺架子、隨遇而安，甚至在他鬧笑話時哈哈大笑——例如，他把野猪說成「豬」。

二〇〇七年十一月，小布希邀請梅克爾和她那幾乎從不露臉的丈夫前往他位於德州克勞福德（Crawford）的牧場渡假，這兩位領導人的關係又更上層樓。梅克爾的外交政策顧問霍伊斯根（Christoph Heusgen）說道：「那是一次很棒的旅行。有史以來最好的元首外交訪問。」小布希身穿藍色牛仔褲、襯衫，自然還有牛仔靴，迎接遠道來自德國的貴客。兩國元首相見，氣氛卻是罕見的輕鬆、自在。就連紹爾也將西裝換成休閒服，只是這位總理女士仍舊一身套裝。小布希對媒體說：「如果你邀請別人到自己的家，這是一種熱情和尊重的表現。」他輕拍梅克爾的背，和第一夫人蘿拉帶客人坐上他們的貨卡車。小布希坐在方向盤後方，梅克爾坐在他旁邊，蘿拉和紹爾坐在後座——在這鄉間，他們四人似乎怡然自得。（少女時期的梅克爾夢想有一天能開車徜徉洛磯山，一邊聽布魯斯．史普林斯汀的歌。這次來到德州鄉間，大概是最近似這個美國夢的經驗。）第二天一大早，梅克爾和小布希一起散步。他們走了很久，除了談國事，這位牧場主人也驕傲地展示他的土地。小布希解釋，他和蘿拉如何親自清理這片一千六百英畝大的地方，在這座草原教堂牧場（Prairie Chapel Ranch）種了原生種柏樹、藍花楹和火焰草。他指著一個風廊道，天氣好的時候，他喜歡在那裡擺上畫架畫畫。晚上，在那滿天星斗的德克薩斯之夜，他們在餐桌上聊到很晚。美國史上第一位非裔女性國務卿萊斯（Condoleezza Rice）也在場，她請大家在菜單上簽名留念。每一位來賓都有一份。現在看來，那已是遙遠的過去，但這段情誼始終歷久彌新。對梅克爾來說，小布希家的簡樸和他對大自然的熱愛，讓她對這位美國總統有不同的印象。更難能可貴的是，她的丈夫這次也來了，因此這次出訪特別開心。

這次，紹爾盡力扮演「第一先生」，但他很快就發現自己不適合這個角色。也許在二〇〇六年初，他陪同梅克爾去維也納進行國是訪問時就有這樣的了悟。那時，根據外交禮節，他和梅克爾去聽音樂會，兩人不得坐在一起，他必須坐在老婆後面一排的座位。在這次事件之後，梅克爾出訪，即使紹爾同行，也寧可做自己的事。有一次，他們在倫敦乘坐加長禮車，要去參加皇室典禮。車子開到一半，他就說他要下車，接著走向皮卡第里廣場地鐵站，進行自己的行程——這種自由、隨興可能讓梅克爾非常羨慕。

二〇〇六年，安格拉．梅克爾等西方民主政體領袖大放異彩。德國民眾對自己的總理大為激賞：她深藏若虛、不喜歡表現自我、不會裝模作樣、勤奮不懈，真正在乎的是取得結果，而非功勞，因此也深受其他國家元首的歡迎。很少人知道她很有幽默感，這也是她贏得朋友的特點。現任紐澤西州州長、前美國駐德國大使墨菲就說：「其實，她是個冷面笑匠。」還有，她那女超人般的耐力也有助於建立個人關係。儘管忙了一天，她仍神采奕奕。她喜歡和友好的國家元首把酒言歡，直至深夜。一向尖刻的《經濟學人》（*The Economist*）就曾刊登她舉杯微笑的照片，標題是「安格拉．梅克爾：魅力席捲全球」。

該雜誌報導：「她宣誓就職不到一百天，已爬上無人能及的巔峰。在一系列的對外活動中，從華盛頓到布魯塞爾、耶路撒冷，她獲得一致推崇……最重要的是，根據上週末的德國民意調查，她的支持率高達八十九%，是歷屆總理最高紀錄……德國經濟曾經奄奄一息，現已反彈，變得生龍活虎，商業信心高漲，出口金額屢創新高，消費也強勁復甦。」這篇文章同時點評到她外表的改變：「她甚至變得光鮮、有型，不再老氣橫秋。」

那年夏天，柏林街頭突然滿是德國三色旗。黑、紅、金三色旗幟在窗口飄揚，掛在汽車引擎蓋上，從背包上冒出來，甚至孩子的臉上也塗了這三種顏色。這是民族自豪感高漲的一刻，也是梅克爾執政初期的黃金時代。現在，她是歐洲公認最令人欽佩也是最有效能的領導人。（就像歐巴馬，他在擔任總統的第一年就獲得諾貝爾和平獎，梅克爾受到的讚譽最初多半是基於形象，而非實質，但她很快就證明自己是實至名歸的領導人。）然而，讓這個國家瘋狂的不是梅克爾，而是世界杯足球賽。德國隊已打入決賽，決賽地點正位於柏林。這場賽事讓德國舉國歡騰，即使本來對足球漠不關心的人，也跟著興奮。來自全球各個角落一百多萬名觀眾聚集在蒂爾加滕公園（Tiergarten Park）的球迷大道上高唱：「加油！加油！」（Arriba! Arriba!）每個德國球迷都會唱世足賽官方主題曲，倒不一定會唱自己的國歌——只有五十一％的德國人會唱德國國歌[2]。但這不打緊，每當德國隊上場，球員和德國觀眾就會一起高唱國歌，很快人人都會唱了。儘管德國隊只獲得季軍，沒能奪冠，但這並不重要，足球終於讓德國人揚眉吐氣，以身為德國人感到驕傲。

梅克爾雖是狂熱的足球迷，但她沒有用「驕傲」一詞來形容她對祖國的感覺，她通常說，身為德國人，她很「開心」。她說：「當我使用祖國這樣的字彙，並未指涉崇高的愛國主義。」

「我認為德國人並沒有特別壞，也沒有特別了不起的地方。我喜歡吃沙威瑪，也愛吃披薩，我覺得義大利的戶外咖啡館很浪漫，也認為瑞士的陽光比較充足。但我在這裡長大，喜歡在這裡過日子。我對這個國家有信心，我就是德國歷史的一部分，不管是痛苦的或是美好的。」

在一個排外主義和民粹主義抬頭的時代，梅克爾這番話簡直太溫和了，猶如來自另一個時代的聲音。

梅克爾和小布希的私人情誼在外交場域有了好的結果。二〇〇七年六月，在德國海利根達姆（Heiligendam）舉行的G8高峰會上，小布希首次公開承認氣候變遷是真實存在的危機，認為該「認真考慮」在二〇五〇年將溫室氣體排放量減半。對氣候變遷這個關鍵議題，這位美國總統本來是懷疑論者，梅克爾終於把他拉過去，讓他相信這是真實而且迫切的危機。由於兩人關係友好，即使意見分歧，也不至於釀成外交危機。

梅克爾意識到俄國對西方的圍堵非常敏感，因此和小布希唱反調，反對讓烏克蘭與喬治亞共和國加入北約。小布希最後不得不摸摸鼻子算了。正如氣候變遷問題，梅克爾冷靜地從事實和歷史的角度分析，讓有時會衝動行事的小布希從善如流。

2 譯注：德國國歌為海頓（Josef Haydn）所作。他在倫敦聽到了簡單隆重的英國國歌〈永生吾王〉，將其改寫為C大調弦樂四重奏《皇帝》。一九二二年，德國將此曲重新配詞，定為德國國歌。

梅克爾的表情有時比她的言語透露更多。圖為二〇一七年七月七日，她和中國國家主席習近平、俄羅斯總統普亭、土耳其總統艾爾段在漢堡參加 G20 高峰會。（站在她後方的是印度總理莫迪和日本首相安倍晉三。）
圖片來源：Wolfgang Rattay/Reuters/Alamy

第八章

獨裁者

政治的祕密？跟俄羅斯簽個不吃虧的合約吧。

——俾斯麥

（Otto von Bismarck，一八七一～一八九〇，德意志帝國第一任宰相）

面對獨裁政權，無論俄羅斯或是中國，梅克爾一直是務實取向。她不屑砲火猛烈地公開羞辱獨裁者，認為這麼做適得其反。梅克爾應該會同意電影《教父》（*The Godfather*）第三部中黑幫老大柯里昂（Michael Corleone）的忠告：「別恨你的敵人；這樣會影響你的判斷力。」她和對手打交道的方式是耐心與毅力的結合，哪怕只求一丁點的共識。她得顧及自己的價值觀、政治盤算和德國的長期利益，即使可能，也是極其艱巨的任務。

不出所料，弗拉基米爾．普亭就是第一位挑戰她的領導人。

二〇〇七年二月十日，這位一臉嚴肅的俄羅斯總統在慕尼黑安全會議大步走上講臺，對民主、西方和安格拉．梅克爾代表的一切展開激烈的抨擊。「俄羅斯人不斷地被灌輸民主知識，那些教我們的人自己卻不肯學。」他對著在座的泛大西洋安全專家和政府官員，狠狠訓斥西方國家。幾年前，他還是一個極具包容心的領導人、對俄羅斯能成為歐洲大家庭的一份子心存感激，還讚嘆德國總理俄語流利——此時的普亭判若兩人。他宣稱，俄羅斯將不擇手段奪回全球要角的地位。他將謊言和威脅融合在一起，嘲弄聽眾，迴避棘手的問題，並戳破西方自以為是的道德優越感。

他說，儘管西方一直試圖在全球各地調解、維持和平，「戰爭並沒有減少，死去的人還比以前多。」雖然普亭並未明目張膽地支持在敘利亞進行種族屠殺的屠夫阿薩德（Bashar al-Assad），卻嚴詞批評美國發動伊拉克戰爭，還聲稱冷戰是個「穩定的時代」。這個俄羅斯領導人的囂張狂妄讓她震撼，她不敢相信這個人竟會如此形容那個將她囚禁三十五年的制度。

一九六〇年蘇聯領導人赫魯雪夫（Nikita Khrushchev）在聯合國大會會議期間對某個人的發言大為不滿，當下就脫下鞋子，拿起皮鞋敲打桌面，以示抗議。先前也曾在記者會上對西方外交官說：「我們會把你們統統埋了！」近五十年來，沒有任何一位俄國元首說出如此惡毒的話。赫魯雪夫的發言是發生在冷戰的高峰期，現在是二〇〇七年，情況應該不同。在接下來的十五年，與普亭打交道，對安格拉．梅克爾而言，實在既危險又挫折。兩人關係的根源可追溯到一九八九年十一月九日那一天。

當時，三十七歲的弗拉基米爾．普亭是被派駐到德勒斯登的ＫＧＢ（國家安全委員會）軍官。那裡離柏林約兩小時車程。柏林圍牆倒塌那晚，他沒像梅克爾那樣欣喜欲狂。普亭的前妻柳蜜拉（Lyudmila）說：「我們知道，柏林圍牆倒塌那一刻，代表我們完蛋了。我們心中有揮之不去的恐懼：這個幾乎成為我們家園的國家很快就要滅亡了。」普亭已在這個東德第二大城安逸地過了四年。那時，德勒斯登是熠熠生輝的藝術與音樂之都，也是KGB情報人員招募線民的沃土——特別是這是東德唯一看不到西方電視節目的城市。二戰期間，盟軍在德國投降三個月前，曾瘋狂轟炸這座美麗的巴洛克城市，致使當地的人民對西方懷恨在心，包括被視為美國「傀儡」的西德。德勒斯登市中心的聖母教堂（Frauenkirche）圓頂被炸毀一半，殘破不堪，東德政府刻意把這個廢墟留下來，當做戰爭紀念碑，以緬懷「數以萬計的死者，激勵活下來的人繼續奮戰，對抗野蠻的帝國主義[1]。」

這個城市是弗拉基米爾．普亭中校的家。身為情報官員的他負責監視東西兩邊的人士。普亭後來回憶道：「我們的工作重點之一就是蒐集有關市民的情報。」普亭在德勒斯登服役期間，曾獲頒對德意志民主共和國人民軍有功的銅牌獎章。他和柳蜜拉生了兩個女兒，小女兒葉卡婕琳娜就是在德勒斯登出生的，這一家人很享受在這個城市中的生活，很快就會說德語。普亭唯一的遺憾是住在這裡時胖了十一公斤，他說都怪當地的啤酒太好喝，害他腰圍愈來愈粗。

雖然德勒斯登並未上演東柏林那種神祕、驚險的戲碼，但KGB認為這裡是從西德走私高科技的好地方。蘇聯的技術已遠遠落後西方，普亭的任務之一就是吸引一些大公司的科學家和商業人士，如工業和技術巨頭西門子（Siemens）、拜爾製藥（Bayer）及蒂森鋼鐵公司（Thyssen）。普亭常去德勒斯登市中心一家名叫門口（Am Tor）的昏暗酒吧，在那裡和他招募的線民見面。附近易北河畔的貝爾維飯店（Bellevue Hotel）為東德國家安全部所有，當中優雅的餐廳和客房都安裝了隱藏攝影機。東德的國家安全部和KGB常聯手勒索被害人。

柏林圍牆倒塌一個月後，也就是在一九八九年十二月五日，普亭在KGB的德勒斯登分部。那是棟坐落在安格利卡街四號的三層樓別墅。他隔著一道鐵柵門和幾個來勢洶洶的東德示威者對峙。他難掩怒氣，吼道：「退後！這裡是蘇聯領土。我的同志都有武器，他們可以開槍。」他其實在虛張聲勢。裡面根本沒有武裝士兵，他只是拖延時間。早些時候，他穿著便衣，在街上看到憤怒的示威者洗劫附近的德勒斯登國家安全部。儘管他怒不可抑，但無力阻止。此刻，他不打算讓那些人攻進柵門。

「你是什麼人？你的德語太好了！」一名示威者向普亭挑釁。他說謊：「我是通譯人員。」雖然那些手無寸鐵的示威者很快就散去了，但普亭感覺被莫斯科及這

1　譯注：這座教堂在五十年後，也就是自一九九四年開始，在來自世界各地的贊助協會和捐助者的支持下重建，二〇〇五年完成。

個曾經忠誠的衛星國家背叛。他相信，這些大膽的示威者很快就會回來，人數可能更多。他在絕望之下，撥了通電話給當地的蘇聯軍事司令部。在那裡坐鎮的坦克指揮官告訴他：「除非有來自莫斯科的命令，否則我們什麼也不能做——我問了莫斯科，但那邊沒有任何回應。」

現在，普亭獨自一人為最壞的情況做準備。他開始把數百份KGB文件和檔案塞進一個燒柴的小爐子裡——這四年的情報資料，與其落入暴徒手中，不如燒掉。他把安插進柯爾政府的線民資料扔進去，把西德高科技公司的調查報告扔進去，也把跟學生線人——也就是他從附近萊比錫大學（那時仍稱卡爾·馬克思大學）招募的拉丁美洲和非洲學生的談話紀錄燒毀。回到莫斯科後，他回憶說：「我們日夜不停地焚燒文件，所有的關係都切斷，與線民的合作全數終止，所有的資料不是銷毀就是歸檔。」要燒毀的資料太多，爐子都燒到爆炸，黑灰飛揚。

幾個月後，也就是在一九九〇年，這一年安格拉·梅克爾搖身一變，成為德國政壇新星，而普亭則開著一部二手的東德國民車衛星（Trabant）——相當於西德的福斯汽車（Volkswagen）——在街頭抗議行動爆發為革命之際，帶著妻女和一部用了二十年的洗衣機逃離德勒斯登，回到列寧格勒——不久，蘇聯解體，這個城市也恢復了聖彼得堡的舊名。談到蘇維埃帝國的殞落，普亭不勝唏噓地說：「蘇聯人放棄一切，倉皇而逃。如果莫斯科沒如此匆促退出東歐，就可避免很多問題。」

弗拉基米爾·普亭曾經是驕傲的蘇聯旗手，有一天竟成了過街老鼠。他學到永生難忘的一個教訓：示威活動愈演愈烈加上突然爆發的自由，即使是武力最強大的帝國也抵擋不住。他想要扭轉「二十世紀最嚴重的地緣政治災難」，梅克爾因此吃足了苦頭。兩人都來自失敗的國家。他們的關係錯綜複雜，儘管梅克爾在微弱的希望和絕望擺盪，還是以頑強的決心對抗他的鋼鐵意志。她是德國總理，而他是現代俄羅斯沙皇，兩人可說是冤家路窄，無可迴避。

對梅克爾來說，普亭在慕尼黑安全會議上把世界描述為強權國家的競技場，真是可怕的倒退。在大屠殺之後，德國謹記「不再重蹈覆轍」，冷戰後的總理則以「不被孤立」為外交原則，包括梅克爾。在西方盟友中，華盛頓是其安全的終極保證者，德國也就能蓬勃發展，成為經濟強國。基於規則的國際秩序和歐盟，是一個真正的國際組織，具有共同的民主價值觀，而非一個巨大的官僚機構——梅克爾的這個願景正受到普亭的威脅。

梅克爾和普亭都知道，他們同時走上命運的交叉點，後來她當上總理，而他則失去奮鬥的目標。儘管兩人只差兩歲，背景類似，世界觀卻截然不同。在他看來，一九八九年並非冷戰的終點，只是暫時休止，從此俄羅斯的策略一再演變。雖然蘇聯人揮舞核彈，但普亭選擇比較不傳統、不顯而易見，卻更靈活、有效的武器，如通過假消息和網路戰在西方挑撥離間。就像他自己說的，他是「最後一個偉大的國家主義者。」他的終極目的是削弱歐盟及其美國盟友。他談到自己在KGB德勒斯登分部的工作：「我們的頭號敵人就是北約」。今天仍是如此。

看到安格拉．梅克爾，普亭知道他碰到了旗鼓相當的對手。她不只是會說普亭的語言，她還親身經歷了極少數國家元首見過的俄羅斯。她在十四、五歲時參加全國俄文競賽獲獎，因此獲得前往莫斯科旅遊的機會。在那次旅行中，俄羅斯給她留下了深刻的印象：這是個廣闊壯麗的國度，首都建築氣勢磅礴，令人嘆為觀止。這裡還有她嚮往的藝術文化——波修瓦芭蕾舞團（Bolshoi Ballet）、莊嚴宏偉的音樂廳和歌劇院。這些特點和蘇聯社會的近乎全面監控形成鮮明的對比——這滴水不漏的監控，正是東德恐怖政權學習的模範。後來，在一九八四年，安格拉和幾個朋友展開探奇之旅，搭便車至蘇聯尚未對外國人開放之地。因為沒攜帶有效旅行證件，他們在索契（Sochi）被警察帶走。警察要安格拉寫一篇文章，題為「為什麼我擁有大學學位，還知法犯法？」梅克爾的俄文好得讓當地的警察驚豔，因此她和同伴被釋放，得以飛回柏林。下一次，也就是二〇〇七年，安格拉來到索契，舊地重遊，但她已是德國總理，身邊還有一大群安全人員、助理和記者，準備與俄羅斯總統普亭會面。

當然，為了這次會面，她已做了最好的準備——畢竟，她已在蘇聯統治的東德過了幾十個年頭。普亭效忠的警察國家讓她吃足了苦頭，打從骨子裡了解他的算計和殘酷。這兩人對彼此的過去瞭如指掌。儘管雙方都來自社會主義國家，卻有著天壤之別。如要了解這樣的差異，只需比對他們喜好的生活風格：一個是簡約、樸實，一個則是帝王般的奢華。雖然他一生皆在政府機關工作，卻可能是全球最富有的人[2]。曾在梅克爾任內擔任國防部長的馮．古滕伯格（K.T. zu Guttenberg）說道：「他們對彼此都瞭如指掌。」

2　譯注：俄羅斯投資者指稱，普亭身家高達二千億元，是比爾．蓋茲的三倍。他坐擁五十八架飛機、二十間皇宮，在俄羅斯西北部的豪宅占地九百三十公頃。

梅克爾擔任總理期間，繼續定期和普亭通話。（他們愈來愈常用德語交談，因為她的俄語漸漸生疏了，但普亭的德語依然很流利。）通常，前半個小時左右，她會靜靜地聽他發牢騷，訴說西方對俄羅斯的打擊——有些是真的，但大部分是他想像的。梅克爾了解普亭需要發洩。等他講得差不多之後，她會告訴他：「弗拉基米爾，聽我說，世界上其他國家不是這樣看事情的。這樣不會對你有利。」這兩位通話時，梅克爾任內的內政部長托馬斯・德邁齊爾經常也在場。他說：「她是普亭唯一真正尊敬的國家元首。」在她前面，普亭知道自己無法使用慣用的招數。德邁齊爾指的是，梅克爾精明得很，他騙不了她，說得再怎麼天花亂墜，她也不會上當。

普亭和梅克爾兩人都是經歷考驗的戰士，他們的關係不但基於巨大的差異，也基於勉強的互相尊重——雙方都尊重對方的文化和語言。梅克爾喜愛偉大的俄國作家杜斯妥也夫斯基（Fyodor Dostoyevsky）與果戈里（Nikolay Gogol），這點當然讓普亭激賞。梅克爾也感覺到德俄交纏的歷史帶來的負擔。希特勒挑起的戰事讓無數俄國人喪生，造成無可言喻的痛苦。儘管蘇聯在一九三九年至一九四一年仍是希特勒的盟友，希特勒卻在一九四一年發動閃電戰，進逼莫斯科。這場衝突致使二千七百萬人死亡，包括普亭的哥哥維克多。襁褓中的他在近一千日的列寧格勒圍城戰死於白喉。在他們執政早期，梅克爾和普亭也許都希望德俄關係能有改善——甚至希望兩人能成為朋友。

然而，二〇〇一年發生的一件事已為兩人關係帶來不祥的預兆。那年，看來笨拙、謙虛的普亭總統來到德國聯邦議院，以完美的德語發表演說，他表示俄羅斯希望能和西方建立更良好的關係，也保證俄國會跟德國站在同一條線上。他說：「史達林式的極權主義意識型態再也無法和自由與民主的理念對立……俄羅斯人民的選擇使蘇聯……推倒柏林圍牆。」他將柏林圍牆的倒塌說成是他們的功勞，真是大言不慚。他承諾：「俄羅斯是個友好的歐洲國家。」

德國議員都站起來熱烈鼓掌。不知普亭是否注意到坐在第二排有位議員始終板著一張臉坐著。這位未來的總理幾乎沒有鼓掌。她知道西德國會議員或許不知道的事：KGB的價值觀、忠誠和訓練不是那麼容易甩開的。

如果梅克爾對比較溫和的普亭曾抱有一絲希望，這希望很快就破滅了。烏拉山的鑄造工人不久後就為普亭鑄造了一尊銅像，全俄羅斯的工廠都收到命令，製造大批有元首肖像的地毯、手錶、盤子等。普亭視察南烏拉山東麓的鋼城（Magnitogorsk）後，他當天穿著的工作服被陳列在這座工業城市的博物館裡。梅克爾知道她要面對的是什麼樣的一個人：普亭的偶像不是改革家戈巴契夫，而是獨裁者史達林。

二〇〇六年，梅克爾剛當選德國總理時，普亭驕傲地告訴媒體：「梅克爾女士非常關注俄羅斯的情況。她還會說俄語呢！」

後來，普亭看到梅克爾捍衛人權之積極，於是對她懷有戒心。依照KGB的做法，他開始研究她的弱點。二〇〇六年，兩人首次在克里姆林宮會面時，普亭面無表情地凝視著她，像在進行大眼瞪小眼的比賽。她完全沒有眨眼，勇敢地注視他的眼睛。一年後，普亭在黑海濱的渡假別墅接待梅克爾。他明明知道梅克爾怕狗（她被狗咬過兩次），還故意叫人把他的愛犬柯尼放進來。這隻巨大的黑色拉不拉多在梅克爾腳邊打轉，嗅了又嗅。普亭露出得意的微笑，但梅克爾並沒有閃躲。她的幕僚都火冒三丈。後來，梅克爾為他們解釋說：「俄羅斯的政治和經濟都乏善可陳，所以他不得不來這一招，以顯示他的男子氣概。」

普亭繼續威嚇梅克爾，想要讓她屈居下風。為了耍大牌，他常會故意遲到。梅克爾有一次抱怨說他老是不守時，普亭聳聳肩說：「我們俄國人就是這樣啊。」她說：「我們可不是這樣。」這位牧師的女兒從小除了被灌輸謙虛和責任感，還有守時的美德，因此無法容忍老是遲到的人。

梅克爾也不是省油的燈，會趁機反擊。她知道他在克里姆林宮自己的辦公處附近蓋了一間小教堂，就揶揄他說：「弗拉基米爾，你最近又開始禱告了嗎？」普亭的懶散、吊兒郎當以及那詭祕、得意的笑容，讓歐巴馬總統看了一肚子火，形容說他就像是「坐在教室後面、覺得上課無聊的小孩」。梅克爾可不認為這是幼稚，她對助理說：「他會利用別人的弱點。他整天都在考驗你。如果你不反抗，就會覺得自己愈來愈渺小。」她把食指靠近拇指，用這樣的手勢來說明。

但他無法嚇唬她。在德勒斯登，也就是曾讓普亭深深受辱之地，梅克爾將了他一軍，讓他像被賞了一記耳光。二〇〇六年十月，這兩位領導人在德勒斯登會面。三天前，烏克蘭裔俄羅斯記者安娜·波利特科夫斯卡亞（Anna Politkovskaya）慘遭暗殺。這位知名記者因為倡導人權、批評車臣戰爭，成了普亭的眼中釘。波利特科夫斯卡亞在莫斯科寓所電梯內被槍殺那天，正是普亭五十四歲生日。有些觀察家因而認為謀殺的時間點並非巧合。

普亭對這起明目張膽的謀殺案一直保持沉默。當他來到德勒斯登城堡，從豪華黑色加長轎車下車時，沒想到梅克爾正在對媒體發表她對波利特科夫斯卡亞案的看法。她說，這種暴力行為讓她非常震驚，主張「這宗案件應該調查清楚。」普亭嘛起嘴唇，語無倫次地說：「這位記者的確曾經嚴厲批評俄國政府。但我認為她在我國的政治影響力微乎其微……比起她寫的任何一篇文章……這起謀殺案對俄國造成的傷害反而比較大。」他如此辯解，彷彿自己才是這起謀殺案真正的受害者。

梅克爾對新聞自由的支持一直讓他有芒刺在背之感。二〇〇五年九月三十日丹麥報紙《日德蘭郵報》（*Jyllands-Posten*）刊登了以「穆罕默德的臉孔」為題的十二幅漫畫，之後引發示威活動和暴動，致使數十人喪生。當年作畫諷刺穆罕默德的漫畫家威斯特嘉德（Kurt Westergaard）不斷收到死亡威脅，但梅克爾於二〇一〇年九月在波茨坦頒獎給他。屋頂上的狙擊手和安全人員數量甚至比一九四五年史達林、邱吉爾及美國總統杜魯門在此召開會議時來得多。梅克爾在演講的最後總結道：「自由的祕密在於勇氣」。她還利用這個機會抨擊佛羅里達州牧師揚言焚燒可蘭經一事，說這種行為「令人反感」。儘管梅克爾談論的是發生在美國的事件，普亭認為她這樣的評論等於允許西方國家領導人干涉主權國家內部事務。

倡導人權的烏克蘭新聞工作者艾瑞斯坦維（Maxim Eristavi）論道：「每次他在梅克爾旁邊，總是板著一張臉。他可以很幽默，也會眉開眼笑，但是跟她在一起總是一副悶悶不樂的樣子。她知道如何羞辱他——不是藉由他的人道主義本能，那根本沒用——而是提醒他，侵犯人權和暴行是在他的眼皮底下發生的，因此他必須負責。」梅克爾暗示，也許國際刑事法院會追究他的責任。

到梅克爾十六年總理任期結束時，她和普亭在一起的時間總計約有數百個小時。然而兩人從不提及私事。例如，梅克爾甚至不知道普亭的兩個女兒曾在莫斯科的德國學校上學。梅克爾和普亭都是專業人士，因此她知道普亭散播假消息是為了讓她敗選，不是針對她個人。例如，在二〇一六年德國難民潮高峰時期，據報導有一位名叫麗莎的俄羅斯裔德國女孩在柏林被穆斯林難民強暴。普亭的外交部長拉夫羅夫（Sergei Lavrov）稱她為「我們的麗莎」，指控梅克爾「掩蓋事實」。不久後，數百名德國公民在總理府前示威遊行，要求「為麗莎伸張正義」。柏林警方詳細調查後，才發現這個女孩跟父母吵架，離家出走，和一名男性友人過夜。儘管如此，這個子虛烏有的性侵案已引發混亂和懷疑。當然，梅克爾鄙視這種粗糙的KGB抹黑手法，假新聞在社交媒體的放大、傳播之下，往往會顛倒是非黑白，但她了解這是普亭的獨裁工具，不是針對她個人。

而她的工具則是支持異議份子，不管普亭是否樂見。但她知道，要對付像俄羅斯領導人這樣殘酷無情的暴君，永遠是艱苦的戰鬥。

梅克爾在自己的辦公室裡擺放了一張凱薩琳大帝的肖像。這位生於德國的俄羅斯皇后想要喚醒俄羅斯民族，從封建的迷夢醒來，「走出去！」（梅克爾也常鼓勵她的東德同胞「走出去」，接觸其他民族、其他經驗及其他生活方式——像她自己就是在鐵絲網和圍牆後方過了三十五年之後走出去的。）今天，不只是德國人需要這樣的鼓勵，俄國人也是。

二〇二〇年六月，普亭站在與納粹德國作戰時陣亡的蘇聯士兵紀念碑前，宣布他將延長自己的任期，掌權至二〇三六年。儘管梅克爾想看到一個不同的俄羅斯，這微弱的希望就此破滅。普亭透過作票、施加恐懼、脅迫和暗殺敵人，使自己成為終身獨裁者。他的目標是打破史達林執政三十三年的紀錄。俄羅斯是梅克爾深愛的國家，她愛這個國家的文化、歷史和語言，讓她難過的是，普亭切斷了該國所需的民主氧氣。

兩個月後，安娜．波利特科夫斯卡亞等無數異議人士遭到暗殺的悲劇重演了。不斷批評俄羅斯聯邦政府腐敗的反對派領袖納瓦尼（Aleksei A. Navalny）搭機回莫斯科時，在機上喝下一杯摻了神經毒劑的茶。波利特科夫斯卡亞喝的茶也曾被下毒，儘管沒死，但後來仍被槍殺。納瓦尼也僥倖逃過一劫，其中一個原因是梅克爾的干預。納瓦尼乘坐的飛機緊急降落在西伯利亞。他在醫院接受急救後依然昏迷不醒。後來，納瓦尼經由和平電影基金會租用的醫療專機飛往柏林，在夏里特醫院（Charité Hospital）接受治療。納瓦尼與死神拔河之際，梅克爾發表聲明：「此案應盡快調查清楚。我們聽到的消息相當令人不安。」梅克爾的行動傳遞了一個更有力的訊息：在他清醒後，梅克爾甚至親自到他的病榻旁探望他。

納瓦尼好不容易才康復。二〇二一年一月，他以驚人的勇氣重回莫斯科。他一下飛機，政府立即以莫須有的罪名將他逮捕。儘管這位反對派的領袖身繫囹圄，依然能以最強大的武器，從獄中反擊。他的反貪基金會發布了一支長達兩個小時的調查紀錄片，指控普亭祕密建造了由賄款資助，價值達十億美元、濱臨黑海的奢華宮殿，裡面甚至有地下冰球場、賭場、有著鋼管舞臺和紅天鵝絨簾幕裝飾的水煙室。這位遭到監禁的異議人士聲稱，這是「史上最大的收賄案」。這部影片上傳YouTube後，不到一天，觀覽人次就高達兩千萬，俄羅斯全國十幾個城市的民眾因此上街示威。

烏克蘭電影製片人森托夫（Oleg Sentsov）曾因政治行動被普亭逮捕。他曾說：「面對普亭，你有三個選擇：閉嘴、讚美他，或是死亡。」儘管對普亭而言，安格拉．梅克爾是和納瓦尼一樣危險的敵人，她不會閉嘴、不會讚美他，但普亭也無法讓她從這個世界上消失。

由於納瓦尼暗殺案，梅克爾的務實主義變得棘手。她呼籲歐洲團結，並帶頭譴責普亭侵犯人權，但是當納瓦尼躺在柏林一家醫院昏迷不醒時，梅克爾仍不願放棄北溪2號（Nord Stream 2）計畫——這是一條把俄國天然氣經由波羅的海輸送到德國的管道。這個計畫完工後，克里姆林宮國庫將可獲得數十億美元，但受益者只有一個歐盟成員：德國。

允許北溪2號計畫進行暴露了梅克爾的一個盲點，讓人摸不清她的原則性立場，但同時提醒我們，她也善於精打細算。的確，歐洲的能源版圖已出現很大的轉變，主要是因為從俄羅斯轉向美國和挪威的天然氣，以及歐盟指控俄羅斯天然氣工業股份公司（Gazprom）觸犯反壟斷法。在能源和其他方面，梅克爾領導下的歐盟各國關係變得愈來愈密切。她宣稱歐洲將成為一個成熟的集團，擁有一致的外交政策，唯獨對德國有利的北溪2號計畫破壞了這樣的願景。此外，如果北溪2號的管道興建完成，影響最大的國家將是烏克蘭——俄羅斯就有可能利用能源作為威脅烏克蘭的地緣政治工具，不就枉費梅克爾在這個國家花費的時間和心血？一旦波羅的海海底管道鋪設作業完成，由於繞開烏克蘭等國，基輔每年將損失十億美元的天然氣管道過路費。梅克爾無疑權衡了這些因素，知道如果繼續進行這項計畫，盟國會用什麼眼光來看她。

這個問題在納瓦尼事件之前已經存在，有些最堅定支持她的盟友因而感到困惑。「每次歐巴馬問梅克爾為什麼要進行北溪計畫，梅克爾都給他不同的答案，」歐巴馬的國家安全顧問卡普全（Charles Kupchan）告訴我，「來自商界的壓力啦、國內政治啦、為了鞏固聯合政府啦、這不是她的決定等等——她總有不同的說法。」真正的答案可能是上述所有因素的組合。在複雜的情況下，梅克爾最喜歡的解釋之一就是「利大於弊」。

梅克爾與另一個獨裁政權的關係，對她個人而言，儘管不是那麼緊張，卻愈來愈令人頭疼，讓她費心。一如普亭，中國共產黨也仔細研究過蘇聯的解體，並下定決心絕不重蹈覆轍。儘管毛澤東的肖像仍高掛在天安門城樓上，但是中國共產黨已將他的思想和理論束之高閣。中國是全世界消耗最多能源、汽車和啤酒的國家，建造的高速鐵路和機場比全球其他國家的總合要來得多。中國共產黨很快就會超越蘇聯，成為史上掌權時間最長的一黨專政國家。這個最新的超級大國已是領土最大、人口最多的專制國家，其力量並非來自小小的核武軍火庫，而是它快速增長的經濟實力——並且矢志成為全世界關鍵科技的領頭羊。

早在歐巴馬提倡「亞洲樞紐戰略」之前，安格拉．梅克爾已頻頻出訪中國，幾乎每年都會去一趟北京，以加深德國和中國領導人的關係。她的外交政策顧問霍伊斯根說道：「她早在二〇〇五年就說過，中國是顆冉冉升起的新星，我們必須跟中國保持良好關係。她在江澤民、胡錦濤和習近平身上，下了很大的工夫。中國的教訓以及可能給世界帶來的危險，未曾偏離梅克爾的雷達。」

她剛當上總理那幾年，因為出訪中國而興奮。她在中國見到不少文化界人士、科學家、企業家和官員，這個新興巨人的進步讓她驚異，因此有不虛此行之感。她問道：一個採行中央計劃經濟、一黨專政的國家何以能讓數百萬人口擺脫貧窮，不斷增加其全球影響力？這樣的軌跡似乎是史無前例的。梅克爾從北京回來時，通常會給德國企業帶來一籃子有利可圖的貿易協議——終於使中國成為德國汽車的三大市場之一。

然而二〇〇七年下半年，梅克爾卻沒能和中國談成任何協議，也見識到「中國奇蹟」的黑暗面。德中雙方關係突然降溫，是因為梅克爾九月下旬在柏林接見達賴喇嘛，而且和非政府組織、異議份子及獨立記者談話。八月陪同梅克爾訪中的發言人威廉（Ulrich Wilhelm）說道：「她每次都會談到人權問題。」她第一次見到中國國家主席胡錦濤時就曾開門見山地說：「我欽佩貴國的進步，但在展開我們的會談之前，我無法不提及人權的問題。」

中國當然嚥不下這口氣，認為這是在干涉中國內政。為了表示不滿，他們不但讓梅克爾空手而回，更在同年十一月法國總統薩科吉（Nicolas Sarkozy）來訪時，跟他簽署了三百億美元的合約。梅克爾不禁注意到，就敏感的中國人權問題，薩科吉可說如履薄冰，不敢踩紅線，惹中國發火。自此之後，梅克爾猶如在自己的價值觀和維護德國商業利益之間走鋼索，特別是在和中國領導人的閉門會議上。她一直努力和北京建立良好關係，因此贏得了中國歷屆領導人的信任。無可諱言，這種信任是以道德為代價換來的。

二〇一三年上任的中國國家主席習近平曾對梅克爾說，在中國和其他地方，支持人權最好的方式就是消除貧窮。但她不完全同意，依然認為自己有權就北京對少數民族和基本人權的無情鎮壓，說出自己的看法。據報導，她對習近平說：「如果你採取鎮壓的手段，我們就不得不公開支持抗議者。」雖然梅克爾說習近平日益強硬加上大搞個人崇拜，這些做法「令人失望」，但她還是從一個比較複雜的角度看待中國，而不僅只是自由和不自由的二元對立。因此，梅克爾也會訴諸軟性的手段——並非作為強硬談判的替代品，而是她對一個在西方經常被忽視的古老文明表示尊敬的方式。

梅克爾的外交出訪大抵匆匆完成禮貌性的拜訪及問候、正式交換意見和記者會，但在中國，她花了不少時間。二〇一八年，她參訪深圳，想親眼看看這個香港旁邊的小村莊如何脫胎換骨，成為擁有一千二百五十萬人口的高科技中心，而德國汽車工業的動力電池仍需仰賴進口。造訪中國十幾趟後，她知道除了習近平，該找哪些人，哪些人又該敬而遠之。所有的重要決策可能都是由習近平拍板定案，但他也會聽國務院副總理劉鶴的意見，因此她也將和劉鶴的見面納入行程。在最近一次訪問中，她興高采烈地告訴隨行人員：「我們在慶祝我們同步傳譯的五週年紀念！」她描述之前中國官員如何吃力地從索引卡唸出翻譯好的答案。二〇一〇年七月，安格拉．梅克爾決定去西安參觀秦始皇的七千個兵馬俑，以慶祝自己的五十六歲生日。這回，她那難得露面的丈夫也隨她同行。中國官員當然也注意到她對古物和文化的興趣。

梅克爾熱愛歷史，有鑑於她對中國歷史的著迷，今日中國展現的全球抱負也就沒那麼神祕，也許對她的威脅也就沒那麼大。她是一名科學家，因此她很清楚中國在技術發明方面的卓越成就——例如火藥——中國也是最早進行天文研究的國家（於十七世紀的清朝）。她曾說：「我常和習主席討論我們如何學習對方的長處。我訪問中國時，他們的領導人告訴我，在過去兩千年中，有一千七百年，中國的經濟領先全球。如果我們重現傳統的榮光，你們可別難過。」梅克爾比較近三十年中國非凡的進步以及從二戰的灰燼中崛起的德國。她指出：「中國的崛起和德國一樣，大抵是基於勤奮、創造力和技術能力。」在她擔任總理的十六年間，中國經濟增長了二〇二%。她警告說：「再過十年，我們將需要能閱讀中文專利的人，因為中國人不想用英文撰寫專利說明書了。」

她提醒自己的內閣，中國的目標是站在人工智慧的先端；二〇一七年，中國在人工智慧領域投資了一百二十億歐元，而德國只花了五億歐元。她認為中國進步的腳步快得令人瞠目結舌，與其說是一種直接威脅，不如說是一種鞭策，激勵歐洲快速發展。她說：「我相信晶片應該可以在歐盟生產，而歐洲也該有超大規模的雲計算平臺服務商，並且能夠製造電動車的電池芯。」就這類的技術問題，很少國家元首能夠侃侃而談。由於她曾生活在警察國家的監視下，她認為歐洲應該制定隱私權保護及全球數位標準的規則——以成為美國和中國之外的選擇。她說：「我堅信個人資料不屬於國家或公司。」梅克爾是個務實的人，一方面和中國的電信巨頭華為談判，另一方面加強德國政府對電信設備供應商的審查，並界定德國數據的安全風險。儘管她對共產黨統治的現實生活有親身體驗，仍拒絕透過意識型態的稜鏡來看中國。她也承認，中國和東德、蘇聯不同，中國已進行經濟改革，使其數百萬人民得以受益。

對大西洋兩岸的許多人來說，從二〇一九年中國持續鎮壓香港改革派和維吾爾族來看，梅克爾的務實主義顯得空洞。想必這又是梅克爾兩害相權取其輕的結果。她認為德國和中國的貿易太重要了，不能被政治綁架。梅克爾擅長用歷史學家的角度觀察趨勢，她已看到了不祥之兆。若西方不盡快開始向中國學習，將來可能會遠遠落後。她經常提到這樣的事實：有好幾個世紀，中國代表世界文化的巔峰。公元前二一〇年，中國工匠雕刻出那些栩栩如生的兵馬俑時，歐洲人在做什麼？文明興起，然而如果變得自鳴得意、漠不在乎、頹墮委靡——就會走向崩壞。她在任期最後幾年，幾乎每次演講都會警告，西方的希望之火愈來愈黯淡，使命感也愈來愈低。她想重新點燃這股希望，但她能運用的手段很有限。煽風點火、激發人民採取行動，並不是她的強項。

梅克爾難得特別打扮跟她夫婿紹爾參加每年一度的拜魯特音樂節。柏林人給紹爾起了個綽號，叫他「歌劇魅影」，因為他熱愛歌劇，討厭媒體。梅克爾極力捍衛自己的私生活領域到令人難以置信的程度。紹爾未曾同意接受媒體採訪談他那名滿天下的妻子。

圖片來源：Marcus Fuehrer/dpa Picture-Alliance/Alamy

第九章

私生活

我立下非常明確的界限，我生活中的某些領域是禁地，不會對大眾開放。

——安格拉．梅克爾

早在安格拉．梅克爾被稱為世界上最有權勢的女人之前，她就是一個很有原則的人，而且興趣廣泛，不只是對政治及政治人物感興趣。令人驚異的是，她在擔任總理這十六年間，一路走來，始終如一。最重要的一個原因，是與我們這個時代任何成功的政治人物相比，她努力捍衛私生活領域，並且用一連串的策略來阻止這個世界對她的窺探和進逼。由於能保有生活的另一面，嚴守私領域，她才不會被沉重的公務負擔壓垮。

「我一直努力為自己留下一些空間。在那樣的空間裡，無論快樂或悲傷，我都不必向公眾解釋，」她在二〇一九年解釋說，「否則我很難在公眾面前展露歡顏。這是我堅守的原則，絕不會讓步。」即使她最忠實的幕僚也不例外，沒有人到過她家，無論是柏林的住處或是她位於布蘭登堡的渡假小屋。

那是間有著紅色磚瓦屋頂、簡約的白色屋子，和柏林與波蘭邊境的距離差不多，被烏克馬克的森林和湖泊包圍，並靠近霍亨瓦德（Hohenwalde）。曾到那裡做客的導演施隆多夫說道：「小屋裡的裝潢陳設非常簡單，具有東德的風格，是安格拉和她先生以前從森林撿拾木頭蓋起來的，現在看起來好像還沒完工。」

有個警察坐在馬路對面的白色小方塊上——這是德國總理週末住所的唯一標誌。安格拉乘坐黑色奧迪公務車抵達這裡，她先生則常開著一部紅色福斯 Golf 老車前來。梅克爾盡可能不去注意保安人員的存在，但是她在附近的湖裡游泳，上岸時，會發現武裝特務的眼睛仍盯著她——她指示他們要離她二百公尺遠——比官方建議的距離多了一百五十公尺。她在附近的樹林散步時，森林邊緣總停著一輛休旅車，開車的安全人員假裝在看報紙。有一次，梅克爾跟他開玩笑說：「少裝了，我知道你不是真的在看報紙。」長官已經告訴他，在執行這項祕密勤務時，必須盡可能當個隱形人。

友人說，梅克爾在這個家裡扮演傳統家庭主婦的角色。傾聽蕩氣迴腸的歌劇，烹煮簡單的菜肴，就是她放鬆身心的方法。她的拿手菜是馬鈴薯濃湯——她甚至堅持自己清理廚房。然而，禮拜天下午四點左右，這位週末的家庭主婦又得為公務而忙，開始狂傳簡訊給她的幕僚，討論未來一週的工作。

儘管她往來的對象經常是各國層峰，她先生紹爾還是甘於做個平凡人。她五十歲生日聚會的「餘興節目」是邀請一位科學家來進行專題演講，講述大腦和自我意象（這正是梅克爾喜歡的「典型口味」）。到了午夜，演講還沒結束，紹爾轉頭過去，在他太太耳邊悄悄地說：「老婆，我得先告退了。我不是政治人物，明天一早還得去工作呢。」二〇一一年六月，梅克爾到華盛頓，接受歐巴馬頒發的總統自由獎章——象徵美國最高榮譽的平民獎章。接著，歐巴馬與蜜雪兒邀請梅克爾和紹爾到白宮官邸共進晚宴。紹爾表示，很遺憾他不克參加，因為他已跟芝加哥一位同行約好一起吃飯。

在梅克爾決定絕口不談私生活之前，有一次透露擔任總理的壓力極大，她先生對她的抗壓力有很大的幫助。她對她的攝影師柯爾珀說：「我寧可取消三個約會，也不願讓我們的關係受到影響。他在我的政治生涯扮演非常重要的角色。他會告訴我，某個決定將如何影響一般人民。他為我帶來局外人的觀點。」她剛踏入政壇，在民主覺醒黨工作時，該黨領導人艾佩爾特就看到她與紹爾如何並肩作戰。艾佩爾特告訴我：「她擔任我們的新聞部發言人時，黨部有一次出了亂子，她不知道怎麼辦才好，就打電話給紹爾。紹爾立刻幫忙想出幾句話，讓她使用在新聞稿中。」

紹爾不只是她試探意見的政治回響板，也是她可以依靠的港灣。她對柯爾珀說：「有時候，講話讓我覺得很辛苦。」畢竟，人在江湖身不由己。在政壇，她一天到晚都得跟人說話。「但是，跟我老公在一起，我什麼都不必說；我們可以靜靜地待在彼此身邊。」也許紹爾最大的貢獻就是幫助這位全球曝光率最高的公眾人物，讓她的情緒保持平衡。她說：「我們的關係使我獲得安全感。」有人問她，如果少了紹爾，她是否能應付這麼多事。她答道：「噢，當然不行。」

柏林人給紹爾起了個綽號，叫他「歌劇魅影」，因為他熱愛歌劇，討厭媒體。他義正辭嚴地捍衛自己的隱私權，說道：「我是個科學家。沒有人會對我感興趣的。」當然，他的說法有誤，誰不會對「第一先生」好奇呢？

儘管梅克爾在公、私領域之間建立明確的界限，偶爾也會不經意地強調她的婚姻多麼「正常」。二〇二〇年，她參加了一場科技會議。有人問她，她的家裡可有智慧家電，或是她自己會去使用洗衣機嗎？她不假思索地說：「其實，我先生負責洗衣服。」她要表達的是，她和她先生就和其他專業人士組成的家庭一樣，會共同分擔家事。

為何這麼一對速配、恩愛的夫婦選擇不生孩子？梅克爾說：「我無法想像一邊忙於國事，一邊帶孩子。」在她三十六歲時，也就是再婚前幾年，她解釋說：「婚姻不會改變我的生活。但在我看來，如果我決定生小孩，就不得不放棄政治。目前，這對我而言不是問題。也許，我永遠不必為這個問題感到苦惱。」沒錯。等到她和紹爾結婚時，她已經四十好幾了。

至於她在柏林的住所，看起來和其他國家元首官邸大異其趣。那是一棟位於東柏林心臟地帶、不起眼的四層樓老公寓，有租金上限的規定。她家門鈴按鍵上寫的是她先生的名字。狹窄的史普利河（Spree River）在此蜿蜒，兩旁是她熟悉的街道和咖啡館，後來又多了刺青店、網咖、越南餐館、賣鷹嘴豆泥球的和蔬食餐廳。事實上，在七〇年代末期，她剛搬到柏林時，就是在此落腳。當年，她闖入一間廢棄的空屋，稍事整修之後就住下了。三十歲生日那年，她父親來看她，刻薄地說：「安格拉，看來妳還有很長的路要走啊。」她依然會去貝托爾特．布萊希特廣場上的柏林劇團觀看演出。雖然她不再像以前那樣從弗里德里希大街（Friedrichstrasse Station）站坐柏林快鐵，但跟現在乘坐黑色元首座駕，後面尾隨一輛車的通勤方式相比，她可能更喜歡搭快鐵。二〇一九年耶誕節，她的顧問克里斯提楊森去紐約渡假回來，描述自己在曼哈頓自由自在地逛街、遊玩，沒有人知道她是誰，她發現總理似乎無限嚮往。對這位全世界最有權勢的女人來說，這就像做夢——就算她已經卸任，依然不可能如此隨心所欲地四處遊走。

儘管隱私和獨處的時間對梅克爾來說非常重要，她幾乎總是被人包圍。打從她就任總理開始，她不只要求保安人員待在兩百公尺外的地方，每次她要和紹爾去聽音樂會或歌劇，總是等到出發前半小時才通知他們，免得他們到現場進行安全檢查、設下路障或帶警犬過去，驚動其他民眾。在她擔任總理之初，也曾試圖躲避保安人員，有一次就匆匆從總理府的廚房搭電梯離開，因為那裡沒有監視攝影鏡頭，也沒有警衛。但她的自由只有幾分鐘，一到停車場，就發現保安人員和警犬在那裡列隊站著。

梅克爾就像一般婆婆媽媽，會去柏林弗里德里希大街上的一家法國百貨公司購買款式相同的黑色平底鞋。她的保安人員遵照她的指示，盡可能不引人矚目。有時，她也會跟紹爾去寧靜的夏洛滕堡區，在她喜歡的一家義大利小餐館吃飯。不管她過著如何簡樸的生活，看起來多麼普通，只要她出現在超市——大多數的柏林人都知道那是摩爾人街（Mohrenstrasse）的烏爾利希超市（Ullrich Verbrauchermarkt）——推著手推車，所有的人都有女王駕到之感。施隆多夫說：「她有一種光環。當然，那是來自於她握有的權力。」或者就像歐盟前外交政策高級代表凱瑟琳．艾希頓（Catherine Ashton）所言：「她是安格拉．梅克爾啊！如果她出現在你眼前，你一定知道。」她說的每一個字、她的俏皮話——即使只是揚起眉毛——都有份量。多年前，在前往她的渡假小屋半路上，由於路面坑坑疤疤，她的車撞到路中突起的地方。她不禁發出一聲「哎呀」。第二天，工程人員就在這條路鋪設瀝青，使路面平坦。

她不喜歡老是活在大眾的視野下，也傾向跟政治圈外的人打交道。當然，這些人同樣得配合她對隱私的嚴格要求。施隆多夫想起有個難忘的週末，梅克爾和紹爾來到他在義大利托斯卡尼的家。施隆多夫和太太安潔莉卡端出渣釀白蘭地款待他們。酒過三巡，這兩對夫婦東南西北地聊，賓主盡歡。然而，後來這位導演用熱情但有點調侃的語氣為梅克爾寫了篇人物側寫，兩人的友誼瞬間降溫。施隆多夫建議她在第二任期結束後，重拾科學研究生涯。「難道妳不會偶爾懷念教書和做研究的日子？在經歷政治和經濟的不精確後，難道妳不想再次追求科學的精確性？」

對梅克爾而言，這篇人物側寫無論寫得再好，已侵犯到她的隱私。再說，她根本不想重回實驗室。也許她是個非典型的政治人物，但她已完全投身於政治，無可自拔。她曾說：「透過政治，可以做好很多事情。」實驗室裡的研究如何能和現代政治世界的光和熱相提並論？投身政壇三十多年來，她很少感到厭倦。

梅克爾喜歡與有創造力的人為伍。這些人往往來自政治圈以外的領域。她曾說：「政治人物被要求經常重複同樣的事情。我以前是個物理學家，對我們這一行的人來說，重複是一宗彌天大罪。在科學領域，我們的任務就是永遠不要重複同一件事兩次，因為這代表你沒有任何突破。」她暗示，政治人物喜歡重複，實在無聊得很。像她這樣心思敏捷、好奇心強的政治人物更願意跟藝術家交朋友，在他們身上探尋技藝的祕訣。

施隆多夫介紹德國演員馬特斯（Ulrich Matthes）給她。馬特斯在二〇〇四年的電影《帝國毀滅》（*Downfall*）中飾演納粹時期的宣傳部長戈培爾（Joseph Goebbels），演技精湛、大受好評。馬特斯和梅克爾建立了深厚的友誼，馬特斯就曾去梅克爾的渡假小屋過週末。他在柏林劇院演出時，她會去捧場，演出結束後一起去喝個小酒，直到深夜，聊得非常投機。馬特斯守口如瓶，絕不洩漏他們說了什麼，無庸置疑的是，必然與她的工作無關。英國前首相布萊爾發現梅克爾鮮為人知的這一面，對小說家馬丁．艾米斯（Martin Amis）說，他實在太驚訝了，「沒想到她也會享受夜生活。」

舉世聞名的女高音芮妮．弗萊明（Renée Fleming）赴柏林參加柏林圍牆倒塌二十週年慶祝活動時，她得到消息，知道梅克爾總理將在她與丈夫下榻的阿德隆酒店樓下大廳為她舉行招待會。她說：「我以為會有一千人在那裡。」

「到了樓下，我才發現，只有八個人參加。這場招待會純粹是為了我們這幾個表演者和我們的配偶舉辦的……長達兩個小時！我不禁想到，總理必然一大早就開始忙碌，她有那麼多會議要參加，晚上還來到布蘭登堡大門，在寒風中聆賞這場露天音樂會！她看來神采奕奕，似乎也沒急著離開。如此旺盛的精力令人難以置信。她輕鬆自在地跟我們交談，讓我們感到既驚訝又榮幸。」

梅克爾和紹爾經常參加拜魯特和薩爾茲堡音樂節。他們不想跟其他名流夫婦一樣引起騷動。她總是露出淡淡的微笑，禮貌地對認出她的人微微點頭致意。觀眾知道她和紹爾前來這裡只為一個目的：欣賞華格納或莫札特的音樂。這對夫婦的身體語言表明了這一點。

你可別以為她只喜歡高雅的藝術，其實她也是熱血足球迷。二〇〇六年柏林世界杯足球賽決賽期間，報紙刊登了這位總理的告白。向來對媒體敬而遠之的她大方承認自己對足球的熱愛可追溯至她七歲時。她說，她和紹爾在烏克馬克的小屋度週末時，因為屋裡沒有電視機，所以他們會去附近的酒吧看球賽。她告訴德國發行量最大的八卦娛樂媒體《畫報》記者：「我喜歡跟很多人一起看球賽。」她甚至允許一組攝影人員拍攝她去飯店探訪德國球隊。從她問球員的問題可以看出，她對足球越位規則的了解不下於失業統計數據。她還畫出足球戰術圖，讓隨行記者大吃一驚。不久後，她就邀請國家隊總教練克林斯曼（Jürgen Klinsmann）到她的辦公室，解釋德國為何在對義大利的準決賽中慘敗。這位地位最高的足球迷拿出統計數字和圖表，甚至提出一套訓練計畫給這位教練參考。教練看了，驚訝到說不出話來。

二〇一二年，梅克爾去馬里蘭州大衛營參加G8高峰會。大衛營林木蓊鬱，是美國總統的渡假地點，從華盛頓特區往北，車程約一小時。那時，歐洲足球冠軍聯賽的決賽正在慕尼黑舉行。英國的切爾西足球隊（Chelsea Football Club）即將和德國的拜仁慕尼黑足球隊（Bayern Munich）決一死戰。高峰會召開前，梅克爾就請歐巴馬在會議室附近擺一臺電視。「我用簡訊告訴她比分，」她的國家安全顧問霍伊斯根說道，「拜仁取得罰球機會時，她再也坐不住了，於是離開會議室，跟我一起在電視機前看比賽。」其他領導人也一個個跟著溜出來，包括英國首相卡麥隆（David Cameron）、法國總統歐蘭德（François Hollande）以及歐盟委員會主席巴羅佐（José Manuel Barroso）。

最後，歐巴馬總統也來了，問說：「我們是來參加G8高峰會，還是來看足球的？」梅克爾不假思索地說：「看足球啊。」切爾西以一記戲劇性的罰球，在延長賽打破一比一的僵局時，梅克爾擁抱卡麥隆。歐巴馬的德語口譯員卡滕巴赫（Dorothee Kaltenbach）咆哮道：「Scheisse（狗屎）！」歐巴馬笑著說：「這是我唯一知道的德文單字。」

歐盟前外交政策高級代表艾希頓說，這位嚴肅的總理「到歐盟來開會時，有時會戴著耳機走進會議室——她在聽足球賽。」

如果音樂、足球以及跟有才華的人一起度過夜晚和週末讓梅克爾得以暫時逃離現實世界，書籍也是。她的前發言人威廉說：「她喜愛閱讀。」

我們會提供推薦書目給她：大多是傳記和歷史書籍。在進行國是訪問前，她會廣泛閱讀東道國的內部結構，了解其領導人的性格：那位元首是善於合作的人嗎？他的風格為何？他會情緒化嗎？在會議和旅行之間的空檔，她總是在閱讀。她先生紹爾博士也是這樣的人。我曾和總理及紹爾博士一起搭機，在長達十一個小時的飛行中，紹爾博士一直利用筆電工作，閱讀博士論文、撰寫研究計畫申請書。

然而，不是每一個人都欣賞梅克爾對知識的熱情。二〇一四年，梅克爾過六十歲生日，這位前物理學家的願望是邀請歷史學家歐斯特哈默（Jürgen Osterhammel）就十九世紀的歐洲和亞洲如何看待彼此發表四十五分鐘的演講。（由於梅克爾前一年在瑞士越野滑雪時摔倒，骨盆骨折，必須臥床休養，在這段期間，她閱讀了歐斯特哈默厚達一千六百頁的歐亞歷史巨著。）數百位基民黨的黨員將康拉德艾德諾大樓的總部擠得水泄不通，他們耐心聆聽，等著喝雞尾酒。根據《明鏡》雜誌報導：「從這些黨員的臉上，你看得出來，他們聽得一頭霧水。這位歷史學者所說的『時間界域』、『相互依存的速度』、『綜合分析』等，對他們而言，實在太難了。」

官方行程再緊湊，梅克爾仍會設法擠出時間，跟其他高成就的女性交談。二〇一五年，她在白宮斜對面賓夕法尼亞大道上的國賓館布萊爾賓館（Blair House）早餐會上與多位傑出女性交換意見。梅克爾邀請了許多她想見的人，包括最高法院法官索妮亞．索托馬約爾（Sonia Sotomayor）和伊蓮娜．凱根（Elena Kagan）、參議員蘇珊．柯林斯（Susan Collins）及戴安．費恩斯坦（Dianne Feinstein），以及慈善家梅琳達．蓋茲（Melinda Gates）。「我們圍著桌子各抒己見，沒預設什麼主題，總理想知道什麼，我們就說什麼，」美國華府智庫德國馬歇爾基金會（German Marshall Fund）會長凱倫．唐弗里德（Karen Donfried）說道，「她想知道我們如何兼顧領導工作和個人生活，也想知道我們對『萬綠叢中一點紅』有何看法，畢竟我們都是高層中少數的女性。」顯然，她很喜歡跟其他傑出的女性交流。

然而，梅克爾不喜歡有人拿她跟另一位創造歷史的女性領導人相比，也就是已故的柴契爾夫人（Margaret Thatcher）。希拉蕊．柯林頓（Hillary Rodham

Clinton）說：「這種比較根本站不住腳。梅克爾讓她的行動為她說話，而柴契爾比較在意形象。她每次公開現身都是她這個人物角色非常重要的一部分。安格拉・梅克爾在意的是工作。柴契爾把每次會議當成是戰鬥。對梅克爾來說，會議是為了找到解決問題的辦法，通常雙方都得各讓一步，以尋求雙方都能接受的折衷方案。」

儘管如此，梅克爾與這位三度當選英國首相的小鎮雜貨商之女仍有幾個共同點：她們都是科學人，梅克爾是物理學博士，柴契爾則是在牛津攻讀化學，兩人都能掌控自己的命運，在男性為主的政治世界中披荊斬棘，走出一條自己的路。梅克爾和柴契爾都是議會制選舉出來的領導人，而非由一般選民直接選舉出來的。兩人都是才智高超的女性，能掌握大量數據，在霸道的男性面前毫不退縮。但就外表來看，兩人大相逕庭——柴契爾夫人總是提著時尚的真皮手提包、配戴珠寶，身穿優雅套裝，頂著頭盔式的髮型，與梅克爾的簡單樸素形成鮮明的對比。眾所周知，柴契爾身邊的安全人員不但帶槍值勤，口袋裡還有首相的備用細高跟鞋。此外，與梅克爾不同，柴契爾的貼身助理都是男性。

梅克爾喜歡和其他傑出女性在一起。但值得注意的是，在柏林舉行的二十國集團婦女高峰會（Women20 summit）上，曾有人要求登臺的諸位女性領導人若自認是女性主義者就舉手。梅克爾則拐彎抹角，避免給出正面答案。梅克爾在二〇一七年競選連任時，施隆多夫跟一個德國婦女團體接洽，請她們刊登全版廣告表明支持梅克爾，但她們拒絕了，認為梅克爾並未為女權高聲疾呼。他解釋說：「她們認為她應該在更多場合公開表示支持女性，而非只是宣稱她是所有德國人的總理。」

正如其他很多問題，梅克爾比較會從側面攻擊父權體制，而非正面挑戰。二〇一八年，她在以色列和一群年輕企業領袖見面，他們清一色是男性。她對這群未來的大亨說道：「我希望下次能在未來企業領袖中看到女性。」在那次訪問中，梅克爾也前往海法大學（Haifa University）接受榮譽博士學位。海法大學校長羅賓（Ron Robin）驕傲地說：「我們的學生中有百分之六十五是女性。」梅克爾則問道，那麼教授中女性占的比例是多少。羅賓尷尬地說：「嗯，在這方面，我們還得加把勁。」梅克爾這招可說是四兩撥千斤，儘管只是提出一個小小的問題，已充分表達了她的觀點。

梅克爾一向喜歡揭發男人的假面具。托馬斯・德邁齊爾說道：「她的自負部分源於戰勝強勢的男人，如柯爾等人。她尊重強者——但前提是他們是內在力量強大的人，而非只會說大話。」私底下，梅克爾蔑視那些沒做好準備、對什麼都漠不關心的政治人物。她對駐美大使伊辛格抱怨說：「在他們當中，有三分之二的人根本對問題不感興趣，甚至不看卷宗裡的報告，不知道我們在討論什麼。」她指的是歐洲理事會的其他國家元首。當然，她閱讀了每一份資訊彙整文件，同時特別注意技術和法律細節，這方面的能力是其他元首或她的對手難以企及的。在談判時，由於她對細枝末節的掌握，使其他人相形見絀。其他人可能會利用魅力和威脅來達到目的，梅克爾則是用邏輯和事實讓人心服。看到對手一臉茫然，摸不著頭緒，她則冷冷地建議對方要好好做功課。

曾與她交談多時的澳洲前總理陸克文（Kevin Rudd）這麼說：

她不打「女人牌」。我不是說她沒有女人味，而是她不想扮演慈祥的老奶奶，如以色列前總理果爾達．梅爾（Golda Meir）。不，你和梅克爾在一起，會覺得你面對的是一位偉大的領導人，不會注意性別。有一次，我們在總理府辦公室，站在外面的陽臺上，端著麗絲玲白葡萄酒，看著迷人的柏林街景。這時，下方有一群德國中年人看到她，開始高呼：「Mutti! Mutti!」我問她，他們呼喊的可是「媽媽」？她略顯尷尬地說，是的。我跟她說：「安格拉，人們可能用很多更糟的字眼來稱呼

一位政治人物。」但這顯示德國社會仍然相當保守。

在一個某些民眾仍將一名權威女性稱為「媽媽」的國家，能夠成為總理，其成就不言而喻。

二〇一三年四月，德國人看到自己總理的泳裝照，感到非常驚訝。畢竟，這是一位極度注重隱私的元首。梅克爾在義大利伊斯基亞島（Ischia）的沙灘上散步時被拍了好幾張照片，有一張是穿著卡其褲和藍色休閒襯衫，另一張是泳裝照，還有一張則是穿著短褲，攙扶紹爾的孫子爬上岩石。很多政治人物都會用這種生活照來證明他們跟「一般人」一樣。安格拉·梅克爾則不然。這些照片在《畫報》上曝光後，引起軒然大波，然而不久就在網路上絕跡了。

在大西洋彼岸的希拉蕊·柯林頓承認她很佩服梅克爾控制媒體的能力。她驚呼道：「真是神奇！她在沙灘上的照片一度出現在網路上，然後就消失了。」私人照片曝光、隱私權遭到侵犯，為了這個事件憤怒的不只是她，一般大眾更是怒火難消。在一個私密照片不時「意外」出現在社交媒體的時代，梅克爾向來是「醜聞絕緣體」，即使她的批評者也不得不欽佩她的品德與操守，因此德國人民願意尊重她的隱私權——大多數公眾人物可得不到這樣的待遇。

那年秋天，梅克爾再次勝選，第三度連任總理。這次的競選口號是「你們懂我！」說來諷刺，儘管她已當家將近七年，德國人依然不了解她。（例如，由於我為她作傳，德國人有時會問我，他們的總理有孫子嗎？）她的家人、她的弟妹、她的繼子女都是公眾禁區。德國人根本不知道她私底下有多幽默，也不知道她喜歡在深夜跟朋友把酒言歡。值得注意的是，德國人接受她對隱私的要求，甚至為此感到敬佩。「你們懂我！」梅克爾喊出這口號似乎是在開玩笑。對這個笑話，大家都心照不宣。

然而，這個深藏不露的總理偶爾也會在公開場合真情流露。二〇一六年德國外交部長吉多．韋斯特威勒因白血病過世，得年五十四歲。梅克爾紅著眼睛說：「我未曾想要在這樣的場合致辭。」韋斯特威勒是德國第一位公開出櫃的高級官員。（兩年前，梅克爾六十歲大壽，舉行生日宴會前，她請賓客不要送她禮物，將錢捐給白血病基金會。）梅克爾常說，她計劃在退休之後啟動新的人生，但她為韋斯特威勒難過，「因為他沒有第二個人生了。」她在悼詞中透露他們倆感情深厚，他們的關係不只是同事。她說：「我和吉多常討論人生。我們關心對方。」她提到他們本來要見面的。她以微弱、幾乎哽咽的聲音說：「我們約好傍晚在總理府見面，但吉多不得不取消，因為那天晚上他得上電視，必須保留一點氣力。我們就說：『下次吧。』但再也沒有下次了。」梅克爾極少這樣公開地講述自己的私人關係。沒想到因為一次電視訪問，她無法跟她的朋友好好道別。

由於互相信任，她和韋斯特威勒才有如此深厚的情誼，而她能信任的人根本沒有幾個。她告訴來參加葬禮的人：「我們總是能相互依靠，必要時靜靜地陪伴彼此，這種關係非常難得。」這就是梅克爾對一個人的最高讚譽了。

然而，梅克爾至少還對一個人懷抱感激之情。此人曾和她關係密切，後來兩人不再互相信任，就此走向陌路。二〇一七年七月，梅克爾和幾位西方領導人都來到法國史特拉斯堡，送前總理海爾穆．柯爾最後一程。要不是柯爾當年的提攜，梅克爾恐怕難有今天的地位。此刻，柯爾的靈柩上覆蓋了歐盟的藍色旗幟，緩緩進入歐盟議會，他過去的愛徒梅克爾尾隨在後。

「他是偉大的德國人，也是偉大的歐洲人。因為他，幾百萬名被圍牆擋住的男男女女，才有機會過著自由的生活。我，就是其中之一。」她發自肺腑地說。的確，當年如果沒有柯爾對這個「小姑娘」的支持，安格拉·梅克爾就無法在政壇上平步青雲。

「謝謝您，海爾穆，感謝您給我機會。」

梅克爾和歐巴馬的關係要比世人了解的要來得複雜。圖為 2015 年，背景是壯麗的巴伐利亞阿爾卑斯山。雖然兩人有很多地方很相似，但歐巴馬口才太好，讓她心生疑慮，而梅克爾固執的一面有時則讓他難以消受。

圖片來源：Michael Kappeler/AFP/Getty Images

第十章
有條件的情誼

用「愛」這個字眼來形容歐巴馬對梅克爾的感情，並不過分。

——羅茲（Benjamin Rhodes），前白宮國安副顧問

「各位先生、女士，讓我們歡迎今天蒞臨演講的女士！」美國眾議院警衛官聲如洪鐘。「德意志聯邦共和國的梅克爾總理！」

二〇〇九年十一月三日，安格拉．梅克爾容光煥發，走上講臺，在這場難得的國會聯席會議，對參、眾兩院議員發表演說。她眨眨眼睛，強忍住激動的淚水。議員全部起立，報以熱烈的掌聲，大聲為她喝采。震耳欲聾的掌聲通常會讓她有點尷

尬，但這次她似乎完全被聽眾真誠的熱情打動了。她是五十多年來第一位在國會聯席會議上演講的德國總理。這日，她要述說的部分內容是絕不會在自己的國家公開講述的：她將談她自己。

「即使在最瘋狂的夢裡，二十年前，在柏林圍牆倒塌前，我根本無法想像我能站在這裡演講，」她說。「我從電影和書籍建構了一幅美國風情畫——那些東西常是我在西德的親戚偷偷夾帶過來的。」吸引她的不只是布魯斯．史普林斯汀和洛磯山脈。「美國夢讓我無限嚮往。在這個夢裡，每一個人都有成功的機會，都能透過自己的努力出人頭地。」儘管到了二十世紀末，美國夢已變得虛無縹渺，難以成真，然而在四千英里外的安格拉．梅克爾證明，這樣的夢有時仍然可以實現。

等到瘋狂的掌聲平息下來，她繼續說道：

今天該是對柏林空投英雄好好表示感謝的時候，要不是他們，柏林人早就餓死了……感謝過去幾十年來駐紮在德國的一千六百萬美國人。沒有這些官兵和外交人員的支持……歐洲恐怕會走向分裂，無法收拾……曾經有一堵黑暗的高牆擋住我們，突然間，一扇門開了，我們可以走出去，走向街道、走進教堂，跨越邊界。每一個

人都有機會建立新的東西、發揮影響力，展開人生新頁。我也重新開始了……是的，一切皆有可能。

在美國，真情流露不但是可以接受的，也是令人欽佩的。在這個國家，梅克爾覺得可以自由地表達自己——她的感激，以及她的樂觀——比她在德國時更自由。但是，她在演講的時候，從來不曾從頭到尾訴諸情感。她不但表達發自內心的敬意，也納入了兩個重要主題。她提到在大西洋兩岸都有人視全球化為洪水猛獸。她說：「我們不能將這種擔憂置之不理。我們有責任說服人們，全球化對每一個大陸都是非常重要的全球機會。在全球化之下，我們不得不一起行動。聯盟與夥伴關係……將帶領我們走向美好的未來。」她的說法充分展現她的遠見。接著，她闡述德國政府的外交政策核心。雖然這些話在二〇〇九年聽來彷彿樣板，但十年後幾乎就像烏托邦。

她在總結時，提到了她心目中的兩位美國英雄——前總統雷根（Ronald Reagan）和老布希（George H. W. Bush）——感謝他們促成德國的統一。她說：「對歐洲來說，沒有任何夥伴比得上美國，反之，對美國來說，也沒有比歐洲更好的夥伴。」但是無論她本人或是那些在場熱烈鼓掌的人，都不知道梅克爾這次在美國國會發表演說，正是德美兩國關係登上頂峰之時。

安格拉．梅克爾對巴拉克．歐巴馬的友誼之火很慢才點燃。在歐巴馬競選總統期間，她見識到這位年輕政治人物的魅力，並對他抱持懷疑的態度。這也難怪，因為一個路德教派的信徒最欣賞的美德是謙遜——而在歐巴馬最先顯現出來的諸多特質中，謙遜並不突出。在她看來，他似乎急於求成——他在二〇〇四年民主黨全國代表大會上的演講，就像金恩博士和甘迺迪那樣慷慨激昂，扣人心弦——儘管極具領袖魅力，口才了得，但看不出有多少具體建樹。

希拉蕊．柯林頓回憶說：「起初她對他有點戒心。她想知道：『他的目標是什麼？他到底是什麼樣的人？』」二〇〇八年，德國發行量最大的時事社會生活雜誌《亮點》（*Stern*）有一期就以歐巴馬為封面人物，標題是：「救世主——還是煽動者？」梅克爾對他的看法也是一樣矛盾。

歐巴馬在競選總統時，曾犯了一個大錯：由於布蘭登堡門位於最有歷史意義的十字路口，也是蘇聯和美國勢力相互抗衡的邊界，為了讓他的外交資歷更加亮眼，他請求梅克爾允許他在那裡發表競選演說。但在梅克爾的心目中，歐巴馬只是總統候選人，不宜在這麼具有象徵意義的地點為選舉造勢，因此她建議他改在另一個地點——蒂爾加滕的勝利紀念柱（Siegessäule）演講。他很有風度地接受了，並責怪幕僚考慮得不夠周全。

儘管地點換了，歐巴馬在柏林初次亮相，與其說是政治活動，不如說像是搖滾音樂節。那個夏夜，希望和愛在柏林的公園發光發熱，一場演講變得像胡士托音樂節般熱鬧、瘋狂，二十萬柏林人將連接布蘭登堡門和勝利紀念柱的大道擠得水泄不通。高聳的勝利紀念柱上有金光耀眼的勝利女神，頭頂神鷹、背負雙翼，左手緊握尖矛。這是為了紀念十九世紀普魯士軍隊擊潰法軍而建立的。歐巴馬像是從鋪著藍色地毯的跑道飄浮到講臺上。他露齒燦笑——不久後全世界的人都將熟悉這樣的笑容——他揮手回應人群的吶喊，然而只是引發更熱情的歡呼。這位候選人也許沒有說出令人難忘的名言，例如甘迺迪的「我是柏林人」（Ich bin ein Berliner）或是雷根的「戈巴契夫先生，拆掉這道牆吧！」然而，時代不同了，二〇〇八年不適合這樣喊話。歐巴馬召喚出另一種圍牆意象。他呼籲：「隔絕不同種族和部落的牆、分開土地人和移民的牆、阻隔基督徒、穆斯林和猶太人的牆，根本就不應該存在。現在，讓我們把這些牆都拆掉吧。」群眾發出吼聲，附和他的話。他又說：「一個國家，再怎麼強大，都不能單獨完成這樣的挑戰。」語畢，人群歡呼聲驚天動地。過去八年，小布希無視全球規範堅持硬幹到底——尤其是在沒有聯合國授權，也沒有證據的情況下，懷疑海珊（Saddam Hussein）藏有「大規模殺傷性武器」，就決定出兵伊拉克，造成美伊雙方兩敗俱傷。歐巴馬在演講中承諾美國將加強與各國的合作關係，「盟友將相互傾聽、相互學習，最重要的是，相互信任。」

儘管歐巴馬信誓旦旦，梅克爾並不完全買單。她指出：「儘管一個人可以用言語打動人心、讓人改變想法，但我不贊同這種做法。不過，我不得不承認，這種方式很厲害。」在這樣的疑慮背後，是否有幾分嫉妒？她在電視上看到歐巴馬像搖滾巨星般大放異彩，她知道自己永遠不可能用語言喚起觀眾的狂熱。梅克爾演講完畢時，不曾有人高喊：「我們愛妳！」

梅克爾的演講不慍不火，沉悶乏味。她對語言抱持小心謹慎的態度，認為說得愈少愈好，重要的是結果，而非說了什麼。因此，在一個注意力分散的世界，就算情況緊急，她還是很難讓人注意她要傳達的訊息，就像二〇〇七年九月，她在聯合國大會上譴責伊朗的核武器計畫。她警告說：「對這個計畫的危險性，任何人都不該有絲毫的懷疑。」當時，伊朗大使就坐在她的視線之內。「我們不要欺騙自己了。世界不需要向伊朗證明，伊朗正在製造核彈。伊朗必須讓世界相信，他們沒在做這樣的事。」如果是一位鏗鏘有力的演講者，這樣的嚴正警告就像火炬，可能吸引全世界的目光，但從梅克爾的口中說出，就像是螢幕上閃爍的一個光點。

但是關起門來的梅克爾就不一樣了。在她當上總理之前，她曾跟一名伊朗特使見面，那位特使激動地解釋為何伊朗需要核武器。最後，他質問梅克爾，為什麼德國不信任他的國家。梅克爾則反問他對以色列問題的看法。那名伊朗特使口沫橫飛地抨擊猶太復國主義者。梅克爾靜靜地聽他說完，然後說道：「現在，你明白我們為什麼對你們抱持懷疑態度了吧？」

無論梅克爾對歐巴馬持什麼保留意見，到了二〇一〇年，他就任總統兩年後，有八成的德國人對他表示讚賞——他已打破歷任美國總統的歷史紀錄。歐巴馬在這一年簽署《平價醫療法案》，就連梅克爾都對他懷抱信心，認為這位美國領導人做得到。

經過一段時間，這位來自東德的路德派科學家及父親是肯亞人、母親是美國中西部人的黑白混血非裔人士發現兩人很相似，至少性格很像。兩人都重理性思考、相信事實，不會受到情緒左右，喜歡圖表和厚厚的資訊彙整文件（尤其是梅克爾），也都傾向使政治客觀，不帶有個人色彩——對他們來說，政治是工作，而不是身分。

兩人都是克服萬難的外來者。後來，梅克爾發現，在小群體中，原本魅力四射的歐巴馬會變得不苟言笑，就像是個嚴肅的教授，甚至像是言詞犀利的律師。二〇一三年至二〇一七年在歐巴馬政府負責歐洲事務的助理國務卿努蘭德（Victoria Nuland）說：「梅克爾喜歡聰明人。她覺得歐巴馬的聰明才智跟她旗鼓相當。」這兩位元首一起討論事情時，她常常也在場。她又說：「她會跟歐巴馬打情罵俏——幾乎高興得咯咯笑。有時，她也會以普亭的生理特徵說有點異色的笑話。」

歐巴馬對梅克爾的欽佩，多年來有增無減。根據他的助理羅茲所言：「安格拉·梅克爾就是他要效仿的那種領導人。她很務實，但願意為了原則冒險。」另一個助理，也就是未來的國務卿布林肯（Antony Blinken）回憶說，歐巴馬曾說：「如果我想知道某件事，幾乎任何事情，我都會問安格拉。」雖然她只比他早三年當上元首，但他欽佩和依賴的是她的判斷力。由於歐巴馬真誠支持女權主義，這對兩人的關係大有幫助。他常常說，如果你讓女人領導，全世界一半的問題都能獲得解決。畢竟，所有的麻煩都是男人搞出來的：普亭、艾爾段、納坦雅胡，以及後來的川普。布林肯說：「歐巴馬與梅克爾建立了真正的關係。」

二〇一一年，歐巴馬頒贈總統自由獎章給梅克爾後，第一夫人蜜雪兒·歐巴馬悄悄告訴安格拉：「巴拉克很珍惜妳。」梅克爾聽了，非常欣喜，她跟同行的媒體說，還故意問他們：「你們認為蜜雪兒這麼說是什麼意思？」在其後的晚宴上，詹姆斯·泰勒（James Taylor）為她獻上自己的暢銷金曲〈與你相伴〉（*You've Got a Friend*）。泰勒之後表示，這首歌不是他挑的，是白宮要求他唱的。

這兩位領導人的另一項共同點是，他們熱愛政治的方式與柯林頓或柯爾不同，他們不會因為沒得到群眾的肯定就垂頭喪氣。梅克爾或歐巴馬並沒特別喜歡與其他政治人物為伍，寧可跟獨特的局外人往來。他們都把自己看作問題的解決者，視政治為達成目的的手段，而非目的的本身。兩人都討厭作秀：你看不到他們當中任何一位穿著飛行服降落在航空母艦上，例如二〇〇三年三月小布希發動伊拉克戰爭，開戰六個星期後，就登上航空母艦，宣告伊拉克戰爭已告一段落，因此「任務完成」。沒想到這場戰爭讓美國深陷泥淖，拖了八年才撤兵。

梅克爾和歐巴馬都讀了哈拉瑞（Yuval Harari）的《人類大歷史》（*Sapiens: A Brief History of Humankind*）這本有點難度的書，但兩人都讀得興味盎然。儘管他們的品味大相逕庭，但都能從音樂得到解脫和放鬆。梅克爾熱愛從兒時就開始聽的傳統路德派詩歌，她現在依然喜歡在教堂吟唱這些讚美詩，就像她的許多同胞。巴哈的《聖誕神劇》（*Christmas Oratorio*）和《馬太受難曲》（*St. Matthew Passion*）都令她感動。她喜歡一邊做簡單的德國菜，一邊聽俄羅斯女高音安娜．涅翠柯（Anna Netrebko）演唱威爾第的《茶花女》（*La Traviata*）；歐巴馬則喜愛流行女歌手艾瑞莎．弗蘭克林（Aretha Franklin）、搖滾歌手王子（Prince），以及饒舌者錢斯（Chance the Rapper）和傑斯（Jay-Z）等嬉哈樂手。他們倆都擅長冷幽默，有時也會說挖苦的俏皮笑話，不過梅克爾常透過表情來表達。她在高克的七十歲生日舉杯敬酒時說道，真正最適合敬酒的人，應該是高克本人。這種調侃的功力，不輸給歐巴馬。

然而，在他們並肩作戰的那八年裡，歐巴馬和梅克爾的差異漸漸顯現——尤其是當他們一起面對危機時。歐巴馬談判喜歡速戰速決，梅克爾則孜孜不倦，即使只是爭取多一吋外交空間，她也願意周旋到底。例如俄羅斯在二〇一六年透過網路干預美國大選，好讓共和黨候選人川普登上美國總統寶座。據報導，歐巴馬斥責普亭說：「別鬧了！」歐巴馬被普亭的謊言惹火，乾脆放棄跟他講道理。這不是梅克爾的做法。她堅持跟普亭交談，並懇求歐巴馬在發生危機時致電普亭。據在場的人說，她明白地告訴歐巴馬：「我一個人做不來。普亭活在一個幻想的世界裡，周遭都是小人，只說他愛聽的話。他會誇耀說他接到來自白宮的電話。」儘管她求歐巴馬去跟普亭好好談談，但歐巴馬很快就厭倦了俄羅斯人的伎倆，要她代表西方跟普亭交涉。

歐巴馬發現即使和梅克爾打交道，也不一定總是一帆風順。他在二〇二〇年出版的回憶錄中寫道，儘管他認為這位德國總理「穩重誠實、思考嚴謹、本性善良……她是個性格保守的人……她也是個精明的政治人物，很了解她的選民……每次我向她建議，德國應該在基礎建設多投資一點或減稅，來樹立榜樣，她都會用堅定的話語，禮貌地反擊：『巴拉克，你說的沒錯，但是對我們來說，也許不是最好的方法。』同時微微皺著眉頭，好像我給她出了個餿主意。」

這兩個盟友的基本政治原則也有分歧。二〇一一年三月，聯合國安理會進行投票決定是否設立禁飛區，以阻止利比亞統治者格達費（Mu'ammar Gaddafi）利用空中武力對示威民眾狂轟濫炸。儘管自己的政府內部給她巨大的壓力，巴黎、倫敦等盟友——尤其是華盛頓——要求她跟他們團結，一起對付這個邪惡的獨裁者。由於梅克爾對這種透過武力解決危機的方式心存疑慮，最後還是投了棄權票[1]。梅克爾著實左右為難，畢竟她不願意跟美國發生衝突。但因為她堅信戰爭往往會帶來不樂見的結果，也極少能解決危機，所以不贊同設立禁飛區。她明白禁飛區絕非如字面上看來那麼簡單，此次禁飛區的設立等於武裝干涉利比亞，摧毀數千個利比亞軍事目標，並必須不斷出動軍機在利比亞上空巡邏[2]。

這個決定備受批評。梅克爾因此被華盛頓孤立，歐巴馬認為她已站在中國和俄羅斯那邊。儘管多國在利比亞設立了禁飛區，利比亞仍出現無政府狀態，可見梅克

1 譯注：一共有十個理事國對決議投贊成票，投棄權票的有五國，包括德國、巴西、印度、中國和俄羅斯。因此，決議要求格達費立即停火，並在利比亞設立禁飛區以保護平民。

2 其後川普背叛盟友、放生庫德族，匆匆從敘利亞撤軍。梅克爾再度否決國防部長克朗普－凱倫鮑爾（Annegret Kramp-Karrenbauer）設立禁飛區以解救庫德族人的建議。由此可見，她對德國參與軍事行動很反感。此外，她還說：「不管怎麼說，俄羅斯人也會投反對票。」

爾的決定的確是有道理的[3]。

也許，她仍對自己支持的另一場戰爭——美伊戰爭——感到遺憾。二〇〇三年，當時她還不是總理，她在《華盛頓郵報》發表一篇評論，表示施洛德總理反對這場戰爭是基於「選舉策略」。現在，身為總理的她，有不同的感受：這場曠日廢時的戰爭帶來的災難，動搖了她對美國的信心，懷疑美國沒有足夠的能力在中東實現目標。與其說她擔心與白宮發生衝突，不如說她憂心伊拉克的悲劇在利比亞重演。

梅克爾沒想到歐巴馬會呼籲設立禁飛區。直到最後一刻，美國方面還信誓旦旦地向梅克爾保證，這場戰爭是可以避免的。她的國防部長托馬斯·德邁齊爾在安理會投票前夕去了五角大廈。他告訴梅克爾，歐巴馬的將軍都反對戰爭，不但高層向他保證，歐巴馬總統也表明這樣的立場。其實，當時歐巴馬依然搖擺不定，班加西市（Benghazi）的反格達費叛軍已走投無路，歐巴馬的國務卿希拉蕊·柯林頓和聯合國大使蘇珊·賴斯（Susan Rice）都預言「一場大屠殺將在我們眼皮子底下發生。」歐巴馬最後還是同意設立禁飛區，但他沒有告訴梅克爾，說他改變主意了。她是從她的聯合國大使惠堤格（Peter Wittig）處得知歐巴馬的決定。梅克爾也沒打電話給歐巴馬，說她會投棄權票。梅克爾認為，若要德國參與一場永無休止的中東戰爭，遠比德國遭到孤立更危險。

在利比亞轟炸行動後，美國就對利比亞置之不理。由於沒有中央政府，利比亞陷入混亂。對這場悲劇，梅克爾果然有先見之明。

然而，歐巴馬和梅克爾的關係要到兩年後的二〇一三年六月二十三日才降到冰點。那天，普亭興高采烈地宣布：「今年的聖誕節提早降臨！」他指的是美國吹哨者史諾登（Edward Snowden）帶著「禮物」，搭乘俄羅斯航空從香港飛到莫斯科。這份禮物是中情局幾千頁的機密文件。多年來，普亭不斷遭受來自歐巴馬（以及梅克爾）的批評，說他侵犯人權，現在反擊的機會來了，因此他很樂意給史諾登政治庇護。

史諾登以「正義之士」自居，宣稱他想「告知公眾」美國政府以國家安全為名

3 譯注：儘管北約協助叛軍推翻格達費政權，利比亞政局陷入長期動盪，吸引偷渡集團在利比亞再度活躍，大量偷渡者從利比亞乘船到歐洲，因而造成歐洲移民危機。

進行的監聽計畫。史諾登將幾千頁的機密文件交給《華盛頓郵報》和英國的《衛報》。這些文件除了各種機密，還包括歐巴馬政府對梅克爾私人手機的監聽紀錄——世人這才發現美國情報機構有時會暗中監聽歐洲高層政治人物。這場竊聽風暴使這個年僅二十八歲的美國國家安全局承包商，取代歐巴馬，成為德國民眾心目中的英雄。

梅克爾是警察國家的受害者，她永遠難忘從二十歲到三十歲，在這整整十年當中，實驗室同仁和好友如何監視她。史諾登揭露的真相讓她憤怒。她立即打電話給歐巴馬，破口大罵，由於她是用德語發飆，語氣更加猛烈。她說：「冷戰時期早就結束了。一個人不該監視自己的朋友。」歐巴馬說不出任何可以安撫她的話語——信任已蕩然無存。兩國之間的關係降到冰點以下。梅克爾的外交政策顧問霍伊斯根總是平心靜氣，但這回也氣得有一段時間不跟歐巴馬的大使蘇珊·賴斯說話。

德國和美國既然是親密盟友，終有一天還是會打破沉默。只是沒有人知道究竟過了多久，雙方才開始重修舊好——無論如何，總是要等美國人了解德國人的痛。

對歐巴馬而言，於公於私，他都有愧。在外國元首當中，梅克爾是他最親密的朋友。賴斯說：「我幾乎不曾看過歐巴馬總統如此沮喪。」歐巴馬的國家安全顧問卡普全告訴我：「我們認為德國人在時間扭曲之中，以為這是另一個時代。彷彿他們可以成為偉大的歐洲經濟引擎……不管大國的遊戲規則。說來，哪個國家不監聽其他國家的？」這種玩世不恭的說法只是讓梅克爾更加憤怒。

歐巴馬的助理國務卿努蘭德看了梅克爾通話內容的文字紀錄。她告訴我：「我們沒有從這些竊聽紀錄得到任何情資。梅克爾太聰明了，不會在手機中提到任何敏感的議題。她說的都是一些瑣事，像是：『在哪裡吃晚餐？』或是『明天有什麼行程？』」在努蘭德看來，梅克爾的憤怒不是因為隱私受到侵犯。「梅克爾難過的是，她會被竊聽，因為她不在歐巴馬最信任的小圈子裡。」美國常和英國、加拿大分享情報。「但跟德國……我們分享的是經濟方面的資訊，不是情報，因為我們認為德國聯邦議院是個篩子，」努蘭德坦白地說。

德國媒體——特別是小報——利用這個事件大肆渲染反美情緒。讓德國人最忍無可忍的是，史諾登披露，美國是在布蘭登堡門這個歷史的里程碑附近設立一個監聽站。梅克爾的內政部長忿忿不平地說：「如果他們在德國境內竊聽手機，就違反了德國法律，我們必須追究責任。」梅克爾的幕僚長阿特麥爾（Peter Altmaier）告訴美國駐德大使艾默森（John Emerson），他們必須拿出具體行動來糾正問題。

艾默森隨即要中情局駐柏林辦事處處長打包走人。這位大使說：「總有人得出來承擔。」同時，歐巴馬也派遣白宮幕僚長麥唐諾（Denis McDonough）到柏林，正式向梅克爾致歉，希望她能消氣——但無濟於事。

六月底，歐巴馬本來預定出訪德國。歐巴馬的助理羅茲說：「這本來是件好事，現在已變了調。」根據德國公共廣播聯盟（ARD），此時六〇%以上的德國民眾認為美國不值得信任，只有三十五%的人認為美國是可靠的盟友——比認為俄羅斯是好盟友的人略多一點而已。

歐巴馬來到總理府時，梅克爾帶他到她辦公室的陽臺，指著柏林快鐵，說那就是她以前每天去實驗室工作的交通工具。她解釋說：「德國人會這麼難過，我會如此沮喪，是因為我們曾經活在國家的監控之下。」歐巴馬當然知道。經過這次真誠的溝通，雙方才開始破冰。在接下來的幾天，歐巴馬和梅克爾一起出現在公眾面前時，他們總得應付「監視朋友」的問題。最後，梅克爾決定讓這道友誼的傷疤慢慢癒合。除此之外，不管做什麼都有風險。雖然歐巴馬未曾為這次的竊聽風暴公開道歉、扛起責任，但他還是宣布：「我們以後不會竊聽盟友。」梅克爾不是記仇的人，也不會認為此事是針對她個人。對於歐巴馬批准中情局竊聽她手機的事，她放下了，因為她不得不如此。她換了新的手機號碼。

不到兩個月，安格拉．梅克爾和巴拉克．歐巴馬又得一起應付更加迫切的危機。

在敘利亞，民眾走上街頭，出現以自由和平為口號的示威運動。人民大聲疾呼，要結束阿薩德家族四十年來的統治，許多城市紛紛響應，因此引來敘利亞當局的血腥鎮壓。在過去的兩年裡，敘利亞軍隊在普亭的支持下，用真槍實彈對示威者開火，甚至在大馬士革和阿勒坡（Aleppo）地區以「桶裝炸彈」對付民眾。這是一種土製炸彈，通常把炸藥裝在大型油桶或桶狀的金屬容器，用直升機投擲，落下後爆炸，已有數十萬人被迫逃離家園。接著，在二〇一三年八月，大馬士革郊區發生了恐怖的化學武器攻擊，一千四百多名敘利亞平民在睡覺時死亡。他們的身上沒有傷痕，症狀是昏迷、口鼻冒出白沫、呼吸困難。梅克爾是個了解沙林毒氣的科學家——也是深知戰爭傷痛的德國人——這件事讓她打從骨子顫抖。同時，她決定不以暴制暴，不用武器來對抗武器，因為這是她的原則。

她告誡歐巴馬：「因為我是你的朋友，所以我才跟你說：我不希望看到你陷入危險。」她提議歐洲團結起來，共同回應阿薩德的暴行。「如此一來，美國就不會遭到模糊的指控。」她說。她一直銘記美國在伊拉克戰爭中的慘敗。至少，她希望美國別太快投入另一場中東戰爭，懇求用全面外交的手段來解決問題。因此，歐巴馬開始搖擺不定。羅茲告訴我，無論如何，梅克爾的警告仍對他產生強烈的影響。「我第一次看到他對轟炸敘利亞感到不安。」

白宮幕僚長麥唐諾告訴賴斯，說歐巴馬總統決定不轟炸敘利亞時，賴斯不可置信地說：「你在唬我，對不對？」麥唐諾說，武力報復一事，總統會請國會批准。共和黨控制的國會八成不會批准這事[4]。歐巴馬這麼做是為了挽回面子——為自己的出爾反爾找藉口——可惜這招失效。在這次事件發生之前的二〇一二年底，歐巴馬已設下對敘利亞的底線：如果阿薩德膽敢用化學武器攻擊平民，美國必然會採取報復的軍事行動。美國的髮夾彎重創歐巴馬的全球信譽：如果給阿薩德的威脅只是「虛張聲勢」，怎麼治得了這個惡魔？儘管梅克爾是個忠誠、耿直的盟友，也無法挽回歐巴馬造成的錯誤——歐巴馬早在二〇一一年就呼籲阿薩德下臺做為談判條件，卻沒能提供溫和派叛軍足夠的軍火，將他推翻，也無法迫使這個屠夫坐上談判桌——這個殺人不眨眼的獨裁者為了保住權力什麼都做得出來，即使戰到最後一兵一卒也在所不惜。

4 譯注：國會果然反對軍事干預，歐巴馬政府只好暫停軍事打擊計畫，並同意俄羅斯的建議，要求敘利亞當局交出並銷毀所有化學武器，這個事件才暫時落幕。

梅克爾看到希臘人為她做的雕像。他們把她塑造成一個行納粹禮的女人，然後燒掉，讓她驚愕萬分。為了因應南部歐洲國家面臨主權債務危機，梅克爾開立的處方中的撙節，卻引發當地人民的反彈。

圖片來源：Evangelos Bougiotis/EPA/Shutterstock

第十一章

歐洲現在都說德語了

在長達一千年的歷史裡，德國人沒經歷過的，只有正常。

——泰勒（A. J. P. Taylor），英國歷史學家

梅克爾上任後的目標之一，是使德國成為一個正常的國家。對一個追求偉大的國家，這樣的願望在其人民看來似乎很奇怪。但德國歷經兩次世界大戰的摧殘，加上四十年的分裂後，有機會靜靜地享受繁榮的經濟成果，似乎是個令人欣慰的改變。和平比戰爭來得好；若能享受繁榮，有誰想要貧窮？

在歐洲共同體扮演一名受人尊敬的成員，當然要比變成一個被拋棄的國家來

得好。這些就是二戰後幾代人的慘痛教訓。在世人的集體記憶中，德國曾兩次把歐洲炸得四分五裂。他們甚至創造了一個字，來形容接受這段歷史的痛苦過程——Vergangenheitsbewältigung，意思是「走出過往，銘記傷痛」。這就是德國人的要務，始自前往過去第三帝國設立的眾多集中營進行校外教學。此外，德國必須注意不可與其他國家及另一個德國的受害者對立，也不可展現愛國主義或德國的優越感。

過去，世人對一個過於自信的德國感到擔憂。諷刺的是，梅克爾本人重新喚起了這樣的焦慮。長久以來，一個強大、統一的歐洲對她而言似乎是一種保障，可以防止德國走上侵略的老路，或免於再次遭到俄國侵略。但是二〇〇八年，在全球經濟重挫的衝擊下，這樣的願景幾乎破滅。那一年的金融危機致使歐盟內部對一個基本問題吵嚷不休，莫衷一是：以德國為首的歐洲強國，是否該擔負起責任，把這些受到較大衝擊的弱國從經濟泥淖中拉出來？

梅克爾對這場危機的因應顯現了她的優勢，也暴露出她的缺點。幸好她的拯救歐元計畫最後還是成功了。自二〇〇二年起，新的歐元紙幣和歐元硬幣成為歐元區十九個國家的法定貨幣。梅克爾成功搶救歐元，不只讓保守派選民叫好，也鞏固了她的歐洲女王地位。正如《紐約時報》專欄作家柯恩（Roger Cohen）寫的：「季辛吉曾丟出一個很有名的問題：請問歐洲的電話號碼是幾號？現在他知道了：就是梅克爾的電話號碼。」然而梅克爾的成功是有代價的：她得賭上自己和德國的聲譽。

對安格拉・梅克爾來說，歐盟是個具有歷史里程碑意義的勝利，歐洲將成為一個沒有國界的大陸，十九個會員國都使用同一種貨幣。歐元區是一九九九年在後冷戰時代的樂觀中創立的。這不只是一個貨幣聯盟，更代表一個「完整和自由」的歐洲。在這樣的歐洲，未來的衝突已被消弭，不可能發生，甚至是無可想像的。在這麼一個歐洲，各國人民不再需要在每次跨越國境時出示護照或兌換錢幣。因此，歐元不只是一個象徵，而是維持統一的關鍵。

然而，歐元有幾個重大的先天缺陷。歐元區沒有像美國聯準會那樣的聯邦儲備系統，也沒有中央銀行系統以緩解金融危機或對各個國家進行監管。歐元區的每一個國家都有自己的政治文化、預算和赤字。此外，歐元區的勞動力流動性也很有限。一個被解雇的希臘木匠很難在德國找到工作，不像德州木匠可以很容易地在明尼蘇達州就業。美國人或許用不著想太多，就可從一州到另一州工作，但歐洲各國的地方經濟經常和語言、文化和歷史綑綁在一起，這意味歐元區的會員國要降低失業率並不容易。

梅克爾正在薩爾茲堡音樂節聆聽海頓的歌劇——這是她和紹爾每年夏天的儀式——這時，她的手機震動了，傳來美國房屋市場出問題的第一個警訊。她的首席經濟顧問懷德曼（Jens Weidmann）用簡訊通知她：「ＩＫＢ有麻煩了。」梅克爾回傳：「ＩＫＢ是什麼？」她很快就知道這是總部設於杜賽多夫的德國工業銀行（IKB Deutsche Industriebank），該銀行在德拉瓦的分部因被次貸危機波及，已搖搖欲墜。全球化經濟及眾多金融機構的觸角已伸向地球的每一個角落——包括全美面積第二小的德拉瓦州。位於美國的這家小銀行將引發一連串無法預料的事件，讓梅克爾頭痛了好幾年，也顯示她的歐洲統一願景與現實有多大的差距。

次級房貸、有毒資產、國債等，這些複雜的概念最初對梅克爾來說，是個陌生的領域。在二〇〇五年競選總理期間，她還一度混淆總額和淨額。如今，這個緊密相連的全球經濟體即將在她眼前崩塌，她不得不搞清楚華爾街的葫蘆裡賣的是什麼藥，特別是那些讓人眼花撩亂的金融「商品」。簡單來說，華爾街利用低利率房貸和簡便的貸款刺激房地產市場，加上銀行放鬆管制，拚命放款給成千上萬信用等級差、無力清償債務的借款人。結果引發全球清償危機——也就是現金流的問題——以及貸款緊縮，造成七十五年來最嚴重的金融危機。（全球金融的神祕世界不在本文探討的範圍內，在此簡述以說明梅克爾如何因應這次的危機。）有一〇四個國家經歷進出口的下滑，製造業、貿易和就業都急遽萎縮——這證明經濟全球化的程度已深。光是在歐洲，就有五百萬人失業。

德國要比歐洲其他國家好得多，其中一個原因與其文化、政治、商業和金融的實踐有關。在這些方面，德國人有些習慣已根深柢固，不易改變，不像美國人及歐洲其他國家的人喜歡借錢消費，常常刷爆信用卡。此外，德國老早就有「短時工作制」（Kurzarbeit）的紓困方案：員工同意減少工時，但仍保有工作。雇主依照員工實際的工作量來支付薪水，不足的部分則由勞工局補貼。德國深信勤勞、節儉和量入為出是美德。在全球經濟衰退期間，德國的生產力勝過鄰國，其失業率也遠低於歐元區的大多數國家。然而，體現勤儉特質的梅克爾及她的國家仍無可避免地遭到怨恨。在歐洲部分地區，這種不滿的情緒從未真正消失。

這場危機最終揭露了一個早已顯而易見的事實：歐洲是由經濟活力旺盛的國家組成的，大多數是北方國家，而所謂的邊緣國家，經濟比較停滯，在單一貨幣的歐元區，這些國家被迫與較富裕的鄰國在相同的規則下運作。一如既往，受創最重的是最脆弱的國家。希臘、葡萄牙、西班牙和義大利的失業率飆升到二十%以上，半數希臘年輕人沒有工作。這樣的統計數字和大蕭條時期差不多，暴露了富國與窮國之間的鴻溝。

那些想要發洩怨氣的人，認為被譽為「歐洲總理」的梅克爾就是最好的箭靶。安格拉·梅克爾陷入兩難，她一方面希望能援助希臘——畢竟歐元貿易區塊關係緊密、相互依存，希臘是這個區塊的成員，她不能見死不救；然而另一方面，她又得面臨德國境內的反對聲浪——德國人民對資助寅吃卯糧又揮霍無度的鄰國，日益反感。梅克爾的願景是建立一個團結的歐洲，儘管其中最富有的國家（德國）應該對陷入困境的國家伸出援手，但她擔心如此一來，在希臘會形成一種依賴的文化，其他國家有樣學樣，最後就不可收拾了。這是她的兩難，也是擔任總理以來最艱難的考驗。

每個人都有不同的解決方案。德國財政部長蕭伯勒提議讓希臘退出歐元區，等爛攤子收拾好之後再回來。但梅克爾的目標是改革，而非驅逐。就這一點，德國人支持他們的總理，即使其他富裕的歐洲北部國家並不認同。

梅克爾不知和歐盟成員國開了多少次會。她經常拿出一張圖表，告訴大家歐洲的生產力遠不如中國。她認為，歐洲人必須學習在新的全球化經濟中競爭，為了未來，我們現在必須咬緊牙關，忍受痛苦。她以自己的國家為例，二戰結束後，西德並非隨即就從廢墟中站起來，重建成功，締造了「經濟奇蹟」（Wirtschaftswunder）。她希望其他國家也能仿效德國，勒緊褲帶、縮減開支、灌輸公民納稅的良好習慣——希臘就是因為奢侈、貪圖享受，加上全民逃稅，才會瀕臨破產。更別提官僚機構貪汙腐敗，一邊偷錢，一邊粉飾太平，告訴人民國家的經濟沒問題。因此，梅克爾開的處方是撙節，希臘必須拿出負責任的行為，才能獲得紓困貸款。梅克爾個性保守，因此她認為大多數金融問題的解方就是撙節。她引用歌德名言：「如果每一個人都把自己家門口掃乾淨，整個世界就乾淨了。」梅克爾用短短幾句話保證了德國人的存款安全無虞，也安撫了信任她的人民。但她不會為德國境外的國家做同樣的事，因為那些國家已造成真正的傷害。

梅克爾似乎淡化了這麼一個事實：每一筆不良貸款的後面都有一個借款人和一個放貸者，有些責任該由銀行承擔——銀行本應評估風險並採取明智的行動，然而卻使得受影響的國家在基礎建設和計畫嚴重超支，遠超出其融資能力。在很多人看來，梅克爾似乎不是懲罰那些助紂為虐者，而是為了政府和國際金融系統的失誤懲罰普通人。這種將撙節視為懲罰的觀點也許不正確，然而有意思的是，在德文中，「債」和「罪」是同一個字：Schuld。

曾榮獲諾貝爾獎的美國經濟學家史迪格里茲曾在柏林跟梅克爾見面，並提供建議。但梅克爾並未採納。他說：「她認同的對象是狹隘的，也就是德國人民，而非歐洲，亦即全歐洲的人民。在外部觀察者看來，這位總理也許宣稱她熱愛歐洲，她可不會犧牲德國來拯救歐洲。」

史迪格里茲說，德國提供了一個撙節的模式，卻不願意充當撙節的平衡力量——也就是多投入一些資金來加速復甦。在一個全球化、牽一髮而動全身的世界，所有人的命運都是禍福與共。

梅克爾並非不曾考慮「非理性」在人類事務中扮演的角色。在歐洲，任何一個七十五歲以上的人都還記得第二次世界大戰的恐怖。希臘人一想起一九四一年納粹士兵在雅典衛城高舉「卐」字旗，就會湧起一股反德情緒。現在，希臘的失業率已高達二位數，人民苦不堪言，但希臘人想在廣場上焚燒的是梅克爾的肖像，而不是他們的總理。在雅典，希臘國會前的憲法廣場（Syntagma Square）垃圾滿地，因為政治財政困難，所有非必要人員都被解雇了。所有熱心提供低利貸款的銀行，資金也枯竭了。強制的撙節措施不只使雅典死氣沉沉，羅馬、都柏林、里斯本也都變得冷冷清清。示威活動堵塞了歐洲大陸許多古老首都的街道，他們認為縮減開支的痛苦都是梅克爾帶來的。

一個圓滑、能言善道的政治人物會去雅典，告訴受苦的民眾：「我會支持你們，然而如果你們不做出一點犧牲，我們也救不了你們。」這是強硬的、邱吉爾式的演講，強調「血汗和淚水」。當然，邱吉爾式的風格對梅克爾來說並不自然。她終於在二〇一二年十月來到雅典，經歷了她政治生涯中未曾嘗過的滋味：民眾的憤怒。當她的車隊經過，街道兩旁擠滿了希臘人，對她嘲笑，揮舞著旗幟，旗子上面寫著：「梅克爾，這裡不歡迎妳！」還有一群人在她的車子駛過時，焚燒納粹旗幟，甚至有一輛卡車載著穿著納粹軍服的人，衝破警察的封鎖線。梅克爾非常震驚。在德國，公開展示納粹標誌是一種犯罪行為。

歐巴馬也給她壓力。他敦促她：「妳必須採取行動，更加果斷。德國不是有巨額盈餘？多拿一些出來借給最需要的國家吧。」二〇一一年，G20高峰會在坎城舉行，歐巴馬又催促她：「安格拉，拜托，妳是歐洲女王！妳可以的！」她酸楚地答道：「他們叫我撙節女王。」自九〇年代以來，她第一次流下沮喪的淚水。「這不公平。我不想斷了自己的政治生路（Das ist nicht fair. Ich bringe mich nicht selbst um）……我們的中央銀行是獨立的。當年，我們的憲法[1]是在你們美國人的指示下制定的。現在，你竟然要求我去做超過我職權的事（亦即干涉中央銀行）。」

但她並未能讓公眾完全了解自己的想法。在演講時，她那嚴肅的神情以及她的虔誠，向歐洲受創最重的國家傳遞了完全錯誤的訊號。

在歐債危機這幾年，梅克爾最重要的盟友是法國總統薩科吉（Nicolas Sarkozy）。

沒有其他兩個人比這一對的差異更大。薩科吉永遠神采飛揚，浮誇豪奢，特別喜歡豪華遊艇，由於愛炫耀，綽號叫「閃亮先生」（Bling Bling）。他愛宣傳，喜歡上報，似乎代表梅克爾討厭的一切。薩科吉的老婆卡拉．布魯尼（Carla Bruni）才貌非凡，是超模、也是歌手，很難想像她會像梅克爾的老公紹爾一樣，去市場買魚來款待賓客。無論如何，兩人既然在因緣際會之下湊在一起，梅克爾也就盡可能跟他建立友誼。有一次，她跟薩科吉開玩笑說：「站在你身邊，我覺得自己就像一盞節能燈。」

薩科吉坦承，歐元危機將他和梅克爾的命運交織在一起。二〇〇八年，梅克爾榮獲查理曼獎（Charlemagne Prize），薩科吉在亞琛（Aachen）為她慶祝。亞琛是德國最西部的城市，靠近比利時和荷蘭邊境。這位熱情洋溢的法國總統說：「我非常欽佩這位來自東德的女士。她本來是鐵幕後的一個小姑娘，竟然能成為德國總理

1 譯注：一九四九年德意志聯邦共和國（西德）為了因應國家即將分裂，並保有日後德國統一的法理基礎，因此在美、英、法三國的指示下，由波昂立法會議制定《德意志聯邦共和國基本法》（Grundgesetz für die Bundesrepublik Deutschland），作為規範憲政民主秩序的根本大法。在東、西德統一後，基本法就成為德國的正式憲法。

並領導有二十七個成員國的歐盟，這樣的歷程實在不可思議！」接著，他轉頭過去對紹爾說：「梅克爾先生，我得告訴你，我和安格拉有如天作之合。她是個勇氣十足的女人。過去一年，我真的很敬佩她。」薩科吉自以為風趣，紹爾博士卻笑不出來。

儘管薩科吉失言，但對這兩個老對手而言，仍是歷史性的一刻。梅克爾抓住這個機會說明為什麼拯救歐元和約束希臘不只是經濟問題。「為什麼我們要花那麼多的時間耗費精神談判，以達成共同的目標？因為如果歐元完蛋，歐洲也完了。」畢竟共同的貨幣和開放邊界，對統一的歐洲來說至關重要。

由於梅克爾和薩科吉是處理歐元危機的親密戰友，法國媒體索性把兩人的名字合體為「梅科吉」（Merkozy）。德國太富有、太穩定，而且對歐陸其他國家——甚至是法國而言——太重要了。加上義大利的情況也愈來愈不妙，因此梅克爾和薩科吉對希臘總理帕潘德里歐（George Papandreou）及義大利的貝魯斯柯尼下最後通牒：他們要是不接受歐盟監督，就無法獲得紓困。看來他們已別無選擇。

儘管達成協議，還是有一定的代價。基民／基社聯盟的國會領袖考德（Volker Kauder）公開聲明：「突然間，現在歐洲都說德語了。」他指的是德國在拯救歐元任務扮演的領導地位——這種大話讓梅克爾皺眉蹙額。她不想給人德國人主宰歐洲的印象。這是她的噩夢，然而她也得承擔一部分的責任。在幾百萬人受苦受難時，她還在磨蹭，過了很久才知道人類必須為全球經濟衰退付出什麼樣的代價。她輸掉了這場公關戰爭。德國不只是歐洲最富有的國家，也在她珍視的聯盟中扮演關鍵角色——她別無選擇，只能伸出援手，救那些不幸的國家，即使他們的經濟被搞爛是自作孽的結果，遑論這場全球金融危機的始作俑者，是華爾街那些利欲薰心的銀行。這些都發生在安格拉．梅克爾的眼皮子底下，因此收拾這個爛攤子成了這位總理責無旁貸之事——畢竟德國是歐洲最富裕且管理最佳的經濟體。

雖然在那些年間，梅克爾多次同意提供希臘紓困貸款，但由於她的反應過於遲緩，致使痛苦延長。在很多人的生活直接遭受衝擊時，她處理問題的方法實在緩不濟急。對許多人來說，梅克爾的過於謹慎也容易招人誤解，以為她對別人的痛苦無動於衷。

梅克爾曾解釋過，在危機期間，她的睡眠時間很少，是靠儲存的能量維持下去的。一旦危機解除，她已累到爬不起來。對她來說，出現在公眾面前要比解開盤根錯節的問題更累人。避免衝突和麻煩也可節省氣力。她曾說自己像一盞「節能燈」，這樣的描述很貼切。如果自我夠穩固，就不需要每天、每小時接受奉承，聽順耳的話，這也是一種優勢。她似乎已對羞辱免疫，不在乎別人說她什麼，她也不會羞辱別人。因此，她有足夠的精力來應付眼前的問題。如果複雜的問題令她心煩，難以招架，無論是她自己或德國，老早就累垮了。

二〇一五年，希臘人讓激進左派聯盟的齊普拉斯（Alexis Tsipras）登上總理寶座，似乎是為了反制梅克爾加諸在他們身上的撙節措施。齊普拉斯是個很有領袖魅力的年輕人。他在競選時提出的諾言之一就是債務減記，擺脫柏林為了第三次紓困施加在希臘身上的嚴厲措施。但是不久後，這位新當選的希臘總理就對梅克爾屈服了。

齊普拉斯的財政部長瓦魯法斯克（Yanis Varoufakis）講述梅克爾如何透過「心理操縱和不可思議的勤奮」征服他的老闆。

安格拉．梅克爾建議在歐盟晚宴結束後兩人好好談談。齊普拉斯打算利用這個

機會遞上文件（建議終止歐盟對希臘的撙節方案）。但晚宴幾乎拖到半夜，齊普拉斯以為他沒機會跟梅克爾私下密談。沒想到梅克爾精神還好得很，她帶他到隔壁的會議室，花了好幾個小時跟齊普拉斯研究協議文件上的每一個句子……最後，大功告成（根據紀錄，兩人總共談了四個小時），梅克爾稱讚說這份文件寫得很好……她的讚美、她的勤奮，以及她對希臘紓困案的細節瞭若指掌，這些都讓齊普拉斯印象深刻。

原本齊普拉斯希望德國能放鬆控制預算的繮繩。儘管他和梅克爾徹夜不眠地討論，結果不但沒能如願，他反而同意了梅克爾提出的條件——包括提高稅收、削減開支，以換取第三次的紓困貸款。

二〇一五年七月十三日上午，經過一整夜的談判，梅克爾在歐盟布魯塞爾總部面對電視臺的攝影機，宣布「希臘脫歐」的危機已經解除，希臘會繼續留在歐盟。

2 梅克爾很少解釋她的決定，但她和齊普拉斯達成的協議，包括在希臘強制實施撙節措施，希臘政府必須負起責任治理好國家、致力於經濟成長等。希臘本已步上正軌，經濟漸有起色，直到二〇二〇年新冠病毒來襲，這波新冠肺炎疫情，又將希臘經濟打回衰退原形。

這位明顯疲憊不堪的總理以其典型簡練的風格說道：「利大於弊[2]。」在場的記者烏里希（Bernd Ulrich）對她的聲明詮釋如下：「各位，這真的很難。過去幾個月（幾年）我做牛做馬，就是為了讓希臘留在歐盟……這對歐洲來說，非常重要……但是呢，這不是什麼大不了的事。你們知道我是什麼樣的人！不管怎麼說，我得上床補眠了。」

說完，梅克爾就飛回柏林，在她自己的床上，睡了幾個小時。

德國人也許會依照烏里希說的來了解梅克爾的話，但是這位總理是在對更多的群眾發表演說，他們想聽到的是不同的訊息：發自內心的訊息。儘管她把希臘從危險的邊緣救回來，仍然得不到應得的功勞。

然而，這個時期最可怕的副產品並非梅克爾的形象受到打擊，而是德國另類選擇黨（Alternative für Deutschland）的誕生。這是自第二次世界大戰落幕後第一個成功挺進國會的右翼民粹主義政黨。在歐盟為了希臘紓困之亂焦頭爛額之際，這個政黨趁機崛起。現代民粹主義在德國及其他地區的興起，可追溯至二〇〇八年出現的第一波銀行倒閉潮。但這個新運動的重要性直到二〇一六年才引起梅克爾的注意。在那之前，危機四起，她忙著滅火，也就看不到這個禍根已悄悄萌芽、蔓生。

二〇一四年，梅克爾為了尋求和平解決普亭在烏克蘭發動的戰事而進行的穿梭外交。由於她是唯一可以跟普亭溝通的領導人，因此代表西方跟他談判。從這張飛航路線圖可看出她是如何疲於奔命。

圖片來源：Courtesy Daniel Baer/Twitter

第十二章

於烏克蘭交鋒

若無法和平解決問題，戰爭只是一種懦弱的逃避。

——湯瑪斯．曼（Thomas Mann，一八七五～一九五五），美籍德國作家

如果歐元區的危機迫使梅克爾承擔穩定歐洲金融秩序的重責大任，俄羅斯在烏克蘭挑起的戰爭，則強迫她扮演自己不願扮演的角色，她更不希望由德國來肩負這項任務，也就是擔任西方的政治領袖。這個角色讓人筋疲力竭，神經緊繃。在烏克蘭，梅克爾將展示她高超的談判技巧，然而在一個愈來愈無法無天的獨裁時代，她那努力不懈、奮戰到底的外交風格也會顯露束手縛腳的窘況。要秉持原則、小心謹

慎的梅克爾與克里姆林宮的專制獨裁者同場較勁，真是一點也不公平——畢竟德國總理受制於憲法，行政權力受限甚多。然而，梅克爾證明，她能在其他人不願意（或不能）站出來的時刻，勇敢地面對普亭。隨著危機升溫，梅克爾將成為民主原則最堅定的捍衛者。自冷戰結束以來，除了二十世紀九〇年代巴爾幹地區的血腥戰爭，民主原則正面臨最嚴峻的挑戰。

烏克蘭是歐洲面積第二大國，長期以來一直是地緣政治衝突的受害者。希特勒和史達林都曾覬覦這片位於歐洲大陸邊緣的地區，因為這裡有肥沃的農地、豐富的自然資源，包括鐵礦石、天然氣和石油；此處也是橫跨東西方的重要樞紐，具有策略價值。事實上，希特勒和史達林掌權時，在烏克蘭死亡的人數要比歐洲其他地方來得多。對希特勒來說，烏克蘭大量的猶太人口使該地區成為大規模屠殺的理想目標。在他之前，史達林則想透過集體化和工業化，讓這個蘇聯人口第二多的地區屈服，掠奪農民的產品，使他們成為乞丐，然後在二十世紀史上第二嚴重的人為饑荒中變成死屍（史上最嚴重的饑荒則是一九五九～一九六一年間，發生在中國的大饑荒）。創造「種族滅絕」（genocide）一詞的波蘭律師蘭金（Rafael Lemkin）稱烏克蘭是「蘇聯種族滅絕的典型之例」。

一九九一年蘇維埃帝國解體後，烏克蘭的土地和人民被希特勒及史達林榨乾，沒有民主傳統可以依靠，在各種貪腐或半腐敗的共產黨領導人控制下，掙扎了數十年。二〇一四年，似乎悲慘的命運有了轉機。就在這時，普亭開始對這個長久以來飽受苦難的國家大肆宣揚俄羅斯的舊主張，烏克蘭因而吸引全世界的注意力，梅克爾、普亭和三位美國總統都被吸進這個漩渦。危機的根源在於普亭意欲恢復俄羅斯在世界大國中的歷史地位。為了實現這個目標，他必須恢復古老的帝國。因此，他需要烏克蘭這個位在歐洲東部和東北部的近鄰進入俄羅斯的軌道，對莫斯科效忠，避免他們倒向華盛頓或布魯塞爾。

這場風暴起於二月，當時烏克蘭正準備和歐盟簽署一項廣泛的政治與經濟協議。這項協議將使烏克蘭與歐洲其他國家進行有利的貿易，烏克蘭在政治上向西方靠攏，同時有望成為歐盟的會員國。普亭決心阻止這項協議，他對烏克蘭貪腐的總統亞努科維奇（Viktor Yanukovych）施壓，要烏克蘭加入俄羅斯自己的歐亞經濟聯盟——這是他為了和歐盟及中國分庭抗禮建立的政治、軍事和經濟聯盟。普亭認為，如果他開一張一百五十億美元的支票，購入烏克蘭國債，就能收買不安分的民眾，並拯救烏克蘭搖搖欲墜的經濟，條件是烏克蘭必須退出與歐盟的自由貿易協議。

但事情有了意想不到的轉折。無畏、年輕的示威者湧入基輔的古老街道，高喊：「亞努科維奇下臺！」接下來幾天，人群不斷膨脹，也愈來愈大膽，他們的呼喊震天價響，要求終結貪腐，以免國家的未來被榨乾。他們要亞努科維奇履行承諾，和歐盟簽署協議。這些抗議行動讓普亭暗暗心驚，回想起一九八九年他在德勒斯登看到的。他認為暴民統治正在俄羅斯「利益範圍」的領土內蔓延。他被最可怕的噩夢驚醒。

二月十八日，亞努科維奇的軍隊對在基輔獨立廣場（Maidan square）示威的民眾開火，屠殺了一百名抗議者，一場和平抗議就此演變為革命。三天後，亞努科維奇無法控制民眾，擔心自己會沒有好下場，就像其他被鄙視的獨裁者一般，逐逃往俄羅斯避難。聽到這個消息，獨立廣場上的民眾歡聲雷動。

亞努科維奇出逃，烏克蘭出現權力真空，有兩位對獨裁機制非常熟悉的國外觀察家了解此事非同小可。梅克爾也知道這是不可忽視的危機。

普亭則抓住這個機會，先發制人。

「偽裝」（Maskirovka）是俄羅斯軍隊在上個世紀初發展出來的一種戰術，簡單地說，就是欺騙、否認和散播假消息。二月二十七日，在亞努科維奇出逃一個星期後，一支沒穿制服的雜牌軍——包括參加過阿富汗戰爭的蘇聯老兵、俄羅斯情報人員、親俄的烏克蘭人和雇傭兵——占領了克里米亞首府辛菲洛普（Simferopol）的公共建築、黑海主要港口塞瓦斯托波爾港（Sevastopol，俄羅斯在那裡設有海軍基地）及頓涅茨克（Donetsk）、盧甘斯克（Luhansk）、哈爾科夫（Kharkiv）等東南城市，宣布烏克蘭獨立。

烏克蘭軍力薄弱，不堪一擊。多年來的軍紀鬆散和腐敗，這支三萬人的軍隊根本如同烏合之眾，抵禦不了現代俄羅斯的軍事入侵。亞努科維奇政府甚至已經把國防部所在的大樓出售。驚恐很快在華盛頓特區——五角大廈和白宮——蔓延開來。在歐巴馬總統任期內，負責俄羅斯及烏克蘭事務的五角大廈官員法卡斯（Evelyn Farkas）說道：「我們擔心俄羅斯會得寸進尺，繼續向烏克蘭在亞速海（Sea of Azov）的唯一主要港口馬里烏波爾（Mariupol）推進。」

俄羅斯突然舉兵入侵，美國幾乎和烏克蘭一樣沒有心理準備。法卡斯承認：「我們一直有俄羅斯軍隊現代化的情報，也提升了行動威脅的層級。」儘管俄羅斯在二〇〇八年以支持南奧塞梯亞民族獨立運動為由，出兵鄰近的喬治亞共和國，但這場衝突被視為「獨立事件」。冷戰早已結束，在二十一世紀的歐洲，任何一個國家都不該進軍鄰國。法卡斯回憶說：「政府中的政策制定者並不關心這個問題。現在，華盛頓建議烏克蘭軍隊待在自己的駐防地，以避免流血衝突。」

俄羅斯會有這樣的舉動，梅克爾則不驚訝。她不曾幻想普亭會變成一個熱愛自由的民主人士。儘管如此，她知道他喜歡財富，希望西方透過創新取得財富的例子能讓他見賢思齊，實行比較開放、對歐盟友好的政策。在二〇一四年之前，對歐盟管理烏克蘭的政策，梅克爾一直抱持樂見其成的態度。她以為烏克蘭不是大問題，用不著擔心。為了歐洲安全的願景，俄羅斯已簽署了無數的協議和文件，承諾尊重彼此的邊界和主權，但普亭的入侵粉碎這樣的願景。從俄羅斯進軍烏克蘭和併吞克里米亞來看[1]，普亭現在確定俄羅斯的未來不是成為西方的一部分，而是與之對抗。

在西方的驚愕之下，普亭依然繼續行動，並吐出一大堆謊言和不同版本的說

1 克里米亞是黑海北岸的一個半島，在歷史上曾多次易手，不是歸烏克蘭，就是屬於蘇聯，但自一九五四年以來，則正式劃歸烏克蘭管轄。

法，把蘇聯時代塵封已久的劇本直接拿來使用。克里姆林宮宣稱：「非法的法西斯軍政府威脅基輔和克里米亞的俄國人。」同時利用社交媒體等通訊工具助長當地暴民的氣焰。由於克里米亞俄羅斯人口眾多，很容易聽信這些謊言。在重要的工業中心頓涅茨克，親俄民兵身穿迷彩服，拿著簡陋的武器衝進議會，揮舞蘇聯和沙皇時代的旗幟（甚至拿出令人懷念的鐮刀錘子旗）。普亭聲稱，克里米亞的人民要求俄羅斯干預——這其實是俄羅斯的幻想，和一九五六年克里姆林宮鎮壓匈牙利革命的說法如出一轍，又如蘇聯一九六八年派遣坦克到捷克輾壓布拉格之春。甚至早在一九四八年，莫斯科就在冷戰初期的對抗中，用同樣的劇本為蘇聯對西柏林的封鎖進行辯護。但冷戰應該早已落幕。

至於西方該如何因應，各國領導人意見分歧。要歐巴馬跟普亭周旋，他既沒有耐心，也沒有人認為他具備這樣的能耐，更別提他曾公然嘲諷普亭。他曾說：「如果普亭真的有自信，也就不必動不動就脫下襯衫，赤裸上身。」將俄羅斯稱為「地區強權」也無助於雙方的關係。梅克爾和歐巴馬不同，她沒有餘裕公開發表對俄羅斯獨裁者的看法。基輔距離華盛頓特區五千英里，但離柏林只有七百五十英里。因此，普亭不是她可以輕蔑的人。

不出所料，梅克爾主張用外交手段來解決問題。歐巴馬的歐洲事務助理國務卿努蘭德說道：「梅克爾認為自己可以跟普亭對話，甚至能跟他講道理。她常提醒我們說：『讓我想辦法使他軟化一點吧。』又說：『我是科學家。我喜歡拆解問題，把問題分解到最小、也最容易處理的單位。我不會讓情緒成為障礙。最重要的是找到解決方案。』」儘管歐巴馬懷疑梅克爾是否真能解決問題，但他想不出更好的辦法，只能請她負責處理，代表西方跟普亭合作。他的決定是基於他個人討厭跟普亭打交道以及尊重梅克爾的能力。

普亭很少跟不欠他人情的外國領導人長談。梅克爾是個例外。她不是急於擔任普亭和西方的調解人，也沒把目光放在諾貝爾和平獎上——她不需要用獎項來驗證自己的能力，即使是如此崇高的獎項也不是她追求的目標。她只是覺得，自己是最有資格做這件事的人，因此當仁不讓。歐洲理事會主席范宏培（Herman Van Rompuy）畏懼普亭，因此不想跟他談判。普亭會把沉默當武器，似乎只有梅克爾對這種威脅免疫。即使他使出 KGB 的招數，她也能見招拆招。

普亭和梅克爾兩人都勢在必得，但普亭不像她，不惜動用武器來達成目的。俄羅斯軍隊——不管是否穿了制服——已在烏克蘭的頓巴斯（Donbas）、頓涅茨克、盧甘斯克行動，用炸彈和坦克將民眾逐出家園，並壓制護衛自己國家的烏克蘭人。同時，普亭則春風滿面地出席絢麗的索契冬奧閉幕式。

在俄羅斯進軍烏克蘭期間，梅克爾按捺著怒氣跟普亭交談了三十八次。梅克爾談判團隊成員伊辛格說：「他們每天聯絡。她耐心地跟他談，希望這個咄咄逼人、虛誇強辯的獨裁者能收斂一點。」儘管他已無端掀起戰火，而且是一場邪惡的戰爭，她仍想給他一個懸崖勒馬的機會。不管她個人的觀點如何——即使說嫌惡也不為過——她還是希望能說服他，讓他能回到現實。伊辛格解釋說：「她是如此理性的一個人，認為最後應該能讓他明白，在二〇一四年公然侵犯一個國家的邊界是沒有意義的。」儘管她迫切希望普亭能把到嘴的肥肉吐出來，但她也在拖延時間。烏克蘭軍隊鬆弛已久，需要重整——即使不是為了擊敗裝備精良的俄羅斯軍隊，至少也要能阻止其前進。

普亭和梅克爾通常會以俄語展開對話，但如果梅克爾想要精確地傳達意思時，就會改用自己的母語。首先，她試著跟他講道理：「你已違反國際法。」她總是用平輩間的第二人稱「Du（你）」跟他說話。不過，他仍然持續說謊，否認進軍烏克蘭的是他的軍隊，甚至狡辯說：「任何人都買得到我們的軍服。」

為了向他證明說謊者必須自食惡果，接下來，梅克爾不跟他說話。她知道，俄羅斯無法承受跟歐洲大陸上最重要的貿易夥伴決裂。然而，即使普亭的突擊隊已攻下克里米亞地區議會及兩個機場，有整整六週，他仍在幻想：入侵烏克蘭的軍隊不是俄羅斯人。梅克爾向歐巴馬抱怨說：「他活在自己的世界裡，與現實脫節。」

當時在白宮擔任國家安全副顧問的布林肯回憶說：「她跟普亭講完電話後，就會打電話給歐巴馬，說道：『那個人老是說謊，我實在不知道該拿他怎麼辦。』歐巴馬笑道：『我也有同感。』」普亭不一定希望別人會相信他。他的謊言是一種嘲弄。如果一個人不願承認自己的立場，如何跟這樣的人談判？普亭在KGB的訓練下，成了散播混亂和懷疑的高手，務實外交不是俄羅斯人的套路。

然而，他的虛張聲勢是梅克爾應付得來的。德國駐華盛頓大使哈珀（Emily Haber）觀察梅克爾的談判方式，說道：「她用最簡單、幾近幼稚的語言重述對方的話，讓對方的戲演不下去。普亭滔滔不絕地講述他的『國家利益』或『過去的怨恨』，梅克爾則把他方才說過的話化約成三言兩語，如此一來，他的話聽起來就沒那麼冠冕堂皇。」她的目的是讓對手說出自己到底想要做什麼，去除多餘的詞藻，才能好好談判。

在危機一觸即發那幾個禮拜，每一個看到梅克爾的人都認為她把情緒控制得很好。前美國駐歐洲安全與合作組織（OSCE）大使貝爾（Daniel Baer）說：「我一直在想，俄羅斯無端掀起這場危機，她必然氣得不得了。但我沒看過她生氣。她的表情像是在說：『我無法承受憤怒的後果。一個人若是碰到小問題，也許可以發怒。但我不行。我要面對的問題太大了。』」多年前，梅克爾就曾描述過這種時刻。她說：「我必須心無旁騖、全神貫注，像一個走鋼索的人，只能想下一步要怎麼走。」她沒有可與普亭匹敵的坦克和神出鬼沒的軍隊，在這場戰鬥中，她的武器是專注和鋼鐵一樣的決心。

倫敦、巴黎和華盛頓都有人主張輸送重型武器到烏克蘭，助絕望的政府軍一臂之力。梅克爾反對。她認為武器非但無法解決大多數的衝突，反而經常導致衝突升高。再者，她的同胞不喜歡動武。（根據二〇一五年一項民意調查，即使盟國遭受攻擊，六〇%的德國人仍反對使用武力。）更遑論根據德國憲法，德國軍隊不是總理可以直接指揮的[2]。

有些人認為，德國聯邦共和國及其總理對歷史矯枉過正。這些批評者忽略了一個關鍵差異：對很多西方人來說，「歷史」意味第一次和第二次世界大戰。梅克爾的史觀則是在冷戰中形成的。西方透過圍堵、耐心和戰略最終打敗了蘇維埃帝國。當蘇聯坦克轟隆隆開進匈牙利、捷克或東柏林，北約軍隊並沒有解放這些地區。有人問梅克爾：西方為什麼不給烏克蘭重型武器，讓他們抵禦普亭的入侵？梅克爾如此解釋：

「當我還是一個七歲的孩子，我看到了那堵長長的圍牆。雖然這嚴重違反國際法，但當時沒有人認為應該進行軍事干預，以保護東德人民。我百分之百相信，我們的原則終將獲得勝利。沒有人知道冷戰什麼時候會結束——但後來確實結束了。」

在共產制度底下存活的安格拉·梅克爾親自體驗解放——不只是她自己的解放，還有國家的解放——而且沒流一滴血。此時，在她心中，謹慎的現實主義已戰勝憤慨的理想主義。

---

2 如德國本土遭受直接威脅，需動用武力則必須獲得聯邦議院三分之二以上表決通過。若盟國遭受攻擊，則不構成防衛狀況，得依據北大西洋公約的規定對盟國提供軍事支援。

二〇一四年三月十六日，克里米亞自治共和國政府舉行公投，讓克里米亞選民決定是否從烏克蘭獨立，加入俄羅斯聯邦。那時，克里米亞已在俄羅斯的炮口下，加上境內的俄羅斯人占六成，公投結果倒向俄羅斯也就不讓人驚訝。三月十八日，普亭得意洋洋地宣布：「就人民的情感和理智而言，克里米亞一直是俄羅斯不可分割的一部分。」一個月後，他終於承認，那些「小綠人」——亦即沒配戴徽章、在年初占領克里米亞的祕密武裝人員——就是俄羅斯軍人偽裝的非正式部隊。

此時，華盛頓的共和黨外交政策機構支持提供武器給烏克蘭，但是歐巴馬政府內部主張這麼做的是少數，因此遭到否決。白宮擔心這場衝突會演變成俄羅斯和西方之間的代理戰爭。由於歐巴馬尊重梅克爾的判斷，梅克爾在這個決定中占據了重要地位。

依歷史學家史奈德（Timothy Snyder）之見，這個決定是個錯誤。他告訴我：「梅克爾和歐巴馬該提供飛彈等致命武器給烏克蘭人，讓他們為自己的生存而戰。如此一來，就可以向世界表明，他們認為俄羅斯的入侵非常嚴重。」只是西方主要談判者毫不動搖。梅克爾已經看到了伊拉克和利比亞衝突的後果，認為就軍事對抗而言，烏克蘭絕非俄羅斯的對手。她也有先見之明，知道坦克和大炮並非二十一世紀最危險的軍事武器。她在二〇一五年的慕尼黑安全會議上說：「我非常擔心非軍事的混合戰（hybrid warfare）。這種新型態的戰爭將破壞民主制度、滲透我們的媒體，左右輿論。」未來的戰場在網路和媒體上，假消息將滿天飛。事實證明，對這種戰爭的操控，普亭要比西方的領導人來得靈活，也更得心應手。

布林肯說：「我們知道假消息在社交媒體上流竄，也計劃反擊。我們曾去矽谷，討論對付俄羅斯假消息的方法。但我們還是低估了社交媒體的影響力。」二〇一六年，歐巴馬和競選總統的候選人希拉蕊．柯林頓就被俄羅斯的「僵屍網軍」搞得灰頭土臉。

將訊息變成武器，釋出具有殺傷力的假消息一直是俄羅斯在西方散播異議的手段，而且成本低廉。這不是指各國不會經常監聽對方的電話，但有一個不成文的規定，也就是各國不能公開他們蒐集到的訊息。然而，在二〇一四年二月，普亭的軍隊攻擊脆弱的烏克蘭時，為了轉移全世界的注意力，套用史奈德的話，他拿出一種「亮晶晶的小玩意兒」，刻意讓美國助理國務卿努蘭德與美國駐烏克蘭大使派亞特（George Pyatt）的對話洩漏出去。兩人在對話中評論烏克蘭的幾位政治人物。派亞特還抱怨歐盟行動不夠果決，努蘭德則說：「去他媽的歐盟！」這段錄音在網路上瘋傳了一陣子，似乎傲慢的惡霸是華盛頓，而非莫斯科。

梅克爾對努蘭德在電話裡的口不擇言很不滿。雖然這位總理偶爾也會讓粗言穢語脫口而出，但通常是對某種失誤的反應。（在描述政治或媒體混亂時，她常用「shitstorm」〔狗屎風暴〕一詞來形容。）由於她在東德長大，因此對監聽提高警覺，絕不會在電話中說溜嘴。梅克爾的外交政策顧問霍伊斯根請努蘭德寫信向梅克爾道歉，努蘭德在信中承諾她以後必然會好好注意外交禮儀。

在談判期間，梅克爾有時也會偽裝。她知道普亭想獲得國際社會的肯定，渴望加入歐洲和北美的富國精英俱樂部，也就是G8高峰會，因而藉此給他雙重打擊。普亭為了二〇一四年的索契冬奧花費了巨大的心血和數百萬盧布，這個精心打造的奧運城市接下來將舉辦G8高峰會，屆時普亭就可以地主的身分展現俄羅斯帝國的榮光。但梅克爾壞了他的好事。她宣布原定六月在索契舉行的G8高峰會取消，改成G7高峰會在布魯塞爾舉行，而俄羅斯將不在與會的七大工業國之列。顯然，這是為了制裁俄羅斯併吞克里米亞。展現軟實力是梅克爾的長處——她證明軟實力確實可以給普亭一擊，挫挫他的銳氣。

二〇一四年春夏，俄羅斯軍隊在東烏克蘭造成數以千計士兵和平民傷亡，並俘虜了一些人。普亭和梅克爾的談判陷入僵局。接著，發生了一個可怕的事件，普亭重新燃起歐巴馬對結束衝突的興趣──歐巴馬也支持梅克爾這麼做。

七月十七日，普亭很難得打了通電話給歐巴馬，說道：「總統先生，我收到關於發生在烏克蘭上空的空難報告……」歐巴馬一邊跟普亭交談，一邊向助理示意，要他們向情報部門查核此事。歐巴馬掛上電話，他的電腦螢幕出現駭人的畫面：許多屍體和肢體殘骸飄浮在烏克蘭東部上空中，而俄羅斯軍隊仍在那裡跟當地人作戰。那架遭遇不測的飛機是馬來西亞航空編號MH17從阿姆斯特丹飛往吉隆坡的班機，在烏克蘭東部上空意外遭到親俄的烏東分離主義份子發射飛彈擊中，機上二百九十八人全部罹難，包括多名準備前往澳洲參加國際愛滋病研討會的專家。

第二天，白宮得出結論，飛機是被一枚俄羅斯製造的地對空導彈擊落，該導彈發射自烏東分離主義份子的地盤。通常，普亭的回應是假裝悖然大怒，接著是激烈的否認，聲稱這是假消息，指控西方官員和媒體對俄羅斯有偏見。儘管普亭極力撇清，這種國家支持的恐怖主義在國際社會引發強烈的憤慨。有澳大利亞、比利時、馬來西亞、烏克蘭和荷蘭等五個國家直接受到這樁悲劇的影響，其中荷蘭人在罹難者中占六成之多[3]。

一架民航機竟會被飛彈擊落，這件事在歐巴馬政府引發風暴，華盛頓和柏林的關係也出現變化。歐巴馬的幕僚長麥唐諾和梅克爾的幕僚長阿特麥爾設立了熱線電話。過去，歐巴馬認為跟普亭接觸是浪費時間，之後只要梅克爾交代一聲，他就全力以赴。從此，兩人步伐一致，密切合作。歐巴馬經常指示助理：「幫我接通安格拉的電話。」

那年九月，北約在威爾斯舉行會議，西方聯盟決定「重振」其軍事和防禦能力，承諾建立一支長駐東歐的快速反應部隊。歐巴馬總統又回到他曾迴避的傳統大西洋主義模式，支援「轉向亞洲」（pivot to Asia）。他敲打桌子，呼籲所有北約成員國增加國防經費。他向助理抱怨，說到軍事開支，那些成員國只會「膨風」。（在梅克爾擔任總理的十六年中，未曾在任何一場演講中提及德國的軍事力量薄弱。她了解這個主題不受歡迎。而且她的心思顯然不在說服她的同胞。）

於此同時，梅克爾對自己的說服力很有自信。她在其他歐洲領導人的協助下，繼續跟普亭周旋。同一個月，她來到白俄羅斯明斯克（Minsk），在華麗的獨立宮和普亭俯身盯著一張包含爭議地區的地圖，就烏克蘭的命運進行談判，有時一談就是十五個小時。梅克爾日夜坐在談判桌上，忙到不知幾點，只能從端上來的食物來判斷時辰，如烤肉或是麵包和果醬。

梅克爾準備了空拍圖、戰場地圖及俄羅斯軍隊進展的最新情報。她說，她對俄羅斯入侵的每一個細節都瞭如指掌：民兵每日行動、占領的前哨站以及造成多少人傷亡。她曾說：「我想，我知道頓巴斯的每一棵樹。」她的武器就是對事實的掌握，而不是坦克、槍炮和飛彈。有了事實，她就可以試著要普亭承擔責任。她極力要求立即達成停火協議，並將重型火炮從前線撤出。她指著烏克蘭東部一個有三十戶人家的小村莊羅維諾夫（Lohvynove）說，俄羅斯支持的分離主義份子剛剛攻入這個村子。她質問普亭，這可是他恢復俄羅斯帝國榮光的方式：侵略一個沒有特別

3　二〇二〇年三月，經過六年的調查，荷蘭法庭開庭，對四名涉嫌擊落馬航MH客機的嫌犯進行審判。這四人與俄羅斯安全部門有關，被控犯了二九八項謀殺罪（每一項都可判處無期徒刑）。根據調查小組掌握的資料，這四人與一名俄羅斯高級官員「天天連絡」。此人就是普亭的親密顧問蘇爾科夫（Vladislav Surkov），即克里姆林宮對烏克蘭政策的地下負責人。

意義的小村子，村民不曾威脅任何人，但可能活不過今晚？

在他們談判時，有時普亭會離開一下，把他的助理蘇爾科夫（Vladislav Surkov）找來，在梅克爾面前，一個扮白臉，一個扮黑臉。普亭知道蘇爾科夫那目中無人、唯我獨尊的樣子必然會把梅克爾惹火。他傲慢粗暴，一副毫不掩飾的流氓嘴臉，讓人一看就知道他是普亭的打手。的確，梅克爾覺得這個克里姆林宮特務比普亭更難纏，使她難以保持鋼鐵般的自制。蘇爾科夫對他的老闆忠心耿耿，稱他為「俄羅斯的戴高樂」，還說：「俄羅斯要成為獨行俠或是領導各國的老大哥，必須由俄羅斯人民來決定。」蘇爾科夫和他老闆的偏好，可說昭然若揭。

明斯克談判室的門開了一條小縫時，記者窺見梅克爾還俯身盯著烏克蘭地圖。一位目擊者說：「裡面有很多官員已呼呼大睡，包括法國外交部長法畢斯（Laurent Fabius）。」梅克爾和普亭依然聚精會神。

到了最後階段，普亭和烏克蘭新總統波洛申科（Petro Poroshenko）坐在一起，呈現一幅占領者和被占領者同席而坐的奇景。法國總統歐蘭德坐在梅克爾身旁。前東德總理、也是梅克爾過去在東德的政治導師羅特．德邁齊爾說：「安格拉不曾單獨談判……她不想被視為歐洲的領導人……即使事實上她已是這樣的人。」這場漫長的談判馬拉松終於在第二天早上，也就是九月四日上午十一點來到終點。「我們滿懷希望。」疲憊不堪的梅克爾對久候的媒體宣布停火協議。

雖然她不知道這場停火協議能維持多久，但是普亭已經在文件上簽名，她會要他負起責任。人命終究還是可以拯救的。她鑽進一部黑色轎車，前往機場。她終於能夠返回柏林的家，好好睡個幾小時。

理論上，烏克蘭戰火暫時撲滅了，但克里米亞依然是在俄羅斯的占領下。不過，梅克爾手上還有一種強而有力的武器：經濟制裁。這位總理對自由市場懷抱堅定的信仰，因此不願對德國企業施壓。她知道對俄羅斯進行經濟制裁，對自己國家的經濟亦將帶來很大的衝擊，企業領袖對她的支持同樣會受到影響，但她也知道，德國對俄羅斯的制裁是重要關鍵，普亭才會明白他無法為所欲為。只有透過制裁，才能挑戰普亭和他親信的底線，讓他屈服。

然而，普亭相信德國企業會阻止梅克爾這麼做。如果實施經濟制裁，雇用三十萬名的員工的六千家德國公司，德俄年度貿易總量將縮減四分之一以上。儘管如此，她仍然說服了重要企業主管以歐洲的長期安全做為最重要的考量，讓他們相信這比利潤來得重要。當然，不管是汽車製造商或大藥廠都高興不起來，畢竟為經濟制裁付出的代價將多達數十億美元，並使數千個工作崗位受到影響，但他們還是決定配合，支持政府。德國銀行也將從俄羅斯撤出，不再挹注資金給俄羅斯的銀行、國營企業和商人。

梅克爾號召其他二十六個歐盟成員國團結起來，一起對俄羅斯經濟制裁。匈牙利和義大利遲遲沒有行動，因為他們把跟俄羅斯的貿易和其他關係，放在歐洲團結之前，而法國只願意暫緩與俄羅斯的武器交易。但在接下來的十八個月，所有歐盟會員國都同意對俄羅斯進行第三輪制裁，且對普亭及其親信實行旅行禁令、凍結銀行貸款，只要俄羅斯不放棄入侵烏克蘭，歐盟和美國就會繼續切斷俄羅斯的生意，並砍斷其國際金融市場的大動脈。美國和歐盟的協調可謂一大壯舉，一支多達幾百人的團隊負責管理各個層面。但化繁為簡，把問題拆解成許多部分，各個擊破，正是梅克爾最擅長的，建立共識也是。如果沒有她，歐盟就無法團結起來。七年來，俄羅斯經濟元氣大傷，普亭似乎得到教訓。至少，現在看來，前蘇維埃帝國底下的國家安全無虞。這是不完美的和平，但對梅克爾來說，依舊比全面開戰、生靈塗炭來得好[4]。

在二〇一四年和二〇一五年，有人見識到梅克爾的穿梭外交，描述說這就像是一場令人難忘的網球比賽。這場比賽持續進行，一次又一次的破發球局，交戰雙方完全不理會時間和天氣。前美國駐歐洲安全與合作組織大使貝爾是烏克蘭停火協議監察小組的成員。他在推特上發布梅克爾於二〇一五年二月十日該週的旅行行程：「週一基輔、週二柏林、週三莫斯科，接著是慕尼黑、華盛頓特區，再到渥太華、布魯塞爾，最後回到柏林。梅克爾總理似乎不知疲憊為何物。這個禮拜的行程看來就像是機上雜誌虛構的飛航路線圖。」但這不只不是虛構的，她還是一個六十多歲的婦女。

也許因為她已經累到骨子裡了——她前一天還在莫斯科和明斯克工作，梅克爾周三在慕尼黑一場全球政策制定者的集會上，發表了帶有感情色彩的演講。她以歷史做為開場白。說道：「猶太大屠殺（Shoah）是德國對所有文明價值的徹底背叛，在七十年前結束。經歷這場恐怖的浩劫以及數十年、數百年的流血衝突，我們有了新的國際秩序，以確保各國人民和平相處。」她指的是北約和歐盟，也就是最

4 這段時間夜以繼日辛苦談判的成果就是《明斯克協議》（The Minsk Accords）和《明斯克協議II》（Minsk Two），以確立烏克蘭領土的完整為目標。

近致力於終結烏克蘭戰爭的組織。她總結說：「目前，我們還不清楚昨天在基輔和莫斯科的討論是否能夠成功。無論如何，這值得嘗試。我們對烏克蘭人民負有責任。」對她來說，普亭入侵烏克蘭，無關利益的範圍或歷史恩怨，而是關於人民。梅克爾說，不管她能否成功，她的目的都是為人民追求和平。

下午兩點十五分，梅克爾離開慕尼黑前往華盛頓特區。在八個半小時的飛行中，她大部分時間都在準備與歐巴馬及其團隊會面。在她的行程表上，接著是巴伐利亞 G7 高峰會。最近 ISIS（伊斯蘭國）有死灰復燃的跡象，必須提高警覺。梅克爾在華盛頓特區降落時，當天氣溫攝氏十四度，溫和舒適，但她無暇享受。她直奔白宮，隨即被帶到橢圓辦公室。副總統拜登（Joe Biden）、國務卿凱瑞（John Kerry）、她的外交政策顧問霍伊斯根和她的發言人塞柏特已在那裡碰頭，談了好幾個小時，主要是討論烏克蘭的問題。之後，面對媒體時，梅克爾再次強調，這場戰爭不會靠武力取勝。有人提問，她是否意識到自己的談判策略有風險，她答道：「當然。但是如果我們什麼也不做，情況只會更糟。」歐巴馬站在這位疲憊不堪的盟友身旁，補充說：「如果能夠成功，那是因為梅克爾總理使盡全力。」

四年後，歐巴馬的繼任者不知是對梅克爾那超人般的毅力一無所知或者無動於衷，他對烏克蘭的新總統澤倫斯基（Volodymyr Zelensky）說：「你知道嗎？德國幾乎沒為烏克蘭做任何事情。」澤倫斯基知道事實並非如此，但他無法跟川普爭辯。

自二〇一四年以降，烏克蘭仍有零星戰鬥，戰事規模由俄羅斯決定，未曾完全偃旗息鼓。截至二〇一九年，約有一萬三千名烏克蘭人死亡，其中四分之一是平民。每個月約有十名烏克蘭公民為了保衛家園而犧牲。儘管如此，現在的烏克蘭要比普亭入侵前更加團結。從某個層面來看，普亭若訴諸武力強占烏克蘭，也就失去了烏克蘭。

但在其他方面，普亭似乎離目標更近了。過去，曾有成千上萬烏克蘭人在獨立廣場自豪地揮舞歐盟的藍底金星旗——這種欣喜早已消逝。普亭很清楚，只要他讓戰爭的餘燼悶燒，北約就不會讓烏克蘭成為會員國，這是北約組織章程的規定[5]。俄羅斯帝國可能不會擴張，其對手也不會。目前，戰事已經冷卻。對梅克爾來說，將衝突冰凍，有機會在未來取得進展總是比全面開戰要來得好。

不管如何，對普亭而言，除了致命的新導彈和裝甲坦克，烏克蘭戰爭還有一個好處，他還得以測試其他東西。那些厚顏無恥的謊言、網路戰和混淆視聽也都是他可以運用的武器，他就利用這些來擾亂下一屆美國總統大選。普亭獲得了新的權力，準備從賭注較低的地區衝突轉移到全球舞臺。

在那之前，梅克爾將面臨在歐盟內部爆發的重大危機。

5 譯注：依照北約章程，加入北約組織的必須是沒有處於戰爭狀態、沒有領土糾紛的國家。對北約來說，烏克蘭就像是一個炸彈，一旦爆炸，則會把北約拖進與俄羅斯的戰爭中。專家認為，烏克蘭要加入北約，必須達到一系列的標準，在二十年內恐怕無法獲得北約會員國的資格。

二〇一五年七月，梅克爾在羅斯托克安慰哭泣的巴勒斯坦女孩。她與女孩的情感交流使她做出總理任內最大膽、影響深遠的一項決策：開放德國邊界，收容百萬名中東難民。
圖片來源：YouTube

第十三章

黎恩的夏天

這是我的立場，我別無選擇，願上帝幫助我。

——馬丁．路德（Martin Luther，一四八三～一五四六），日耳曼宗教改革運動領袖

我們都應該向德國人學習如何對待難民。

——湯姆．塞格夫（Tom Segev），以色列歷史學家、納粹大屠殺倖存者之子

二〇一五年，歐洲難民危機日益嚴重。安格拉．梅克爾決定挺身而出，解決這個問題，德國因此成為這個世界的道德中心。在世界各國，仇外情緒逐漸高漲，但她反其道而行，打開德國大門，接納難民。沒有人想到這個生性謹慎的領導人會做出如此大膽、令人驚訝的決定。儘管梅克爾的是非功過尚未蓋棺論定，她的道德勇氣將與世長存。

一個十四歲的女孩怯生生地說著帶有些微口音的德語，緊張到聲音有點顫抖。這個名叫黎恩．沙維爾（Reem Sahwil）的巴勒斯坦少女，跟隨家人從黎巴嫩難民營來到德國，正面臨可能遭德國驅逐出境的命運。她會這麼緊張，是因為她正在跟德國總理說話。她說：「我不知道我的未來會如何。我們已離鄉背井，在這裡落腳，如果再次被連根拔起的話，會很可怕。我們在這裡過得很快樂。我有人生目標。我想在這裡上大學。」

那天是二〇一五年七月十五日，梅克爾在德國東北部、她家鄉附近的羅斯托克（Rostock），來到一個電視談話節目的現場。那個場景沒有任何特別的地方，節目製作單位總會精心挑選聰穎可愛的女孩，讓她們透過麥克風發言。政治人物常會和選民在這類場合見面、交談，而梅克爾總是採取自動駕駛模式。她老實告訴女孩：「政治是很艱難的事。每天有成千上萬的人來到這裡，如果不是因為戰爭被迫逃離自己的國家，就必須離開德國。如果我們說，來吧，每個人都可以來，我們根本無法應付這麼多人。」

女孩哭了。突然間，一切都變了。梅克爾對著麥克風發出一聲喟嘆：「噢，老天。」（Gott）她緊抿雙唇，眼神變得溫柔，接著向前，走到女孩身邊。

這突如其來的轉變，讓主持人嚇了一跳，於是對著麥克風，喃喃地說：「總理，這是個敏感的問題……」

梅克爾轉向不知所措的主持人，厲聲說：「我知道！」接著伸出一隻手輕拍黎恩的後背，喃喃地說：「噢，不哭，不哭。妳是個好女孩。妳表現得很棒。」很難說誰比較感動：是十四歲的難民少女，還是六十一歲的歐洲領導人？

近年來，湧入德國的難民人數急遽上升，二〇一二年有七・七萬人，二〇一五年已多達四十七・五萬人。難民潮始自二〇一四年，敘利亞和撒哈拉以南貧困國家的人民，因為戰亂被迫流離失所。不少難民橫渡愛琴海，登上如詩如畫的希臘小島，由於人數不斷激增，小島上的難民營擁擠不堪、生活條件惡劣，簡直成了地獄。由於傳言聯合國的世界糧食計畫署（World Food Program）將縮減給難民營的援救物資，更多難民湧向歐洲。西歐領導人通常認為這不是他們的問題，顧左右而言他——甚至蔑視難民。英國首相卡麥隆說他們「蜂擁而至」，而匈牙利的民粹主義總理歐爾班（Viktor Orbán）則下令在鄉下豎起警告牌，告訴難民：「你們搶不走我們的工作！」雖然土耳其提供了臨時庇護所，由於不發放工作許可證，難民又無法在短期內返國，也無法待在土耳其。

那些冒著生命危險從敘利亞到土耳其、希臘，橫越巴爾幹半島的倖存者——做父親的肩膀上扛著孩子，做母親的懷裡抱著嬰兒——現在正面對難民最不友善的國家。匈牙利雖是歐盟成員國，仍含糊其辭地藐視歐盟的人道主義價值觀，不願對難民伸出援手。二〇一五年夏天，歐爾班下令沿著匈牙利和塞爾維亞的邊界拉起帶刺的鐵絲網。攝影記者拍到匈牙利邊防軍揮舞著步槍，阻止男女老少從鐵絲網底下擠過去。梅克爾看到武裝警衛把筋疲力竭的難民趕進匈牙利和塞爾維亞邊境的鐵籠中，驚恐地說：「不管怎麼說，用暴力來對付尋求庇護的人，都不是正當的。」

梅克爾見到黎恩潸然淚下，之後這個難民少女的身影一直在她的心頭縈繞。她兩度邀請黎恩去柏林，聽黎恩述說過去四年她在羅斯托克的生活。她說，這個德國城市就像她的家。「我的朋友在這裡，我的房間在這裡，我的醫生也都在這裡。」她的腦性麻痺終於可在這裡治療。在這幾次見面中，總理和難民少女心中都有無限的辛酸和苦楚。黎恩說她可以理解總理，說梅克爾其實跟他們「一樣無助」。

那年夏天，悲慘的照片不斷從梅克爾熟悉的某處傳來：布達佩斯東火車站（Keleti Station）。年輕的安格拉．卡斯納在學生時代壯遊東歐，曾來到這個前奧匈帝國宏偉的門戶。然而，她所熟悉的這個地標，已成為歐洲對陌生人漠不關心的縮影。敘利亞難民聚集在這個車站高聳的拱頂下，搭起破爛不堪的帳篷。不久後有幾千人擠在這個臨時難民營，匈牙利政府既不肯給予他們庇護，也不讓他們繼續前進，因此他們被困在這裡。歐爾班宣稱自己是歐洲基督教的捍衛者，反對穆斯林「入侵」，並描述他們是潛在的恐怖份子。政府控制的匈牙利電視臺不准許難民兒童的身影出現在螢光幕前，以免人民質疑這些兒童怎麼可能是恐怖份子。很多難民認為自己無望搭上前往奧地利或德國的火車，只好步行到奧地利邊境。那年八月，有七十一人坐上冷凍貨櫃車，準備偷渡，這輛貨車卻被人蛇集團棄置在奧地利公路旁，被鎖在裡頭的難民全數窒息死亡。這時，本來冷眼旁觀的人開始覺得不安。安格拉．梅克爾無法再置身事外。

來自匈牙利的影像震撼了梅克爾。匈牙利是歐盟成員國，曾是納粹德國的傀儡，也是屠殺猶太人的幫兇。根據歐盟國家處理難民庇護申請的原則——都柏林公約（Dublin Regulation），審核庇護的主要責任由申請人第一個進入的歐盟成員國來承擔[1]。但這個原則顯然行不通，因為難民數量龐大，希臘、義大利等門戶國家無力處理，加上成員國屢屢違反這項規則。再者，難民根本不願在公然敵視他們的國家（如匈牙利）申請庇護，致使情況更糟。為了應付問題，歐爾班最後同意讓數千名難民離開，允許他們搭火車離開惡臭、混亂的布達佩斯東火車站。但這不是解決方案，只是另一次驅逐。

於是，在二〇一五年八月下旬，梅克爾無預警地宣布一項新政策。她說：「德

1　這些人的命運——不管被歸類為政治難民或經濟移民，無論獲得永久或是臨時庇護——都將由當地決定，但必須和歐盟法規建立的官方機構步調一致。然而這些仔細討論、得到共識的條例都不敵現實。這畢竟是歐洲戰後有史以來最大的移民潮，無論是歐盟主要機構所在的布魯塞爾或其他歐盟國家，都尚未做好準備。

國不會把難民趕走。」此舉一反她一貫的謹慎，意味德國將暫停執行《都伯林公約》，不會把入境難民遣送回他們第一個進入的歐盟國家。「如果歐洲沒能處理好難民問題，那就不是我們期待的歐洲，」她繼續說，並呼籲歐盟其他二十六個成員國也能量力而為，為更多的難民提供庇護。她宣布：「我不想在歐洲搞一個比賽，看誰對難民最差。」於是愈來愈多人乘坐超載的船隻搖搖晃晃穿越地中海，或是徒步穿越巴爾幹半島，往德國前進。她明白地說，負擔不是在那些尋求幫助的難民身上，而是在我們身上。在歐洲以及在其他地方，沒有其他領導人以如此清晰的道德態度，談論西方對無休止的戰爭和傷亡應負起的責任。

梅克爾素來喜愛歷史，必然很熟悉另一個閃亮的夏天。一九三八年七月，美國總統羅斯福召集三十二個國家在日內瓦湖畔、著名的法國溫泉小鎮埃維昂（Evian）討論如何處理從希特勒魔爪逃脫的德國和奧地利猶太人。最後，他們決定袖手旁觀，讓數百萬猶太人死在納粹手裡。梅克爾下定決定，她絕不容許歷史重演。

回過頭來看，令人訝異的不是梅克爾不得不談這個問題，而是她似乎沒有跟聯合執政的基社黨和社民黨討論，就決定這麼做了。部份原因由於當時是夏天，她很難聯絡上一些正在渡假的部長。儘管如此，梅克爾最終仍說服他們當中的多數人。

然而，正如我們所見，仍然有一個人未被說服，那就是她的姊妹黨巴伐利亞基督教社會聯盟（CSU）的領導人澤霍夫。不知為何，他沒接聽梅克爾打來的電話，後來又說梅克爾撥打電話給他。不過，澤霍夫不是唯一反對的政治人物。在她自己的黨內，有些比較保守的成員指責她沒深思熟慮、感情用事。然而，很難想像梅克爾會因為情緒化或一時衝動而做任何事情。不過，當時必然有很多人覺得她該用更好的方法來改變德國和歐盟的難民政策。

永遠的馬基維利主義者季辛吉說：「她應該先從歐盟那邊下手。如果歐盟拒絕，那世人就會知道，因為歐盟無能為力，她才不得不採取行動。」還有人批評她，說她的觀點過於狹隘。如柯爾指出的：「單獨的決定和單獨的國家行動，在個人看來，無論理由有多充分，都是過時的做法……歐洲各國人民，必須再度充分了解可行之道，達成更好的共識。」他要說的是，這位對大量難民敞開國門的女總理是自私的。季辛吉也同意，他告誡他的女弟子：「給予一個難民庇護是一種人道主義行為，但允許一百萬個陌生人進來，則會對德國文明造成威脅。」對此，梅克爾回答：「我別無選擇。」

也許，她真的沒有選擇。德國新教神學家于柏雪（Ellen Ueberschär）說：「在那一刻，她沒有考慮到政治後果。在她的生命裡，未曾有過這樣的時刻。基督總是在照管萬事萬物以及每一個人。這是她基督教信仰背景的一部分。在那一刻，她覺得自己就像馬丁·路德一般別無選擇。」于柏雪小時候跟梅克爾的母親學英文，所以她和梅克爾已認識數十年。有鑑於梅克爾路德派的價值觀、她對德國黑暗歷史的了解，以及對希臘實施撙節政策造成人民的痛苦，這位總理或許真的覺得自己別無選擇。但她希望她的歐洲盟友也能從她的視角來看問題，並支持她的決定。

那些在遠處觀望的人認為這是不可能的。美國前財政部長鮑爾森（Hank Paulson）說：「我的內心深處有一種不祥之感。她有強烈的是非心。在其他情況之下，即使她走上鋼索，也能走得平穩。但就難民問題……」鮑爾森搖搖頭，「當然，她做的是對的事。但我擔心，這將成為她政治生涯最大的挫敗。」

✽　✽　✽

德國對難民的開門政策讓人聯想到柏林圍牆倒塌那晚：事出突然，在沒有任何宣傳或準備之下，西德突然讓成千上萬的東德人湧入。現在，這些難民多半來自中東，大多數人是為了逃離敘利亞內戰的無情戰火，然而還有很多人是來自伊拉克和阿富汗——美國以反恐為由對他們發動軍事行動，他們的城市受到嚴重毀損，到處是斷垣殘壁。德國開放邊境後，因為湧入的難民數量過於龐大，無法區分移民和政治難民，更別提入境人數的控管。這和一九八九年柏林圍牆倒塌那晚的情況完全不同，當時安格拉還有閒情去桑拿房，這次她必須扛起責任。在九月和十月間，每晚有七千名難民進入德國，她沒下令關閉邊境。到了秋末，已有二十萬名難民向德國申請庇護，在年底前，還有八十萬名難民會前來。梅克爾沒有粉飾太平，她向國人坦承，說這是德國「自統一以來最大的挑戰。」

然而，歡迎難民來到德國的絕非只有她一個人。難民搭乘的火車駛進明亮寬敞的慕尼黑中央車站時，這些疲憊的異邦人看到許許多多雀躍的市民在月臺上高舉「歡迎來到德國」的標語。義工遞上鮮花和熱飲。不久，當地人幫忙將學校和商店改建為收容所，還有一些人張貼海報，志願輔導年輕難民或提供語言、音樂課程。

其他德國城鎮也仿效慕尼黑的做法。在柏林，已停止營運的滕珀爾霍夫機場（Tempelhof Airport）被改建成巨大的難民收容中心。在冷戰時期，西柏林遭到蘇聯封鎖時，這座機場就是西柏林唯一的對外聯絡航空站，盟軍透過這座機場空運物資到西柏林，以解決民生問題。巴伐利亞邦的居民在凌晨三點張羅了好幾百張床。德國非比尋常的慷慨讓世人驚奇——連德國人自己也感到驚訝。

「每一個人都不吝伸出援手，連我那開保時捷、打高爾夫的牙醫也願意幫忙，」梅克爾的發言人塞柏特說道，他自己就雇用了三個敘利亞實習生，讓他們在總理府新聞辦公室工作。同樣地，外交政策顧問霍伊斯根回憶說：「我在慕尼黑的醫生朋友跟我說，他們正在治療好幾百名腎結石病人。他們都是旅途中水喝太少的難民。」

有鑑於納粹的黑歷史，在世人的印象中，德國似乎很少和人道主義沾上邊，因此這次接納難民的義舉，讓德國人自豪——而過去積極庇護難民的美國，現在反而退縮。德國改變了，不再站在歷史的對立面。但德國是個保守的社會，不習慣快速變化。雖然梅克爾已清楚表明立場，宣布：「如果德國不能用笑臉來歡迎難民，就不是我的國家！」但此言論並未引起所有德國人的共鳴。

危機能激發一個領導人表現出最好的一面，安格拉．梅克爾就是一個例子。但這次的危機卻凸顯了她領導特質的兩個缺點。她沒能說服國人，為什麼她的難民政策符合德國利益。此外，這個總理儘管生性謹慎，但她如果相信一個論點，常會認為其他人必然也同意。

這兩個缺點都曾為她的生涯帶來麻煩，卻未曾像現在這樣嚴重。或許因為她視歡迎難民為道德議題，因此沒能解釋清楚為何接納難民最終將有助於德國的國家利益，也能提升德國的全球形象。例如，一半以上的難民年齡在二十五歲以下，而德國正面臨人口老化的問題，這些年輕勞動力人口渴望學習新技能，他們的加入，應該能讓很多雇主受益。她也沒說明經濟移民以及為了求生存、離開自己國家的難民有何不同。如果她能讓德國人了解兩者的差異，也許德國人就能跟她一樣，從同樣的道德角度看待問題。有時，梅克爾並沒有正視選民的疑慮，詳加說明。她只是說：「不要害怕難民，只要你了解他們當中的一個，就不再害怕了。」她自己的基民黨大抵支持自己的總理，對手社會民主黨更是為她提出的「歡迎文化」（Willkommenskultur），也就是接納難民的門戶開放政策，深深感到敬佩。

梅克爾會提醒德國人，她的難民政策是依據德國戰後引以為傲的憲法：德意志聯邦共和國基本法（Grundgesetz）。她說：「如果有人說，他們不想接納任何外國人——特別是穆斯林——那就違反了德國憲法及我們的國際法律義務。」她認為反對難民政策是仇外心理作祟的結果。儘管她口口聲聲說自己依照憲法行事，卻忽略了一項事實：其他德國政治家數十年來也都崇尚憲法，卻沒有做出像她這麼大膽的舉動。

運氣不好也是原因之一。負責國家人力基礎建設的內政部長托馬斯・德邁齊爾得了肺炎，那個夏天不得不在病床上工作，也就難怪一開始情況混亂。對政府來說，這是大規模、急就章的組織工作：把空置的機庫、學校體育館和廢棄廠房改造成收容所，然後將成千上萬的人運送到分散在全國各地的「新家」，同時必須詳細記錄誰被送到哪裡及其個人情況。而難民不停地蜂擁而至。德邁齊爾是梅克爾當上總理之後在任最久的部長——另一位內閣老將則是范德賴恩（Ursula von der Leyen）——德邁齊爾於二〇一八年卸下內政部長的職務，但仍是聯邦議院的議員。他在總理府附近一間辦公室接受我的採訪，辦公室十分簡樸，牆上掛的木製十字架是唯一的裝飾。他自豪地說：「沒有人該睡在公園的長凳上。」

對梅克爾總理來說，這還不夠好。德邁齊爾在難民危機時期的副手、現任德國駐美大使哈珀說，有一次梅克爾認為德邁齊爾的決策不夠果斷，因此對他提出質疑。她不耐煩地問：「你難道不是從頭到尾把事情想清楚再做的嗎？」有人認為梅克爾對這位部長的領導風格不甚滿意，才會要求他離開內閣，但這麼說也許有點不公平。似乎梅克爾已先想好終點，但在逆向而行的過程，思慮卻不夠周密。

在此同時，她比其他人清楚這是條漫長的道路，必須一步步地向前走。哈珀說：「有人建議總理宣布這是一項與緊急情況有關的單一政策。但她拒絕了。她告訴我們：『如果這麼做，邊境就會有一大堆人想要擠進來。就像你宣布銀行只保證正常運作到星期六。恐慌便會接踵而至。人們會覺得，今天邊境還沒關，快走吧。』」

「當然，她說的沒錯，」哈珀繼續說，「由於你不能用警力來關閉邊境。你需要法律框架、臨時收容設施和法律措施。我們花了六個月的時間才使這些落實、到位。」梅克爾給相關人員很大的壓力，要他們迅速行動，但她抵禦衝動及仔細思考的能力得到回報。如果全世界的人都看到德國武裝警察站在邊境，阻擋難民潮，不讓這些絕望的人踏入德國，那麼近五十年來為了替納粹德國贖罪所做的種種努力豈不是白費了？

在最初歡欣鼓舞的歡迎場面之後，不久電視臺轉播了邊境混亂的景象——這種情況讓德國人覺得特別不安。然而有數千人挺身而出，擔任義工，使龐大的政府機構得以盡快調整。數十萬名難民獲得了永久庇護，包括黎恩·沙維爾和她的家人。時至二〇一八年底，也就是德國實施新難民政策三年後，在八十萬名新來到的難民中，至少有一半已經就業或正在接受職業訓練。德國政府規定，所有的新來者都必須學習德語，如果已達到就學年齡，就得上學，而且不能自己選擇居住地。梅克爾決定避免像法國和英國的城市那樣出現人口密集的移民區。

在二〇一五年秋天，每次有人問她打算如何實施難民政策，她總回答：「我們做得到（Wir schaffen das）。」這種平淡的表述是純粹的梅克爾風格：平靜、不誇張。在歐元危機高峰期，她就是用這種和緩的語氣向德國人保證，他們放在銀行的錢安全無虞。但這一次，反移民的極右翼份子卻拿她的語氣來大做文章，甚至加以扭曲，變成攻擊她的戰鬥口號。

另類選擇黨（The Alternative für Deutschland，簡稱 AfD）創立於二〇一三年歐元危機期間，主要是為了抗議德國援助希臘。這個政黨是以歐洲懷疑論為基礎，最突出的一點，是這個黨的黨員幾乎全為男性，女性支持者只占十七%。其黨員有些原本屬於基民黨，但由於對梅克爾的社會及經濟自由主義愈來愈不滿，因此加入另類選擇黨。然而，打從一開始，另類選擇黨就是戰後德國第一個高舉民族主義和反移民政策大旗的政黨。

兩年後，希臘債務危機告一段落，另類選擇黨找到新的鬥爭目標，也就是梅克爾的移民政策。這個黨的命名源於梅克爾自己常說的「我別無選擇」（她第一次這麼說是在金融危機期間），因此故意扭曲、唱反調。這個黨發現前東德就是他們進行反移民聖戰的沃土。

自一九九一年德國統一後，西德即根據個人所得，對所有人徵收團結稅，用來幫助東德重建。東德的民粹主義者擔心，如果政府援助敘利亞人，他們的利益必然會受到壓縮。他們高喊：「那我們呢？」

梅克爾對付另類選擇黨的策略是不讓他們成為注意力的焦點。她直截了當地說：「我們對質疑他人尊嚴的人將採取零容忍的態度。」她還說，德國人一絲不苟固然是優良的特質，但我們現在也需要展現德國人的靈活性。

安格拉．梅克爾很有耐心。她從柯爾那裡學到，有時最好的策略就是等待時機。然而，時間拖得愈久，反彈的力道愈來愈大，在前東德的開姆尼茨（Chemnitz）和海德瑙（Heidenau）等城鎮甚至爆發街頭暴力事件。而她依然什麼也沒做。梅克爾一次又一次錯過為自己政策辯護的機會——只是強調接納難民具有道德的正當性。她拙於打動人心，但對政治人物而言，這可不是微不足道的缺陷。

領導的表演層面是一種基本技能，包括說服、激勵和灌輸。接受科學訓練的她，擅長的是搜尋事實、分析數據，她常常以為其他人也是一樣理性——有時，這正是她的盲點。她不會煽動人心，但欲將她妖魔化的人可是這方面的高手。在一個曾被煽動者慷慨激昂地洗腦的國家，長久以來人民欣賞的是剛毅木訥的領導人。然而，在這個日益躁動不安的時代，梅克爾似乎不能也不願意改變自己的風格。

二〇一五年八月底，梅克爾來到德捷邊境的海德瑙，不得不面對這麼一個事實：她已成為某些人仇恨的對象，而這些人與她有著共同的歷史。憤怒的暴民高喊：「我們是人民！」（Wir sind das Volk!）他們高舉和一九八九年東德垮臺有關的標語。只是現在他們的敵人是梅克爾，而非祕密警察。他們在她經過的時候吼道：「叛徒！」（Verräter!）還對她猛噓。梅克爾頭低低的，假裝沒看到、沒聽到。其中甚至有些人對她飆髒話：「賤人！」

她認為這些暴民不可理喻，不管跟他們說什麼，只會火上加油。這位心煩意亂的總理只說了兩個字——「討厭」——然後就鑽進一間由五金行改建的難民收容所。

另一群比較平和的抗議者則在馬路的另一邊排隊，希望總理能看到他們。但她只想躲避那些暴徒，因此沒理會他們。這群人現在用 iPhone 觀看總理在收容所對四百名難民講話的實況轉播。一名抗議者大聲鼓譟：「她告訴他們，她會保護他們，卻對我們視若無睹！我們該怎麼辦？」

等梅克爾走出收容所，原本和平的抗議者已和憤怒的暴民合而為一。如果是對公眾情緒敏感的政治人物，當天可能會在海德瑙安排兩場活動：除了對難民演講，也會跟當地人說話，設法消除他們的焦慮不安。雖然大多數的德國人都贊同梅克爾的難民政策，但他們大都不是住在像海德瑙這樣的小鎮。在德國統一之後，這個小鎮經濟萎縮，許多店家面臨倒閉，鎮民的兒孫紛紛遷往西部，因為那裡有更好的工作機會。即使在經濟穩定的地方，仍有不少人覺得自己的生活方式和社會地位受到威脅。他們需要總理的保證。但在這個夏末的日子，梅克爾沒傾聽那些示威者的意見。他們真是對未來惶恐不安。他們的口號、憤怒和謾罵讓她避之唯恐不及。在道德優越感之下，她選擇遠離那些不滿的人民——但這些人不會就此消停。

二〇一五年秋天爆發難民危機時，梅克爾說，難民庇護「沒有上限」，她的意思是庇護是一種人權，不該加以限制。但在約旦、黎巴嫩和土耳其，成千上萬難民擠在骯髒的難民營，他們聽到的不是這樣。他們聽到的只是他們想聽到的：德國總理會接納每一個人，把我們帶走。因此，敘利亞難民莫達馬尼（Anas Modamani）和梅克爾開心自拍的畫面被媒體捕捉、報導時，難民都把她當成守護神[2]。在歐元危機，梅克爾的肖像被加上希特勒的鬍子，此時在地中海沿岸擁擠不堪的難民營裡，絕望的難民把她皺巴巴的畫像放進背包裡，將她視為新的救世主，呼喊她的名字。

梅克爾低估了資訊在社交媒體上流傳、散播的速度。在臉書上，數以千計的難民不只對總理和莫達馬尼的自拍照驚嘆不已，甚至藉由手機GPS下載從敘利亞到德國的路線。成千上萬的難民都安裝了「敘利亞人到收容所的安全自由之路」（Safe and Free Route to Asylum for Syrians）的應用程式，並從中獲得種種建議，包括如何購買火車票、穿什麼樣的衣服等（「穿好看的衣服、抹髮膠、使用體香劑」）——真是名副其實的二十一世紀難民簡要指南。

梅克爾未曾對接納難民的壯舉表示後悔過。半年後，有人問她，關於邊境開放政策，她是否曾重新思量。她只說了一個字：「沒。」然而，即使德國立法機構通過第一個有關難民的包裹式法案，將接納難民的預算增加一倍，梅克爾也不得不稍稍緊縮難民政策。她與土耳其總統艾爾段談判，艾爾段同意接納所有在希臘登陸的難民，但不允許他們繼續前往德國，歐盟則承諾會提供土耳其六十億歐元的援助，於是德國邊境開始關閉。只是艾爾段心懷鬼胎，日後不斷利用難民作要脅，提高與歐盟談判的籌碼，甚至要求歐盟支援土耳其在敘利亞的軍事行動。

雖然關於難民政策，她依然堅持我們做得到，但到了二〇一五年十二月，她已重新調整自己欲傳達的政治訊息。她曾說：「如果我們不能用笑臉來歡迎難民，這就不是我的國家！」但那已是過去的事。要一般德國人扛起歡迎難民的重擔，那些

2　譯注：這個畫面本來是梅克爾接納難民的指標性照片，在臉書上廣為流傳。不料莫達馬尼因而成為假新聞的主角，他的照片被惡搞轉發，說他是布魯塞爾連環恐攻、德國耶誕市集血案和柏林攻擊遊民事件的嫌犯。莫達馬尼在不勝其擾之下，怒告臉書。

日子也過去了。現在，她必須明白說出她對這些新來者的期待。她說：「難民有責任適應德國生活的種種。」在二〇一五年的基民黨黨代表會上這句話引發雷鳴般的掌聲。她又說：「我們別用多元文化主義來自欺欺人。」向來對語言懷有戒心的她沒仔細說明她為何這麼說。她的意思是，德國企圖建立多元文化社會、讓不同文化的移民族群和平共處，但這樣的努力已經失敗。不管怎麼說，聽眾喜歡「多元文化主義已死、擁抱主流文化」的論調。聽眾起立喝采，在長達九分鐘的掌聲之後，她只是淡淡地說：「謝謝，我們還有事情要做。」

梅克爾向難民開放德國邊境時，曾夢想再次喚醒歐洲共同體所要追求的目標：建立一個基於共同價值觀、團結的國際社會。然而，她的榜樣並沒有激勵其他國家，其他國家對難民的包容與接納遠遜於德國的「歡迎文化」。儘管瑞典和奧地利要比其他國家慷慨，也漸漸關閉大門。

二〇一五年十一月，伊拉克伊斯蘭國（簡稱ＩＳＩＳ）的恐怖份子在巴黎多處展開連環恐怖襲擊，致使一百三十人喪生。不到一個月，一對年輕的穆斯林夫婦闖進加州聖貝迪諾市（San Bernardino）一間社區服務中心，以半自動武器朝著正在參加派對的人濫射，結果十四人死亡，二十二人受傷。隨後，警方在追捕中與兩名嫌犯發生槍戰，最終將兩人擊斃。經調查，在美國本土犯下這樁恐怖襲擊的男性原來是巴基斯坦裔美國公民，在芝加哥出生、長大，而他的妻子則是在巴基斯坦出生，是合法永久居民。這樁悲劇加深了反移民的恐懼。三十位共和黨州長發表聲明，反對敘利亞難民的重新安置計畫，而共和黨控制的參議院則通過一項法案以阻止敘利亞難民進入美國。

歐巴馬的助理羅茲告訴我，白宮宣布要將接收敘利亞難民年度上限從一萬七千人增加為十一萬人。歐巴馬說：「我是為了安格拉才這麼做的，好讓她知道，她並不孤單。」梅克爾了解美國總統的手被國會束縛住了，但她想知道為何歐巴馬——這個西方世界的領導人——不積極敦促歐洲其他國家接納更多的難民，以減輕她的負擔。還有，為什麼他不親自跟普亭過招？為什麼他不去圍堵敘利亞的戰爭？畢竟，難民危機的源頭就是敘利亞。

✿ ✿ ✿

百萬難民湧入德國，這當然是二〇一五年的頭條新聞。然而，一個同樣驚人的

數字得到的媒體關注則少得多：預計約有六、七百萬德國人對難民伸出援手

也許安格拉．梅克爾講話不會慷慨激昂、令人動容，但她做為領導人的優勢之一，是她懂得傾聽。二〇一七年春天她就充分展現了這一點。當時她為了難民政策從德國各地召集了義工。這些義工在總理府中庭，坐在排成扇形的座位上，有些是背著背包的學生，有的是穿著保守套裝的婦女。如果她的形象不是那麼廣為人知，就很容易融入他們，有如她是義工中的一員。有些右翼人士會諷刺地說這些熱心支持梅克爾的公民是「好人」（Gutmenschen）[3]。

梅克爾告訴這些義工：「是的，這是條艱難的道路，但這不但關係到德國，也關乎整個歐洲。這關係到我們的聲譽，我們在世界上的地位。這是德國歷史上非常重要的一章。因此，我得好好向各位致謝：『謝謝你們。』」但她不只是站在前面，對他們說話，在這個初春的早晨，這位總理也和這些市民交談，不時在小筆記本上記下一些東西。她極其專注——似乎連眼睛都在傾聽。梅克爾彷彿在探求答案，就跟他們一樣。

一個留著拖把般長捲髮的年輕人問道：「現在阿富汗還不安全，怎麼能把難民送回去？」最近梅克爾的確遣返了一些阿富汗難民。她沒否認阿富汗仍是不安之

地，但她解釋說，阿富汗總統要求她別把自己的國家歸類為戰區。「這是政治決定。」她說。還有一個自稱是敘利亞人的年輕人以近乎完美的德語說道：「我無法報名銀行實務課程，因為我還不會相關的德語專業詞彙。」梅克爾記下他的名字。

雖然她很喜歡跟這些義工和難民交流，也把自己的職責放在心上。她承認說：「我們的國家現在正處於分裂的狀態。自從柏林圍牆倒塌以來，我不記得我們的國家曾如此分裂。當年，我也是渴望從圍牆另一邊進來的人。」梅克爾以難民自喻的說法讓人莞爾。她提醒他們：「但是，現在我是所有德國人的總理，不管他們是否支持難民政策。」

對梅克爾來說，二〇一五年已經夠動盪不安了，沒想到跨年夜更是一場噩夢。她和紹爾在烏克馬克的渡假小屋，平靜自在地享受一頓簡單的晚餐時，德國第四大

3 譯注：Gutmenschen（好人）這個德文詞彙在二〇一五年從近七百個「惡詞」中脫穎而出，當選年度公共討論中最惡毒的詞彙。這個名詞淪為右翼民粹主義者的口號，指那些歡迎難民、志願去火車站迎接難民、給予難民協助的人，暗指他們是天真、傻氣的「爛好人」。

城市竟然發生令人髮指的事件。

科隆大教堂與比鄰的中央車站在萊茵河畔附近，跨年夜總是有好幾千人聚集在前方的廣場倒數計時、狂歡作樂。午夜前，那一帶的街道已被人群擠得水泄不通。當時在現場執勤的鎮暴警察不多——因為一般來說只會有小孩亂放鞭炮和酒鬼鬧事等小事。然而，據事後調查，這一夜有一群又一群「看起來像北非或阿拉伯人」的外國男子，包圍女性，偷竊、搶劫她們的財物，亂摸她們的身體，甚至強暴她們。

有一名受害者說：「他們抓住我們的手臂，扯開我們的衣服，還把手伸到我們的兩腿之間。」事發後幾天內就有兩百人以上向科隆警方報案。第一批嫌犯名單包括：九名阿爾及利亞人、八名摩洛哥人、五名伊朗人、四名敘利亞人、三名德國人、一名伊拉克人、一名塞爾維亞人和一名美國人。三十二名嫌犯中，有二十二名正在申請庇護。之後，由於媒體和警方似乎特意淡化事件，更導致人心惶惶[4]。

美國總統候選人川普一開始就緊盯著這個事件。事件發生後沒幾天，這個前真人秀電視明星就在推特上寫道：「德國允許難民入境，結果引狼入室：人民正遭受大規模的傷害。」

三個月前，慕尼黑人還熱情歡迎難民，現在德國輿論風向變了。托馬斯．德邁齊爾提到媒體報導和公眾情緒時說道：「從那時起，我們所做的一切都被認為是錯的。民眾心中興起這樣的問號：『什麼樣的白痴政府會讓這麼多難民入境？那些人都是罪犯！』」

不久，梅克爾在一次備受矚目的電視採訪中談論這個問題。她語重心長地說：「國家有責任確保每一個人遵守法律。這個國家是建立在性別平等、宗教自由、言論自由和寬容之上。每一個人都必須遵守這些原則。」

難民政策仍是她最引以自豪的成就，她不會輕易放棄。正如以往，她仔細觀察、追蹤國人的反應，民調結果讓她鬆了一口氣。事實證明，德邁齊爾的擔憂是過度反應。即使在科隆事件發生後，仍有九成的德國人贊成給逃離戰火的難民提供庇護——讓人不禁對新的、民主的、寬容的德國肅然起敬，也是對其領導人的肯定。

然而，前所未有的難民潮致使歐洲面臨二次世界大戰以來最嚴重的危機，也使她的歐洲團結大夢變得虛無縹渺。直至二〇二〇年，敘利亞戰況依然如火如荼，移民危機該如何因應，歐盟仍拿不出統一的政策。

4 值得注意的一點是，德國沒有類似《福斯新聞網》（*Fox News*）的媒體。總的來說，雖然德國八卦媒體與嚴肅的新聞文化並存，與美國媒體相比，德國媒體的報導語氣和陳述內容比較溫和、抱持懷疑態度，著重事實查核。

如果其他二十六個歐盟國家中有幾個併入德國，問題可能老早就解決了。黎巴嫩的人口不到五百萬，假設一百五十萬名敘利亞人都獲得庇護，這樣的人數其實和二〇一五年進入歐洲的人數差不多。歐盟的人口總數為五·五億，即使每一名敘利亞人都得到庇護，也只占歐盟人口的〇·〇三%。

在難民危機時期，安格拉·梅克爾似乎一直鎮定自若，看不出她為了此事輾轉難眠，或質疑自己是否做錯。明知風險很高，她還是選擇符合自己道德原則的做法——對這個決定，她無怨無悔。然而，有人開始預言梅克爾死到臨頭，她的政治生涯差不多完了。《紐約時報》出現了一篇〈懸崖邊的德國〉（*Germany on the Brink*）的評論，保守派專欄作家道舍特（Ross Douthat）寫道：

「如果你相信一個高齡化、世俗化而且同質化高的社會可能和平地接收數量龐大、文化迥異的移民，那麼身為德國政府發言人的你，必然前途光明。但你也是個傻瓜……安格拉·梅克爾必須下臺——如此一來，她的國家，及其雄踞的歐洲大陸才

不至於為她那高尚的愚行付出慘痛的代價。」

另類選擇黨的領導人弗勞克·派翠（Frauke Petry）讀了這篇文章，擊節歎賞。

梅克爾則沒想到有一個人會支持她：也就是她的前夫。烏里許·梅克爾在第一次也是最後一次公開聲明中支持前妻的難民政策。這位最近退休、住在德勒斯登的化學家說道：「她的難民政策是她第一次實施以價值觀為基礎的政策。這麼做是正確的，因為這展露了人道精神和憐憫之心。」他還坦承，他未曾投票給他的前妻。然而，在二〇一六年，同情心不是受歡迎的政治主題。要求梅克爾下臺的呼聲也愈來愈大。

二〇一七年十月二十四日，梅克爾走進聯邦議院。極右翼的另類選擇黨領導人高蘭德和懷德就坐在前排。她對他視而不見，目光直視前方，快步往前走。令梅克爾氣憤的是，他們在議會和公眾場合煽風點火，使德國政治出現暴戾之氣。
圖片來源：Odd Anderson/AFP/Getty Images

第十四章

大凶之年

唯一比跟盟軍並肩作戰更糟的，就是孤軍奮戰。

——邱吉爾（Winston Churchill）

二〇一六年是安格拉．梅克爾總理任期中最艱困的一年。她最重視的歐盟混亂不安；接二連三的恐怖攻擊重創德國社會，威脅她的難民政策；還有，十一月八日，她最仰慕的國家——美國——竟然選出跟獨裁者勾肩搭背的新總統[1]。

梅克爾一直有憂患意識，擔心她的支持度下滑，畢竟她已經擔任這麼多年的總理。有「統一之父」的前總理柯爾正是借鏡，儘管他四度連任總理，甚至有「終身總理」的封號，第五度參選仍鎩羽而歸，甚至因為政治獻金醜聞被逼退政壇。其實，她早就勸過他，要他讓後起之秀來領導基民黨，但他不聽。梅克爾已公開表示，她想要「找個合適的時機退出政壇。」她說：「我可不想變成政治僵屍。」在她第三個任期快結束時，她已準備好開展自己的第二人生──其實應是第三人生──沒想到二〇一六年發生的事件把門關上，讓她無法離開總理府。

也許很少人知道，梅克爾最喜歡的古典文學人物是希臘悲劇的女主人翁安蒂岡妮（Antigone）。安蒂岡妮勇敢堅毅，不惜為愛赴罪，因此，與現實世界格格不入，她的人生終究成了一樁悲劇。安格拉．梅克爾的領導特質主要是願意為了達成目標而妥協。在她看來，國家就是為所有公民服務的體系，因此她常說：「我是所有德國人的總理。」但在這個火藥味濃厚的新時代，很多人指責這個總理過於冷靜，缺乏以身赴死的熱情。但事實證明，梅克爾不但適合領導，也知道如何擁抱人生。

然而在二〇一六年，梅克爾似乎覺得政治索然無味。她已擔任十一年的德國總理，壓力和孤獨一點一滴地侵蝕她的泰然自若。有一次她跟聯合政府的盟友基社黨開會，雙方劍拔弩張。她哀怨地說：「至少你們願意祝我好運的話，我會高興一點。」二〇一六年，梅克爾不只是實際上的歐洲領導人——統御經濟、政治和道德等層面——更躍升為自由世界的領袖。

二〇一六年五月，安格拉．梅克爾來到法國東北部的一座墓園，紀念百年前第一次世界大戰最慘烈的一役：凡爾登戰役（Battle of Verdun）。她低著頭，穿過布滿十字架的墓地，這裡是三十萬名法國和德國士兵葬身之地。人人都以為這次大戰將終結所有戰爭。然而，才過了二十年，在美國退縮至孤立主義後，德國總理阿道夫．希特勒（Adolf Hitler）有條不紊、不懷好意地策劃了下一場衝突，帶來大屠殺。一群孩子揮舞風箏般的白色長條旗，在新綠的草地上跑跑跳跳，而他們的祖先為了爭奪一小塊領土，在此拋頭顱、灑熱血——此情此景教梅克爾泫然欲泣。

1 譯注：川普為普亭殺害異議份子的行為辯護，讚揚埃及殘暴的總統塞西，說他「了不起」，也公開稱讚菲律賓總統杜特蒂，說他欽佩杜特蒂對毒販和吸毒者發出格殺令，美國也該見賢思齊。他不但贊同中國政府在一九八九年屠殺天安門事件的親民主抗議者，甚至讚嘆前伊拉克總統海珊的殘忍無情，說他殺了不少恐怖份子，殺得好！

歐洲未能團結起來，阻止第二次世界大戰的爆發。但在二戰結束三年後，邱吉爾說：「我們希望看到這樣的歐洲——在那裡，每一個國家的人都認為歐洲就像自己的祖國。我們希望在歐洲大陸，不管他們走到哪裡，都能真正覺得『這裡就是我的家。』」讓梅克爾沮喪的是，時至二〇一六年，許多英國人似乎對這段歷史無動於衷，也不認為歐洲是自己的家。

英國人對歐盟的看法一直有點矛盾。一九七五年，英國就曾針對是否留在歐洲經濟共同體舉行公投[2]，有人勸告德國總理施密特（Helmut Schmidt）千萬不要插手。但剛愎自用的施密特認為，情勢緊急，他不得不打破常規。他對英國工黨發表演講，說道：「即使你們聽了會憤而走人，我還是得說出我真正想說的話——你們在歐洲大陸的同志希望你們留下來。」結果在場人士全部起立鼓掌，高達六十七%的英國選民選擇「留歐」。

四十一年後，在這個嚴重分化的世界，一位德國總理講的話不大可能說服想要脫歐的英國人留在歐盟，更別提這位總理是語言懷疑論者，拒絕用語言改變人們的想法。然而，英國在六月二十三日公投決定脫歐，這件事對梅克爾個人而言是一大打擊，也讓她感到困惑。她費了九牛二虎之力才把希臘留下來，對英國脫歐，則無能為力，而且英國脫歐的衝擊更大，她擔心其他國家也會跟著退出歐盟。讓她更加不安的是，隨著倫敦退出歐盟，柏林差不多成了歐洲的首都——這從來不是她的壯志，她的國家也沒有這樣的野心。

梅克爾用兩個字來總結她對英國這個決定的感想：「遺憾。」她的自制力和多說無益的想法再一次掩蓋了她內心深處的痛苦。她很明白，西方聯盟這種撕裂對普亭來說是好消息，因為隨著英國脫歐，歐盟將失去四十%的軍事能力。但她幾乎沒辦法做些什麼。

連她的敵人——極右翼和極左翼的政治團體——也都動員起來，將矛頭指向她，說她的難民政策助長英國的反穆斯林種族主義，因此引發英國脫歐。儘管有這樣的指責，她的國人依然挺她，從二〇一六年二月到七月，她的支持率上升了十四個百分點，來到五十九%。但這多災多難的一年只過了一半。

2 譯注：歐洲經濟共同體（EEC）為歐盟前身，一九五七年由比利時、法國、義大利、盧森堡、荷蘭與西德建立。主要目標是建立共同市場與關稅同盟等制度，增進成員國間的經濟整合。英國於一九七三年與丹麥及愛爾蘭一同加入EEC，截至一九七五年共有九個成員國。

英國脫歐一個月後，也就是七月十四日法國國慶日，一名突尼西亞裔的恐怖份子震驚了全世界。此人租了一輛貨車，衝向在海濱大道上慶祝的人群，隨後又向民眾開槍，造成包括兒童在內的八十六人死亡，四百五十八人受傷。四天後，一個年僅十七歲的阿富汗難民在德國烏厄茲堡市（Würzburg）的區域列車上持斧頭攻擊乘客，五人受傷，之後被行動突擊隊開槍擊斃。又過了四天，有人拿著半自動手槍在慕尼黑一間人潮聚集的購物中心濫射，造成九人死亡。事件發生後，慕尼黑進入緊急狀態，警方封鎖購物中心和附近街道以及重要車站。這名青少年槍手雖然具有德國和伊朗血統，自稱為雅利安人（Aryan）[3]，但其作案靈感並非來自ＩＳＩＳ，而是極右翼反移民政黨的成員，挪威冷血殺手布雷維克（Anders Breivik）。二〇一一年，他先在奧斯陸首相辦公室附近引爆汽車炸彈，造成八人死亡，隨即假扮警察，轉往烏托亞島，槍殺在島上參加夏令營青少年，致使六十九人喪生。自一年前的夏天梅克爾宣布了難民政策，此次慕尼黑槍擊案讓德國人感到現在比任何時候都要脆弱。

❁ ❁ ❁

當時，梅克爾正在阿爾卑斯山渡假，聽聞國家情勢緊張，面色凝重，立即打道回府。她沒有掩飾自己的焦慮，稱這種攻擊事件「是對所有人的折磨，因為禁忌被打破了，人民無法再安居樂業。任何一個人都可能成為受害者。」她承諾將建立一個早期預警系統來監看社群媒體。然而，這位一臉嚴肅、有著黑眼圈的總理依然強調：「我們對安全的需求必須與價值觀保持平衡。我們正面臨巨大的挑戰。儘管如此，我們仍應堅持自己的價值觀，以憲法做為準則，不能為了安全不顧難民人權[4]。」

這個夏天的風暴不只這些。七月中，土耳其軍方的一個派系發動政變，準備推翻艾爾段政府。事發時，總統艾爾段正在渡假，於是乘坐私人飛機飛到國外，然後用手機指揮支持他的高階將領和政府軍在伊斯坦堡及安卡拉發動反擊。政府軍的飛

---

3 譯注：在二十世紀，納粹份子改變「雅利安人種」的原意，以代表「高尚的純種」，認為金髮碧眼的德國人就是雅利安人的典範，然後以「純淨種族」的概念進行種族屠殺。

4 譯注：根據德國基本法第16a條，所有政治受迫害者得享政治庇護。所謂「政治受迫害者」是依一九五一年《難民地位公約》定義的難民，亦即：「具正當理由因畏懼出於種族、宗教、國籍、屬於某一社會團體，或持某類政治見解之原因，而停留於其本國外，且出於此項畏懼而不能或不願受其本國保護者。」因此，德國收容難民不僅是負起國際法上的責任，更是履行其憲法與法律上的任務。

機在安卡拉上空開火，幾個小時內就擊潰叛軍。接下來，艾爾段開始清理門戶：下令逮捕三萬七千人，另有十萬人被視為叛軍「同謀」而遭到解雇。在政變失敗後，獨立媒體全部被消滅。這位土耳其強人總統不放過任何一名叛亂者，並加強對這個國家的箝制。梅克爾曾希望土耳其能成為伊斯蘭世界的模範、中東最民主的國家。看來，這個希望落空了。艾爾段掌控下的土耳其無異於伊斯蘭法西斯國家。

到了二〇一六年秋天，基民黨在地區選舉連續四次挫敗，梅克爾成為眾矢之的。反之，另類選擇黨則實力增強，大有斬獲。梅克爾執政了十一年，身為總理的她已顯露疲態，也難怪基民黨拿下的票數差強人意。

有鑑於「我們做得到」（Wir schaffen das）這個被過度使用且備受爭議的口號，對解決二〇一六年接踵而來的危機並無幫助，梅克爾最終將其埋葬，不再使用。）她感傷地說：「我當初使用這個口號來激勵人民，我不會再這麼做了……天曉得，在過去幾年裡，我們是不是搞砸了。」很少最高領導人說出這種懊悔之言，但這並不代表她打算放棄她的難民政策。

不過，最糟的消息並非來自德國境內，而是來自國外。歐巴馬打了通電話給梅克爾，告訴她共和黨總統候選人川普擊敗希拉蕊．柯林頓，將成為新的白宮主人。梅克爾非常震驚，但她沒時間搓手踱步。她最仰慕的國家已經做出選擇。

對安格拉．梅克爾來說，美國是開始之地。這個國家讓她得以在中年重啟人生。自一九四五年以來，美國一直不遺餘力地保護德國。在冷戰期間，西方如沒有華盛頓穩定掌舵，蘇維埃帝國恐怕不會有解體的一天。在俄羅斯議會，有個議員衝進來，揭露川普勝選的消息，整個議會歡聲雷動，瘋狂地歡呼、鼓掌。

現在，梅克爾不得不重新考慮自己的未來：在二〇一七年競選連任，或者依照自己老早就規劃好的，在過氣之前下臺一鞠躬。如果她想連任，就得勇敢戰鬥。她所謂的大聯合政府，是由聯盟黨（基民黨、基社黨）與社民黨組合而成、將她送上總理寶座[5]的推手。然而，現在這個執政聯盟已搖搖欲墜。社民黨正處於危機之中，該黨許多重要計畫都被梅克爾付諸實踐，因此變得薄弱：如婦女權利（梅克爾在二〇一四年強制規定德國企業董事會成員必須有三十％是女性）、婚姻平權（她

5　在二〇〇九年至二〇一三年間，自由民主黨，這個中間偏右的政黨是聯盟黨（基民黨、基社黨）的執政夥伴，而非社民黨。社民黨是在梅克爾第三個總理任期才重新加入聯合政府的。

對基民黨議員開綠燈，允許他們憑良心投票，後來《婚姻平權法案》就過關了）、氣候變遷（一直是她最在意的議題，但只有些微進展，比不上綠黨的倡議），還有最引人矚目的縮減核武協議。在前一個執政聯盟時，親商、中間偏右的自由民主黨（Freie Demokratische Partei，縮寫為FDP）由於民調支持度很低，已準備退出。其中，最重要的是，基社黨威脅要推翻梅克爾的難民政策。（儘管基社黨做不到、也沒這麼做，但其善於用話語蠱惑人心的領導人澤霍夫是不會讓梅克爾有好日子過的。）

十一月中旬，她和歐巴馬總統最後一次共進晚餐，此時離歐巴馬任期結束還有兩個月。梅克爾小學三年級時，曾在跳水板上來來回回走了四十五分鐘，遲遲不敢往下跳。現在，對於是否競選連任，她仍下不了決心。

這次晚餐地點不是在總理府的官方餐廳，而是她精心挑選的地方：柏林阿德隆酒店。這家酒店坐落在菩提大道和布蘭登堡門的交會口，歐巴馬從那富麗堂皇的餐廳往外看，就能看到重建的國會大廈和二〇〇五年開幕的歐洲猶太人受難者紀念碑。一九三二年的經典電影《大飯店》（*Grand Hotel*）描述的那家豪華大飯店正是以阿德隆酒店為藍本。瑞典裔的美國影星葛麗泰・嘉寶在此說出最著名的臺詞：

「我只想一個人待著。」阿德隆酒店是柏林之珠，也是一座活的博物館。

這一晚，在小小的包廂裡，只有兩位領導人，他們的親信在另一個房間用餐。整整三個小時，兩人自由自在地交談，沒有口譯員和外交官在一旁記錄密談要點，純粹是兩個老朋友一起吃頓飯。他們談到英國脫歐和川普當選的意義以及她將面臨的新現實：德國就要失去美國盟友。歐巴馬力勸：「妳一定要參選。」在他擔任美國總統這八年，這是他吃過最久的一次私人晚餐。

後來，歐巴馬和梅克爾走出包廂跟幕僚碰頭。羅茲回憶說：「他們倆看起來都筋疲力竭。」梅克爾壓抑自己的感情，說道：「我們的合作是如此密切。現在，我們不得不面對一個我們都不樂見的結果。但我們還是有理由感到自豪。」羅茲舉杯敬酒：「為自由世界的新領導人乾杯。」安格拉．梅克爾勉強牽動一下嘴角。這不是她想扮演的角色，她覺得自己像被趕鴨子上架。

不過，在川普當選兩週後，也就是在十一月二十日，梅克爾宣布她將在二〇一七年競選連任。如果她能邁入第四個總理任期，幾乎是史無前例。如果當選且完成任期，她擔任總理的時間將長達十六年，幾乎比任何一位總理都要來得長，除了柯爾（同樣也是十六年）和俾斯麥（一八七一～一八九〇擔任第一任德意志帝國宰相，總計長達十九年）。梅克爾臉色凝重地對著聚集在柏林總部的數百名基民黨成員說話。「關於競選連任一事，我考慮了很久。這次選舉將比以往來得困難——至少自德國統一以來，未曾如此艱難。我們將面對來自各方面的挑戰、來自右翼的挑戰……我們的價值觀、我們的利益，以及我們的生活方式都將受到挑戰……特別是在美國大選之後。」她很清楚自己在第四個任期能完成什麼。她說：「德國、歐洲和全世界的局勢並非單靠一個人能改變的，即使是德意志聯邦共和國的總理也做不到。」然而，比起她自己，其他人對她的信心似乎更大。基民黨對他們的總理候選人很有信心，八十九．五％的黨員贊成她參選。

這是個理性的決定，但對她個人來說，著實艱難。梅克爾看到被仇恨扭曲的臉孔，也聽到憤怒的謾罵之聲——這些都是衝著她來的。她知道自己的連任在國內外會引發多大的爭議。但隨著全球獨裁主義及民粹主義的興起，她會參選，真的是因為她別無選擇。如果她遁出政壇，川普、普亭和習近平豈不是更加肆無忌憚？

歐巴馬離開國際政治競技場後，安格拉．梅克爾不得不硬著頭皮扛起自由世界領導人的重責大任，維持世界秩序，因應危機，正因人在江湖，身不由己。

二〇一六年最後的災禍來臨時，才為這個凶年劃上句點。聖誕市集是德國人珍視、歷史悠久的傳統。憑藉風景如畫的木製小屋展示著手工藝品、珠寶和在地美食，這樣的露天市場十二月在德國各地湧現，吸引了成千上萬的購物者和遊客。威廉皇帝紀念教堂前的聖誕市集飄散著香料熱紅酒和油煎香腸的香味。這教堂就在西柏林最繁華的選帝侯大道上，戰後教堂鐘樓的殘骸被刻意保留下來，好讓人記取二次大戰的教訓。二〇一六年十二月十九日，晚上八點十四分，一輛大卡車衝向歡樂的人群，造成十二人死亡，五十六人受傷。開車的是突尼西亞籍的阿尼斯·阿姆里（Anis Amri）。他在前一年六月進入德國，申請庇護，但德國政府在這一年六月正式拒絕其申請。他在作案後，經由法國逃往義大利，四天後在米蘭被義大利警方擊斃。恐怖組織 ISIS 很快就承認這是他們策劃的。這是德國近幾十年來最致命的一樁恐怖攻擊事件。

事發後第二天，美國駐德國大使艾默森前往總理府，向梅克爾告別。他回憶道：「我走進她的辦公室，跟她說：『我真的覺得很遺憾，』梅克爾打斷我的話，說道：『你要離開，我也覺得很遺憾。』」由於她還沒掌握聖誕市集攻擊事件的所有細節，不知誰是幕後黑手、多少人牽涉在內、受傷的人傷得多重等，她不想做出反應。此刻，她還在拼湊真相。

「這就是典型的梅克爾：如果沒有百分之百的把握，她不願開口。」

其實，梅克爾也急著想向這位大使請教：在和川普首次會面之前，她該做哪些功課？艾默森說：「她看過他的造勢大會錄影，知道她要面對的是一個煽動群眾的高手——德國人很熟悉這種人，美國人卻覺得新鮮。我建議她快點上飛機，開始跟川普建立私交。我告訴她：『對川普來說，外交就是私交。』」

這張經典照片攝於二〇一八年六月在加拿大夏洛瓦舉行的 G7 高峰會。梅克爾站著，雙手撐在桌上，由上而下逼向川普，霸氣十足，川普則雙手交叉在胸前，抬起下巴，露出幾近嘲諷的表情，好像在說：「你能拿我怎麼樣？」

圖片來源：Jesco Denzel/Bundesregierung/Getty Images

第十五章

川普登場

如果一個人能讓你相信荒謬之事，也能使你做出罪大惡極之事。

——伏爾泰（Voltaire，一六九四～一七七八）

上帝特別眷顧傻瓜、酒鬼，以及美利堅合眾國。

——俾斯麥（Otto von Bismarck），德意志帝國宰相

川普似乎對歷史上的強人不怎麼熟悉，但德國人可熟悉的很，尤其是梅克爾那一代的人。從拿破崙一世到希特勒，再到史達林，目的在使法蘭西、德國或蘇聯變

得「偉大」的專制政體蹂躪歐洲，填滿歐洲的墓地。在梅克爾擔任總理的最後幾年，她經常擔憂，如果對戰爭留有記憶之人都消失後，這個世界會變成什麼樣子？

在川普當選後，歐巴馬建議梅克爾：「設法找到優勢，然後緊抓不放。」事實證明，要做到這點非常困難。梅克爾沒天真到認為自己能使川普這樣的人遵守民主原則，但只要她有機會站在講臺上，就會為自己的價值觀發聲，竭力阻止全球失序。當時，她並不知道「緊抓不放」意味頑強的樂觀以及如薛西弗斯日復一日推巨石上山那樣堅持不懈。

在共和黨初選期間，川普的對手一個個慘遭他羞辱、貶損得體無完膚。其實，要霸凌一群意見大抵一致的國家很難，各個擊破就容易得多。因此，使西方聯盟保持團結就是梅克爾的首要目標。她將鼓勵世界公民在全球各地一起採取行動，而非個別行動。對她這樣的語言懷疑論者又不善言辭的人來說，用話語去激勵別人當然不是一種自然的模式。但民主需要有人出來擁護、捍衛，安格拉．梅克爾只得挺身而出。

為了準備和川普的首次會面，梅克爾讀了一九九〇年《花花公子》（*Playboy*）雜誌採訪他的文章。川普喜歡口出狂言、嘲諷「失敗者」，更沉溺於自我崇拜。現在，全世界的人都知道他是這樣的人，然而早在二十幾年前，這些特點已顯露無遺。謙虛——梅克爾最欣賞的美德——並不包括在內，自不待言。那次採訪也透露了他的達爾文世界觀。他自誇地說：「我不相信任何人，喜歡擊潰對手。」

從這篇採訪稿也可看出他對德國有一種奇異的仇恨。（他的祖父母明明是移民美國的德國人，老家在德國西南的卡爾斯塔特，他卻宣稱自己有瑞典血統。）有人曾問他一個假設性問題：「如果你當上總統，進駐橢圓辦公室，要做的第一件事是什麼？」他答道：「我要對每一輛在這個國家奔馳的賓士汽車加稅。」

梅克爾認真地研究川普，閱讀川普出版於一九八七年、請人捉刀的自傳《川普：交易的藝術》（*Trump: The Art of the Deal*）。這本書的目的是展示這位房地產大亨的談判才華，讀者看到的川普卻是個不顧結果、一心求勝的人。為了熟悉川普的習性、姿態——包括手勢、肢體語言、皺眉蹙額、從友善發展到熱絡的速度——梅克爾甚至強迫自己看了一季川普主持的真人秀節目《誰是接班人》（*The Apprentice*）。

雖然梅克爾已經熟知希特勒如何利用群眾大會來操弄民心，但她看到川普在美國中心地帶舉辦的選舉造勢大會，簡直瞠目結舌。他把民眾的憤怒引向民主黨提名人希拉蕊．柯林頓，帶領大家用恐嚇的語調齊聲高喊：「把她關起來！把她關起來[1]！」這種恐怖大合唱令人不寒而慄。梅克爾的國家安全顧問向她保證，一旦他入住白宮，他就會改變。梅克爾答道：「他不會改變的。他會實現他給選民的承諾。」

梅克爾明白，要在川普時代生存下去，「謙遜」（Demut）絕對不夠。首先，她需要運用每一盎司的自制。二〇一五年十二月，梅克爾獲選為《時代雜誌》年度風雲人物——等同於嬰兒潮世代的奧斯卡獎——川普已暴露他的渴望和妒忌。據媒體報導，他在自己擁有的四家高爾夫球俱樂部牆上掛著裱框的《時代雜誌》封面，封面人物是他本人，加上歌功頌德的標題。後來證實這是經過後製合成的假封面，《時代雜誌》揚言提告，他才把這些偽封面撤下。在梅克爾獲選年度風雲人物後，

1 譯注：源於電郵門事件。希拉蕊．柯林頓爆發在國務卿任內疑不當使用私人電郵帳號與伺服器。儘管聯邦調查局在調查後得出結論，不建議對這位民主黨總統候選人提起公訴，川普陣營仍窮追猛打。川普一再主張她該入獄，造勢時，經常高喊「把她關起來」的口號。

川普在推特上酸溜溜地說：「儘管我是大家的最愛，《時代》也不會選我。他們挑了個正在毀掉德國的人。」

無論如何，梅克爾還是得找到和這位新總統合作的方式。她抱著對美國的尊重，像緊抱著救生筏。她認為二〇一六年的美國總統大選會有這樣的結果，不是美國人民的錯，應該歸咎於美國的選舉人團制度。儘管希拉蕊拿下的普選票比川普多出將近三百萬票，但就是因為選舉人團勝者全拿的規則，致使川普獲得三百零六張選舉人票，比希拉蕊來得多，以超過選舉人票半數二百七十張的門檻，硬生生從希拉蕊手中搶走美國總統寶座。梅克爾以她一貫謹慎的態度致電川普，祝賀他當選總統，同時提醒他，不要忘了「我們有共同的價值觀，包括民主、自由、尊重法律和人類的尊嚴。」川普剛當選時，各國賀電紛至沓來，在那幾千條訊息當中，來自梅克爾的祝賀必然是最不熱情的。她不會奉承他，也不會是第一個要求去白宮跟川普會面的人，讓英國首相梅伊（Theresa May）或日本首相安倍晉三先衝往川普大樓（Trump Tower）或橢圓辦公室吧。她一邊等待時機，一邊研究她該如何調整以適應這個新時代。為了掌握川普那粗獷、喜怒無常的個性，梅克爾發現自己需要追蹤他的推特。她說：「我沒有推特帳號。只要在搜尋引擎輸入『川普』『推特』，就知道他寫了什麼推文。」

她在川普執政前結交的老朋友都給她忠告，包括她早年在柯爾內閣任職時認識的美國駐德國大使金密特。金密特建議她如何跟川普打交道。金密特說：「安格拉，別管他的推文，他就是愛亂放炮。其實，他就是一個商人。他喜歡交易，就跟他交易吧。」小布希的國家安全顧問哈德利（Stephen Hadley）建議她「要有戰略耐心」。共和黨大老也向她保證，說道：「房間裡會有大人在的。」他們說，如果向川普解釋清楚，知道烏克蘭願意放棄核子武器以換取西方保護其邊界的承諾，新總統就知道必須抵制普亭的侵略。此外，他們信心滿滿地說，別擔心，無論如何，國會、國務院和五角大廈也可約束他，不會讓他耍無賴的。

川普的首任國家安全顧問弗林（Michael Flynn）在接受聯邦調查局審問時涉嫌謊報證詞，沒供出他和俄羅斯駐美大使往來的實情，因此遭司法部起訴，儘管他是川普的心腹，踏入白宮才二十四天，川普也不得不揮淚斬馬謖，將他閃電開除。弗林能認罪、走人，對梅克爾政府來說，當然是好消息。川普內閣其他成員則已是梅克爾及其團隊熟悉的人，雙方已在無數次國際會議中見過面，包括國務卿提勒森（Rex Tillerson，前埃克森美孚集團董事長）、國防部長馬提斯（James Mattis）、取代弗林的麥馬斯特（H. R. McMaster），他們都支持北約和歐盟。在川普剛上任那幾個月，大家都認為跨大西洋關係可望一直延續下去。

然而，如果你密切注意——梅克爾必然緊盯著川普的一舉一動——就會發現川普甚至在宣誓就職之前，就對抱持這個希望的人潑了冷水。他在一月十六日的採訪中表示：「人民不希望其他人進來，破壞他們的國家……我不會像德國那麼做。」也許最讓梅克爾苦惱的是川普對北約恣意否定。他說：「北約已經是個過時的組織。」然而七十年來，歐洲的安全正仰仗北約的政策。又說：「有些國家沒支付應支付的費用，我認為這對美國很不公平。」說到歐盟，這位即將上任的總統同樣不屑一顧，論道：「歐盟成立的原因之一就是為了在貿易上打敗美國。」有人曾問，他比較信任誰，梅克爾，還是普亭？他表示中立：「目前，我對這兩位一樣信任。但是這信任會維持多久，請拭目以待。」答案是：恐怕不會太久。戰後這數十年來，大西洋兩岸的領導人煞費苦心建立起來的安全防護體系已岌岌可危。

當時，雖然川普的話讓梅克爾及其團隊十分錯愕，仍決定按兵不動，先別回應。德國前外交部長費雪說：「我未曾想過，西方會從內部開始崩壞。」川普的言行讓全歐洲都很頭疼，特別是德國，因為德美兩國的歷史已交纏在一起。「德國基本上是美國於一九四九年建立的。這是美國的精神與遠見。由於美國在戰後挹注大量的資金，德國才能在灰燼中獲得重生。」費雪解釋說。北約是戰後成功故事的典範，最大的成就就是德國的復興。然而，現在一位美國總統竟對北約的未來提出質疑。對很多德國人來說，若北約瓦解，將頓失所依。曾在小布希政府時期擔任德國駐美國大使的伊辛格說：「我們會覺得自己就像被父母拋棄的孩子，不知道爸爸在哪裡。」

儘管安格拉．梅克爾見過許多無知的總統——沒有人帶給她的震驚比得上川普。讓她不解的是，他如何能這樣漫不經心地攻擊西方聯盟的支柱？還有，這位美國總統和普亭一天到晚眉來眼去。川普知道逃到英國的德國物理學家富赫斯（Klaus Fuchs）是提供美國原子彈研發情報給蘇聯的間諜嗎？一九八八年，富赫斯在柏林下葬時，蘇聯也派人前來致哀。當然，對川普來說，那恐怕是幾百年前的歷史了——如果他還記得的話。

川普的助理建議梅克爾團隊：不要對他說教。還有，他的注意力短暫，連一頁書都沒辦法看完，所以不要跟他說細節、用不著解釋背景，也別塞給他太多事實。梅克爾的外交政策顧問霍伊斯根說：「為了跟川普首次會面，我們做的準備工夫，比她擔任總理這麼多年來跟任何領導人、進行任何一次會面要來得多。」

「我們聯繫了加拿大總理杜魯道（Justin Trudeau），因為他最近才跟川普進行一對一的會晤……我們跟副總統彭斯（Mike Pence）交談，也向伊凡卡．川普（Ivanka Trump）和賈德．庫許納（Jared Kushner）徵求建議。我們還請戴姆勒、福斯、BMW等德國企業執行長一起參加我們的白宮會議，他們也都很配合。我們準備了圖表，顯示德國公司在美國提供了多少就業機會，以及就投資金額而言，德國在美國的投資要比美國在德國的投資多上十倍。」

至於川普為了二〇一七年三月十七日和德國總理會面所做的準備，就顯得馬虎。直到梅克爾來訪的那天，他早上才在橢圓辦公室旁的洗手間裡聽取國家安全顧問麥馬斯特的簡報，門甚至留了道小縫。

川普在白宮門廊迎接梅克爾，以慣常的禮節帶她進入橢圓辦公室。接著，這場會面每況愈下。梅克爾伸出手，要跟他握手，川普似乎視若無睹。「我們的記者聽到總理說：『我們握手吧。』川普必然也聽到了。」德國《時代週報》的美國特派員柯倫柏格（Kerstin Kohlenberg）說道。「總理說德語時，他沒戴即時翻譯耳機。她傾身向前，他就後退。」

記者扛著攝影機離開之後，川普則使出他最愛的真人秀招數：想辦法逼參賽者出局（今天的參賽者是來訪的國家元首）。他突然咆哮：「安格拉，妳欠我一兆美元！」據說這個數字是川普的策略長班農（Steve Bannon）提出來的，目的是讓人了解德國虧欠北約有多大。

「不是這樣的。」梅克爾冷冷地說。她指出北約不是一個繳納會費的俱樂部[2]。再說，美國也虧欠德國。她解釋，美國為了在中東和阿富汗進行軍事行動，在德國多個城市部署了軍事基地，而美國在德國駐軍的費用有一大部分是由德國納稅人埋單[3]。她還是盡量按捺怒火，但要傳達德國的和平主義傾向讓川普了解，並不容易。根據最近一項民意調查，五十五％的英國人和四十一％的法國人同意使用

---

2 北大西洋公約組織是基於集體防禦的概念建立的，所有二十九個成員國都有貢獻——所有的會員國都同意將其防禦支出增加到GDP的二％，但只有九個國家達標而這二％僅為指導原則，並非如川普所說的「欠款」。

3 譯注：根據德國財政部公布的明細，從二〇〇三年到二〇一〇年，德國納稅人為美國駐軍支付的費用高達十億歐元，包括美軍在德國的基礎設施建設，如停機庫、幼兒園等。

軍事力量來反制俄羅斯對北約盟國的攻擊，而只有三十四%的德國人願意這麼做。至於川普指控德國必然是瘋了，才會讓這麼多難民進入自己的國家，梅克爾引用有關難民人權的規定，說這些都明白寫在德國憲法和日內瓦公約，更別提德國憲法是在美國啟發下制定的。川普打斷她的話，突然轉到另一個自己比較喜歡的主題：他最近的民調數字。

川普這種瘋狂轉換話題的習慣會讓比較沉不住氣或者準備不夠充分的國家元首覺得不安。希爾（Fiona Hill）是川普國家安全委員會的成員，她說：「他轉換話題的方式和情緒波動，會讓你覺得像被鞭子抽。前一分鐘，他還很有紳士風度地讚美你——『安格拉，妳真了不起！』——突然間，他就翻臉不認人，厲聲說：『安格拉，你們在剝削我們，不能再這樣繼續下去！』」在跟川普打交道的過程中，梅克爾小心翼翼地調整自己的做法，這麼做似乎有點幫助。她從不對他說教，避免提到太多事實讓他招架不住，並且用低調的方式解釋給他聽。她保持冷靜，真的不耐煩時頂多翻個白眼。她知道怎麼應付動不動就用言語轟炸別人的男人。她像馴獸師，用低沉、沒有起伏的語調跟川普說話，先用英語，然後用德語。

「他真的靜下來聽她說，」希爾驚嘆道，「畢竟，她說的要比那些簡報文件來得好。他喜歡展現風格和氣勢，但梅克爾有一種安靜的指揮力量。她說英語時，那低沉的聲音很迷人。」川普嫌英國首相梅伊「呱噪」——因為她喋喋不休、百般討好他——但他說他可以「一整天聽梅克爾說話。」

川普切換模式，扮演親切的主人，帶領梅克爾上樓，來到總統官邸，帶她參觀歷史悠久的林肯套房。梅克爾借此機會再次強調，川普最好不要拿貿易當武器來對付盟友。她說，這個世界緊密相連，難分難解，單邊關稅和貿易壁壘是行不通的。如果一個國家提高關稅，其他國家也會跟著提高，如此就會引發一場貿易戰。川普提到貿易戰的好處時，梅克爾則說：「總統先生，這是你的決定。」她希望藉此提醒他，他是有責任的，也鼓勵他採取負責任的行動。

梅克爾見招拆招、盡力而為。在接下來舉行的德美商界領袖會議上，她發現自己坐在「第一千金」伊凡卡的旁邊，伊凡卡那個座位通常是副總統坐的。她因此發現白宮其實是個家族企業，而伊凡卡是這個家族當中人緣最好的。梅克爾趁機邀請她去柏林參加即將舉行的二十國集團婦女高峰會——這個會議是G20的分支論壇。希爾說：「向伊凡卡示好的確是高招。伊凡卡喜歡梅克爾，在川普心中，梅克爾就能獲得加分。」

這兩國元首在這第一次會面結束前舉行了記者會。所有人的目光都集中在梅克爾的身上時，沒想到川普語出驚人：「至少我們倆有一個共同點。我們都是前政府竊聽的受害者。」川普在前一年大選期間就曾指控歐巴馬監聽他的電話，但遲遲提不出證據。少數幾個記者在竊笑，但梅克爾板著一張臉，微微歪著頭、揚起眉毛，似乎覺得不可置信。顯然，在她聽來，這個笑話一點也不好笑。

梅克爾還在返回柏林的飛機上，川普就在推特上說：「不管你們從『假新聞』[4]上聽到什麼，我和德國總理安格拉．梅克爾相談甚歡。」梅克爾的一位助理說：「她很討厭他這樣對待媒體，因為這會讓其他政治強人有樣學樣，認為媒體是可以捕殺的獵物。」接著，他就像精神分裂，又發推特攻擊德國：「德國欠北約巨款。為了德國的防禦，美國在北約的飛彈防禦體系花了很多錢。美國是凱子嗎？」

訪美歸來，梅克爾不得不接受新的現實。合乎邏輯的下一步是加強德國的軍事能力——這並非因應川普的要求，而是對德國有益的政策。其實，自二〇一五年開始，梅克爾就一直敦促聯合政府的夥伴社會民主黨將軍事預算提高四十%。然而，她該如何向川普解釋，德國是全球第四大經濟體，如果照他的要求，將防禦支出增加到GDP的二%，就得增加幾百億美元，德國將成為國防預算第三大國，僅次於美國和中國？然而，川普愈是欺凌，梅克爾愈不想順他的意。伊辛格問：「我們要再多付一點嗎？」梅克爾說：「門都沒有。」

❀ ❀ ❀

川普就任總統才四個月，梅克爾特別挑選了一個德式場合來回應川普對西方世界秩序的挑釁。為了拚大選，她來到慕尼黑，進入一個啤酒帳篷，一群穿著巴伐利亞皮短褲、紅光滿面的男人圍繞著她，身穿傳統爆乳緊身背心裙的女人用大馬克杯端來啤酒，黃湯下肚之後，梅克爾決定一吐為快。她宣布，美國不再是可靠的合作夥伴——這話不只是對在場的人說的，她希望全世界的人都知道。

那個月，她在西西里島參加G7高峰會，也發表了類似聲明：「我們似乎不能像過去那樣完全依賴別人了。」她因為不喜歡把話說死，所以說「似乎」，希望事情能有轉圜的餘地。但對梅克爾而言，這已是不尋常的強烈聲明。她後來又說：

4 譯注：川普經常用「假新聞」（Fake news）當修辭武器，打擊反對者，並動員自己的政治群體，抹黑積極調查他競選總統內幕的主流美國媒體。他所說的「假新聞」包括《紐約時報》、《華盛頓郵報》、CNN等媒體。

「我很清楚，我們歐洲人必須掌握自己的命運。當然，我們需要和美國、英國保持友好的關係，還有其他國家，包括俄羅斯。但我們必須為自己的未來奮鬥。」美國現在只是德國「朋友名單」中的一員，跟俄羅斯並列——這是個痛苦的分水嶺。她說：「現在有一位總統相信『美國優先』（America First）[5]。」梅克爾絕不會說出「德國優先」這樣的話。梅克爾對民族主義的表現深惡痛絕，即使微不足道，也會觸動她的敏感神經。有人曾經問她，對於她自己的國家，她最喜歡哪一點。她的回答很幽默：「德國窗戶——我們的窗戶堅固、防風。」有一次，她參加基民黨舉辦的宴會，要求主辦人員將每張桌子上裝飾的德國小國旗撤除。

因為川普，她不得不如此表態。「對我們來說，這意味我們歐洲人必須捍衛自己的原則和價值觀。」即使英國脫歐，歐盟的基石彷彿被抽走了一塊，歐盟會怎麼做，還有待觀察。不過，梅克爾所言仍比其他歐洲領導人的話更有份量。德國——特別是這位總理——長久以來一直是美國最堅定的歐洲盟友，可能僅次於英國。（諷刺的是，美國和英國這兩個全球化程度最高的國家竟會走向民族主義之路。）梅克爾正在制定一條與英美不同、較以歐洲為中心的路線。但是，她太謹慎了，也很清楚德國要在這麼一個危險的世界生存下去，依然需要美國的保護傘，因此未曾考慮與華盛頓決裂。儘管如此，她的語調徹底改變了——在外交和治國上，這樣的語調改變非同小可。

因此，二〇一八年五月，梅克爾降低期望，再度前往橢圓辦公室和川普會面。這次雙方只談了十五分鐘，也難怪川普之後說：「歐盟比中國更糟，幸好歐盟各國面積總合要比中國小。」他還說，歐盟成立，就是為了利用美國。媒體問梅克爾，川普威脅說要加徵歐洲鋼鋁的關稅，他真的會這麼做嗎？梅克爾只能回答：「川普總統會決定。」這是她再次要求川普為自己的行動負責，但這麼說似乎沒用。川普突然誇耀自己簽署的退伍軍人責任法案，說道：「如果有人對我們的退伍軍人不好，讓他們受委屈，我們很快就會把這些人開除！幾乎和德國一樣快！」語畢，他轉向梅克爾，自制力堅定的梅克爾不可置信地揚起眉毛——有時，眉毛會洩漏她的想法。

5 譯注：川普的外交政策，強調美國的民族主義和不干涉主義。

梅克爾和川普共進午餐後，說道：「到了下一個十年，就可看出，我們是否從過去得到教訓。」這個沉默寡言的女人只說了這句話，但這句話正說明了一切。

川普很會羞辱盟友，這種手段在二〇一八年六月在加拿大夏洛瓦（Charlevoix）召開的G7高峰會表露無遺。一般而言，G7高峰會像是一群老朋友在渡假勝地輕鬆愉快地聚會，成員再次承諾恪遵西方民主原則，維繫經濟夥伴的關係。這一年，年輕的加拿大總理杜魯道有機會向大家介紹魁北克洛朗山脈的自然美景，川普則有別的計畫。然而，高峰會期間傳出的一張照片精準捕捉了當時的情境：梅克爾站著，雙手撐在桌上，由上而下逼向川普，霸氣十足，川普則雙手交叉在胸前，抬起下巴，露出幾近嘲諷的表情，好像在說：「妳能拿我怎麼樣？」在一旁圍觀的杜魯道、安倍晉三、法國新科總統馬克宏皆一臉無奈，讓梅克爾跟這個惡霸對峙。川普討厭這種多邊聚會，因為他總是寡不敵眾，甚至變臉拒簽G7聯合公報。其實，這份公報不過是樣板文件，強調民主價值、基於規則的國際秩序以及西方民主國家的團結。直到最後一段，在梅克爾施壓之下，他才不情願地配合。坐在椅子上的川普往後靠，從口袋裡掏出幾顆爆爆糖，往梅克爾的方向扔過去。

「安格拉，別說我什麼都沒給妳喔！」他自鳴得意地笑。這實在是幼稚的把戲。糖果掉在地上，梅克爾沒有笑容，也沒有皺眉。她假裝沒注意到他說了或做了什麼——對付惡霸，最好的方式就是置之不理，讓他自討沒趣。杜魯門總統的第二任國務卿艾奇遜（Dean Acheson）曾說：「身為領導人最大的缺點就是讓自我影響到自己的工作。杜魯門總統沒有這樣的問題。」川普丟出誘餌，但梅克爾不上鉤，這種將自我置之度外的修養，讓川普很抓狂。

儘管川普已使出絕招，但無論如何侮辱、威嚇，梅克爾就是不吃他這套，讓他好生懊惱。梅克爾擅長躲避，她假裝不了解，不回答，並提出自己的問題。川普不習慣應付這種難以捉摸的敵人，只能咒罵她。但是，奇怪的是，有時他不得不對梅克爾表示讚賞。二〇一八年春天，他見到新任德國駐美大使哈珀時，問道：「妳跟妳老闆一樣聰明嗎？」同樣地，他從北約會議室走出來時，對旁觀的媒體說：「她很棒吧？」他指的是梅克爾，然後又驚嘆道：「不得不愛這個女人！」然而，不久他又在推特上說：「德國犯罪率一直在飆升喔。」其實，當時德國的犯罪率是一九九二年以來最低的。但梅克爾早已知道，這位美國總統想怎麼說就怎麼說，才不理會事實。

至於川普不感興趣的議題，例如像巴爾幹和阿富汗這樣的火藥庫，梅克爾的團隊總算能與美方負責人員取得一些進展，正常的治理和外交仍能繼續進行。（川普在對一群波羅的海領導人講話時，竟然將他們跟巴爾幹混為一談，梅克爾甚至連眉毛也不揚。）但如果是關於北約、伊朗、俄羅斯、中國和氣候變遷等梅克爾最關心的問題——不但關係凍結，甚至更糟。為了解決伊朗核危機，好不容易才於二〇一五年簽訂的伊朗核協定，川普在白宮片面宣布退出；為了遏阻全球暖化趨勢，二〇一五年聯合國氣候高峰會通過的巴黎協議，川普上任才半年，就決定退出。川普的作為已打擊梅克爾的核心信念：會簽訂伊朗核協定是因為以色列的安全受到威脅，而巴黎協議則源於她多年前擔任環保部長時為京都議定書打下的基礎。

「真的很糟。我指的是希望的幻滅。以我的標準來看，很多希望和期待都落空了。」義憤填膺的梅克爾告訴德國民眾。接著，她提到自己和川普最重要的差異，她說：「我相信雙贏的局面，他則認為只有一個人可以贏，另一個人則會輸。」

從那時起，梅克爾把華盛頓和柏林之間的例行互動交給外交部長、財政部長、貿易代表和大使。「她和川普幾乎沒有交集，」她的外交政策顧問霍伊斯根說。「有時，他們還是會交談。他聽到了她的話，覺得很興奮，然後就忘了。下一次，他又提出同樣的問題，他的論點仍一成不變。雙方沒有真正的進展。」最後，霍伊斯根嚴肅地宣布：「叢林又長回來了[6]。」到了二〇一八年，據梅克爾一位高級助理所說，代表白宮跟總理府和外交部交涉的人，是不知道從哪裡來的「怪人」。為了挽救跨大西洋夥伴關係，梅克爾已盡了全力，如無法挽回，只能算了，振興歐洲將成為她的首要目標。而她實現這個目標的手段大抵是象徵性的，因為她實際上並非整個歐洲的總理——不管媒體多愛給她這個頭銜。她透過說服和以身作則來領導，至於華盛頓吹來的邪風，除了表示驚愕，她別無他法。這個狂暴的時代不是她選擇的，她也不會為了適應這個時代而放棄自己的核心信念。最重要的是，她希望歐洲和德國能安然度過川普執政這幾年——堅持自己的價值觀，同時準備好用頭腦（而非武器）再戰一天。

6 譯注：叢林又長回來了（The jungle grows back）出自杜魯門國務卿艾奇遜所言。他比喻國際社會就像叢林，判斷錯誤的代價就是死亡。在這樣的叢林裡，只有軍事力量才能維持秩序。保守派思想家卡根（Robert Kagan）於二〇一八年出版的著作《叢林長回來了》（*The Jungle Grows Back*）中提出警語，二戰後的國際秩序，正面臨崩解，數十年來主導、維護秩序的美國已失去主導世界和平的興趣。

在川普總統任期逾半時，這個世界看起來和梅克爾二〇〇五年就任總理之初大不相同。現在，她要面對怒氣沖沖、咄咄逼人的俄羅斯、一個日益專制、不斷擴張的中國，以及歐盟東部那些「不自由的民主派」。她原本想在歐洲的門戶建立一個溫和的伊斯蘭共和國，但土耳其的艾爾段粉碎了這個希望。在中東，看似有心改革的沙烏地阿拉伯王儲穆罕默德．賓．沙爾曼（Mohammed bin Salman）則被證實是個冷血的殺人兇手[7]。

最近，德國歷史學家穆克勒（Herfried Münkler）出版的一部近千頁的巨著《三十年戰爭：歐洲的災難，德國的創傷，一六一八～一六四八》（*The Thirty Years War: European Catastrophe, German Trauma, 1618–1648*）為梅克爾敲響了警鐘。這部她愛不釋手的作品重建了十七世紀的野蠻戰爭，這場戰爭最終吞噬了從西班牙到瑞典的大半歐洲，並導致歐洲大陸的人口減少。梅克爾邀請該書的作者前來總理府暢談兩個小時。她和這位歷史學家討論了在一五五五年奧格斯堡和約結束歐洲血腥的宗教戰爭七十年後，是如何再次爆發戰爭的。經過七十年的和平，對早期戰爭暴行有個人記憶的倖存者很少。因此，歐洲盲目地跌入了另一輪愚蠢且野蠻的戰鬥。

梅克爾愈來愈覺得今日世界和那四百年前的世界很相似，因而暗自心驚。她在二〇一八年五月一場演講中指出：「因為現在距離二戰結束差不多有七十年了，那些經歷過戰爭的人，很快就不在這個世上。」環顧四周，梅克爾看到另一個全球解體的凶兆。她說：「他們覺得自己可以為所欲為，要這個……要那個……可以勇敢發動攻勢，突然間，所有的秩序都被破壞了。」他們是誰？她用不著指名道姓。

這個時代需要更強烈的言辭——但她不會說這樣的字句。她不想或者無法用慷慨激昂的話語來回應誇張的大話。沉默、低調和冷幽默是她的首選武器。二〇一九年二月在慕尼黑舉行的國際安全會議上，有人問她川普一直威脅要對德國汽車加稅的事，她說：「如果我們的汽車突然對美國國家安全構成威脅，著實令人驚訝。其實，BMW最大的工廠不在巴伐利亞，而是在南卡羅萊納！如果有人不滿，我們得好好談談。這個世界就是這樣。」每一個人都知道，那位覺得被BMW和賓士威脅的人認為在推特發一則推文就夠了，根本不必動口。

7 譯注：美國官員在二〇二一年二月透露，《華盛頓郵報》異議記者哈紹吉（Jamal Khashoggi）於二〇一八年遇害，就是這位王儲批准的暗殺行動。

二〇一九年春天，梅克爾的母親荷琳德・卡斯納過世，享壽九十歲。（她父親赫斯特・卡斯納則是在八年前過世，享壽八十五歲。）梅克爾一個人承受失去至親之痛，甚至沒請假，照常工作。梅克爾的母親未曾接受過採訪，也不曾在公開場合談過她的女兒，然而在安格拉的成長過程中，她扮演重要的角色。她是英文教師，為了跟隨夫婿定居東德，放棄了西方的一切，包括自己的職業——由於身為資產階級牧師之妻，她被禁止教書。在東德政權的統治下，小安格拉不免受到各種壓抑，母親則是她吐苦水的對象。安格拉曾和母親約定，如果有一天柏林圍牆倒了，就去凱賓斯基飯店吃生蠔。雖然後來沒去，荷琳德仍然在有生之年看到她的大女兒四次宣誓就職成為德國總理。她母親加入滕普林地區的社會民主黨，而且是很活躍的黨員，儘管母女關係親密，但她未曾投票給自己的女兒。安格拉絕對信任的人已寥寥可數，在荷琳德仙逝後，又少了一個。

兩個月後，梅克爾受邀至美國哈佛大學於畢業典禮上發表演講。她坐在校長包考旁邊，談到她的失恃之痛。包考說：「看得出來，她還在喪母的陰影底下。」然而，來到國外，她覺得自由一點，能對一個陌生人訴說她的悲痛，畢竟在國內，她總是所有目光的焦點。

在麻州劍橋那個萬里無雲的日子裡，梅克爾終於體驗到理想的美國。莎士比亞學者、歷史學家葛林布拉特（Stephen Greenblatt）說：「梅克爾總理蒞臨時，哈佛中庭的氣氛讓人不禁聯想起曼德拉前來我們的畢業典禮演講的情景。她的到訪讓人感覺這世間仍有具備偉大道德勇氣的歷史人物。就在民主自由的生活方式似乎可能不保之時，她帶給我們最後的希望。學生似乎明白，梅克爾總理努力要保護的東西跟他們有利害關係。」

梅克爾身穿一襲有黑色條紋的絲質紅色長袍出現在中世紀氛圍的畢業典禮上，面對穿著五顏六色長袍的教職員、數千名學生、家長和好幾代的校友。她掃視那一張張喜孜孜的年輕臉龐，露出燦爛的笑容。中國移民之女、哈佛校友會有史以來最年輕的會長瑪格麗特．王（Margaret M. Wang）介紹說，梅克爾總理是歐洲的領導者，她讓德國通過婚姻平權法案和最低工資法案，而且敞開雙臂，讓一百多萬名難民進入德國。梅克爾還沒開始講話，聽眾就跳起來，歡聲雷動，掌聲連續不斷。她神采奕奕地說：「我們開始吧！」

一九四七年，美國國務卿馬歇爾（George C. Marshall）就站在這個講台上，宣布提供一百七十億美元給西歐，以扶助經濟，穩定民主政體，對抗不斷擴張的蘇維埃帝國。站在台上的她，感受到歷史的共振。關於白宮可能帶來的危險分裂，她給了一個有力的答案。「看似難以撼動、固定不變的東西，可能會改變，」她警告說，「我們必須以全球做為著眼點來思考，一起行動，而非各自單打獨鬥。我們必須團結……別把任何事情視為理所當然。我們的個人自由是沒有保障的。民主、和平和繁榮也不是。」

她轉向畢業班，敦促他們：「堅持你的價值觀，不要被衝動帶著走……暫停一下，靜下來，好好想想。」她傳授自己的決策方式。

她意識到，華盛頓正在注意此刻站在講台上的她，於是她利用這個機會闡述實際政策：「保護主義和貿易衝突會危及自由世界貿易和繁榮的基礎……氣候變遷及暖化效應是人類造成的。各做各的，絕不會成功。不要築起高牆。打破圍牆吧。」她最後說：「謊言不應被稱為真理，真理也不應被稱為謊言。」她一講完。聽眾再次起立鼓掌——這不知是他們第幾次起立了。梅克爾的結論在平常時期似乎不言而喻，但現在可是非常時期。

梅克爾從不認為煽動群眾是件好事，但哈佛大學聽眾對她的熱情與仰慕顯然讓她十分開心。她有超強的分析能力、極少人能得到她的信任，而她的謹慎更是有點走火入魔了，但她也是個有血有肉的人。在她自己的人民對她譏諷、嘲笑之餘，哈佛師生對她的歡呼肯定讓她精神振奮。儘管她沒有奇蹟式地成為像歐巴馬那樣耀眼、魅力十足的演講者，對這群聽眾來說，她體現了他們渴求的價值觀。對安格拉·梅克爾來說，學生的熱烈反應就是對她最好的肯定。她呼籲尊重他人、區分事實和幻想——因為此時，尊重和事實都受到威脅。聽眾報以掌聲，為這位演講者喝采，因為她努力捍衛瀕危的價值觀。

她的新聞發言人克里斯堤楊森事後說：「她在國內絕不會這樣演講。德國人不喜歡這樣的情感滿溢、多愁善感。」然而，哈佛學生讚賞的正是這種發自肺腑、真誠自然的風格。

可惜哈佛那日的歡欣沒多久就消散了。該月底在日本大阪舉行的 G20 高峰會上，梅克爾又與川普對峙。會中，川普再一次踐踏民主價值和傳統。川普跟普亭開玩笑，輕描淡寫地提到俄羅斯對美國政治的干預。川普咧著嘴，搖著食指，故意對普亭說：「別干預我們的大選喔！」普亭則搖搖頭，裝出驚恐的樣子。事實上，普亭大可自鳴得意。幾天前他才因為宣布「自由民主已死」而登上全球頭條新聞。他在接受《金融時報》採訪時表示：「自由主義已經過時。」他指出，歐美國家的自由主義在反移民、反對開放邊境的浪潮下，已經「不合時宜」，劍指梅克爾的難民政策是個錯誤。

無可否認，這個世界已向極權主義傾斜，梅克爾小心翼翼地護衛自己的價值觀，像走鋼索般，設法保持平衡。沒有任何一個國家比德國更需要中國市場、俄羅斯能源和美國的軍事保護，也沒有任何一個國家比德國更不希望世界演變成強權互相傾軋的局面。對梅克爾來說，歐盟應該遏制具有破壞力的民族主義。但是，如果沒有英國，歐盟能再挺多久？如果美國也從西方的民主自由陣營消失了呢？

梅克爾漸漸將她的心力集中在歐洲以及連結二十七個國家的脆弱紐帶。她在文藝復興大師達文西逝世五百週年紀念日提醒西方：「五個世紀以來，最重要的發明都源於歐洲，然而這種盛況已快看不到了。」她聲聲呼喚：「歐洲，醒來吧！美國，醒來吧！」

二〇一九年六月，梅克爾總結西方民主國家所面臨的各種意外障礙。一九八九年柏林圍牆倒塌，她從共產東方跨越邊界來到民主西方。「不久，巴爾幹半島發生衝突，接著伊斯蘭世界陷入分裂，然後我們看到中國崛起，成為經濟大國，這顯示一個不民主的國家經濟也能大放異彩，對自由民主國家構成挑戰。接下來是伊斯蘭恐怖主義帶來的衝擊，特別是二〇〇一年九月十一日對美國發動的恐怖攻擊，」她以科學家的口吻低調地說，「我們還沒有絕對的證據可以證明自由主義制度終將獲得最後的勝利。這讓我憂心忡忡。」

那年夏天，在無情的壓力下，她的身體似乎撐不下去了。對一名六十五歲的婦女來說，她的身體可說十分健康。那樣繁忙的公務和緊湊的行程，即使三十歲的人都覺得辛苦，但她任勞任怨，一直苦撐著，撐了幾十年，似乎已到了臨界點。在十天內，她兩度在公開場合出現全身顫抖的異狀，不得不緊抓自己的手臂。六月十八日，在歡迎烏克蘭總統澤倫斯基的儀式上，軍樂隊吹奏德國和烏克蘭國歌時，梅克爾的身體竟抖得厲害。在德國人的印象裡，一直以為她的身體很好。他們的總理像是鐵打的，從北京飛抵柏林，可以直接進辦公室繼續工作。她的異常是否代表有什麼潛在的健康問題？在這個危機四伏的夏天，有些觀察家認為她的顫抖可能是日益虛弱的跡象。（她的助理認為這是因為她尚未好好調適喪母之痛，才會如此。）

梅克爾告訴德國媒體：「我只想說，你們認識我很久了，知道我有能力履行我的職責。我是血肉之軀，知道病痛在所難免，因此很注意自己的健康。我的任期將在二〇二一年結束，我希望卸任後能過著健康的生活。」這麼解釋很有道理，也可杜絕悠悠之口，別拿她的健康狀況是否適任來大做文章了。

以美國的標準來看，這可是頭條新聞，因此德國媒體不願追蹤報導其總理的健康狀況，這種自制力讓美國人十分佩服。柏林專欄作家沙爾貝（Anna Sauerbrey）說：「我們新聞協會開了會，決定不報導總理的健康狀況，除非她已病倒、無法工作。顯然，她的工作不受影響。因此，我們認為這是個人隱私問題。」在這個紛擾不安的新世界，媒體尊重總理隱私的集體決定似乎是一種老派的做法。

安格拉．梅克爾所做的，不只是為岌岌可危的西方價值觀敲響警鐘。川普批評四位少數族裔的民主黨女議員，在推文上說她們應該「滾回自己的國家，幫忙收拾殘破不堪和犯罪猖獗的爛攤子。」他雖沒指名道姓，但顯然是影射「四人幫」，也就是眾議院中四位少數族裔的女性新秀議員。其實，這四位女議員有三位都出生在美國，只有一位是索馬利亞難民出身，年幼即跟隨家人以難民身分來到美國。梅克爾宣布：「我得跟川普保持距離，以策安全。」又說：「我要和那幾個被攻擊的姊妹團結。」

她提醒川普：「美國的力量在於來自各個不同國家的人所做的貢獻，這個國家才得以變得偉大。」

然而，在大多數的情況下，民眾看不到她是多麼努力地在捍衛自己珍視的價值觀。有鑑於這個國家的黑暗歷史，德國總理的決策空間受到限制，特別是在國內。梅克爾不同於普亭、習近平、艾爾段和印度總理莫迪（Narendra Modi），她沒有將自己意志強加於人的權力——這也不會是她的風格。她不斷透過幾十年來建立的關係，讓政府運作。她的人馬——忠誠的基民黨同志——從這個國家的各個角落給她情報，讓她了解各地情況。

她的內閣是由主要政黨以及在聯邦議院的執政聯盟夥伴組成。聯邦議院的議員針對法律提案禮貌地辯論，然後決定通過與否。這個政府和議院就像是個默契純熟的管弦樂團，梅克爾就是指揮。

然而，殘酷的事實是，在她擔任總理期間，民眾印象最深的不是她關心的議題（如氣候變遷和數位化），而是她宛如危機女王，持續處理接踵而來——從全球金融風暴，到福島核災、烏克蘭戰爭，乃至歐洲戰後最大的人道主義危機：百萬難民何去何從——等諸多難題。雖然接納難民是她最自豪的成就，也為她的下一個危機埋下導火線：另類選擇黨的崛起。

二〇一七年九月，另類選擇黨在法蘭克福舉行示威抗議活動，警方嚴陣以待。

圖片來源：Andreas Arnold/dpa/AFP/Getty Images

第十六章

我們的國家已出現一些改變

因為發生過，所以可能再度發生。

——普利摩・李維（Primo Levi）
義大利猶太人、納粹集中營倖存者

仇恨不是罪惡。

——高蘭德（Alexander Gauland），德國另類選擇黨創黨元老

安格拉・梅克爾第四度競選總理時，似乎在夢遊，彷彿這個時代還是老樣子，

沒有多大的改變。

二〇一七年九月二十四日，德國人讓梅克爾知道，她已經跟人民脫節了。她的政黨在這次大選的得票數是二戰以來最少的一次。基民黨的支持率從四十一．五%掉到三十三%，聯邦議院的席位共五九八席，基民黨丟了六十五席。其實，只有一個政黨是贏家，其他所有的政黨都慘吞敗績。德國政壇了無新意，讓人民覺得無趣、厭煩——包括當了十二年總理的梅克爾。

儘管梅克爾保住總理寶座，這場大選只能說是「慘勝」。她領導的基民黨將再次與基社黨組成姊妹黨（聯盟黨），並與左派的社民黨聯合執政——然而，這個所謂的「大聯合政府」卻顯得氣虛。梅克爾花了半年的時間才組建好聯合政府。會這麼曠日費時，大抵要怪社民黨。該黨得票率創下新低，正陷入嚴重分裂：有一派比較激進，對梅克爾老是收割他們的政績已忍無可忍，另一派則是比較溫和、年老的成員，兩派相持不下。梅克爾想要把自民黨和綠黨拉入聯合政府，但他們不想在梅克爾的影子下運作。而另類選擇黨不但是這次大戰真正的贏家，更組成了最大的反對黨聯盟，為梅克爾的施政帶來阻力。

二〇一七年大選最教人意外的就是這個極右翼政黨的崛起。這是自一九四五年以來極右翼政黨的最佳成績。這個政黨在選戰大打仇外牌，狂吸選票，以黑馬之姿在聯邦議院奪下九十四席，占所有席位的十五．七%。另類選擇黨聲勢壯大了，德國彬彬有禮的共識政治也就多了一種聲音，一種野蠻的新論調。創黨元老、高齡七十六歲的高蘭德誓言「獵殺」梅克爾。儘管大多數的人都知道這只是一種比喻，但這個詞實在很刺耳。最令梅克爾不安的，是她的選區似乎很容易接受另類選擇黨傳播的仇恨和恐懼。德東地區將近二十%的選民支持這個右翼民族主義政黨；在整個德國，該政黨的平均支持率為十二．六%。

面對這次大選的結果，梅克爾的第一反應是冷靜。她說：「我並不失望。我們不會改變做法。」但對德國的政治新現實，這不是個好答案，也欠缺政治家應有的敏銳。梅克爾常說：「恐懼不是好的驅動力。」但否認也不是上策。梅克爾堅持她不需要改變治國的方法，因而錯失了拉攏民心的機會。人民的不滿——無論是想像的或真實的——都會使他們成為民粹主義者利用的對象。在擔任總理十二年後，她似乎已和一部分的人民隔絕，不知人民為何不滿，不願意處理或無法解決這個問題。

梅克爾最高明的政治手腕就是找出自己與對手的共同點，利用他們的政策，建立自己的政績，搶走他們的支持者。但另類選擇黨為她帶來極大的挑戰，教她無從施展這樣的手腕，因為另類選擇黨只有一點訴求，也就是仇恨安格拉．梅克爾及她代表的一切：難民、女權、婚姻平權、歐盟和北約。安格拉的朋友史坦恩（Shimon Stein）說道：「她反映了一種已落伍的時代精神（Zeitgeist）。」大選過後，他在他最喜歡的一家柏林咖啡館接受我的採訪。他是前以色列大使，退休後在德國定居。他對這個國家的未來憂心忡忡。「我們認為德國是獨一無二的，因為這個國家有一段可怕的歷史。現在，在『正常化』的過程中，這個國家變得和鄰國一樣，民粹主義者不是在野黨，就是政府官員。這對安格拉來說是個考驗，她必須趕快行動。但這真的不是她的作風。」

二〇一三年，另類選擇黨因為反對歐盟援助希臘，首次走上街頭。梅克爾刻意忽略這群人——甚至不提這個黨的名字——以避免這個黨獲得矚目。雖說梅克爾的政黨需要另類選擇黨的支持，以擊敗另一個政黨，但即便是跟這個黨間接合作，也是她絕對不願跨越的紅線。然而另類選擇黨的存在已是不可抹滅的事實，並沒有因為她拒絕承認而消失。因此，梅克爾最終還是用她一貫的做法：耐心對話——但不是和仇恨值滿滿的極右翼領導人對話，而是跟容易受到該黨訊息影響的人民溝通。只可惜等她終於接觸到另類選擇黨的選民時，為時已晚。

儘管德東地區沒有衰亡的城市，或是像美國阿帕拉契山區陷入絕望的貧窮白人市鎮，但德東地區的居民和德西相比，就會覺得自己是失敗者。這不僅是感受的問題。在兩德統一三十年後，德東人的收入和就業比德西人差一截，當然也樂觀不起來。德東人口有一千六百萬人，德西卻有六千七百萬人，儘管從事同樣的工作，德東人拿到的薪資只有德西人的八十六%，而且沒有任何大公司將總部設在德東[1]。二〇一五年中東百萬難民的來到，更是火上加油，德東人心中的憤恨轉為毒液。基於這些原因，另類選擇黨在德東地區找到發展的沃土，得以向不滿的人民傳播仇恨及排外的訊息。

在德東比較繁榮的一些地區，很多選民把票投給另類選擇黨，這個結果不只是顯示：「笨蛋，問題出在經濟！」另一個重要原因是德東地區的人民認為他們的貢獻要比西邊的人來得多，卻不受重視，特別是他們已在東德共產政黨底下忍耐了五十年[2]。他們當中的一個人已經成為全世界最有權勢的女人，而她為他們做了什麼？在梅克爾的圈子裡，有些人認為德東人民就像對歐巴馬失望的非裔美國人。無論歐巴馬為了改善他們的處境做了多少，他們永遠都覺得不夠。

光看統計數字，看不出很多東德城市都是空心的。你得從柏林搭乘火車往東，來到奧得河畔的法蘭克福（Frankfurt an der Oder），才能感受那種被拋棄、落得自生自滅的感覺。這裡離各色人種齊聚的首都柏林只有一個小時車程。另一個法蘭克福也就是美因河畔的法蘭克福（Frankfurt am Main）卻大異其趣，那個城市可是德國金融中心。在奧得河畔的法蘭克福，你只能在另類選擇黨的海報上看到留著鬍子的穆斯林男人或蒙面女人。海報上除了他們的臉，還有這樣的威脅字眼：「伊斯蘭滾出去！」這種仇外宣傳在二〇一七年大選前就開始了，有五分之一的城鎮市民都把票投給另類選擇黨。該黨創黨元老高蘭德就是在奧得河畔的法蘭克福長大的。在這個位於德波邊界的城市，居民幾乎清一色為白種人。這裡的街道淒清寂寥，特別是在日落之後。

踏入這個市鎮，你看到修復得一塵不染的火車站、公園裡的灌木叢被修剪得整整齊齊，但這裡就是冷清——簡直是個鬼城。這裡有嶄新、明亮的購物商場，但幾

1 德東地區人民平均收入為二二五〇〇美元，而德西地區為二六三〇〇美元。東部地區的失業率也比西部高十%，但這種落差最近已有好轉。

2 由於馬歇爾計畫，美國提供一百五十億美元資助西歐，西德在二戰的破壞之後，很快就開始重建，而且在一九七〇年代蓬勃發展。但在東德，蘇聯人不但強行在此實施共產體制，掠奪物資，甚至把東德的鐵軌拖回蘇聯，致使原本就貧窮的東德變得更加殘破。

乎沒有顧客，商店裡擺滿許多打折的家庭用品、衣服和玩具——大多數都是中國製造。在此地，全球化是瘟疫的同義語，而非進步。共產主義時代熱熱鬧鬧的遊樂場和電影院，現在已經被木板封住，上面都是塗鴉。一九八九年後，這個市鎮有三分之一的人口都離開。這裡的工廠因管理效能低下，一一關閉，以製造業為基礎的經濟也就一蹶不振。在此地，最好的工作通常是從德西來這裡負責管理的專業人員，就連藍領工人也經常越過褐色的奧得河，到對岸的斯武比采（Stubice）。這個波蘭城鎮有著喧鬧、煙霧繚繞的酒吧，當地香菸黑市買賣異常繁榮。斯武比采的建築看起來老舊、破爛，布滿塗鴉，街道坑坑疤疤。這個波蘭城市自然無法從西德的團結稅受益，看起來和冷戰時期一樣貧窮。然而，斯武比采也不會跟斯圖加特或漢堡相比。不知為何，在奧得河這一側的氣氛比較輕鬆自在，沒有那麼多怨恨。

另類選擇黨在奧得河畔的法蘭克福煽風點火，渲染他們的受害者情結。在報攤，當地的右翼報紙常出現這樣的標題，如「被遺忘之地」（Das Vergessene Land，指德東地區）或是「德國脫歐」（Dexit）。

儘管難民湧入，德國社會福利制度依然慷慨，並未遭到削減。但對德東地區的人來說，這個事實似乎無關緊要。德東人希望得到關注，投票給另類選擇黨的選民有六成說，他們是用選票抗議長久以來遭受忽視，現在終於有一個政黨願意傾聽他們的聲音。作家湯瑪斯・曼也許也是二十世紀德國最傑出的編年史家[3]。他曾指出：「德國只有一個，不是兩個。魔鬼般的狡詐使這個國家最良善的一面轉為邪惡。」梅克爾擔心，德國會再出現這樣的狡詐，但似乎無力避免。

另類選擇黨的領導人弗勞克・派翠承認：「我們需要擔心害怕的人。」在柏林，有些學校八十%至九十%的學生母語並非德語。由於德東地區都是信奉基督教的白種人，這種現象自然讓他們恐懼萬分。在奧得河畔的法蘭克福居民看來，柏林——這個喧譁的民族熔爐——似乎是個充滿敵意的陌生之地。對許多人來說，在這個嶄新的後轉折時期（post-Wende era，亦即自柏林圍牆倒塌至今），他們仍未免於壓迫：先前壓迫他們的是納粹和共產黨，現在他們正遭受第三次壓迫，壓迫他們的是德西人和他們的領導人安格拉・梅克爾。

恐懼是最容易被人利用的人類情感。一名德東中年婦女在市政大會上站起來詰問總理，她打算如何防止德國的「伊斯蘭化」。梅克爾平靜地回答：「不管就個人

3 譯注：湯瑪斯・曼於一九〇一年出版的《布登勃魯克家族》（*Buddenbrooks: Verfall einer Familie*），是以編年史的方式呈現德國過去資產階級由盛而衰的巨著。

生活或社會問題而言，恐懼從來都不是好顧問。恐懼塑造出來的文化和社會將無法掌握未來。」儘管她的話再真切不過，並沒有改變那位女士的想法，即使另類選擇黨支持者在會後從報章雜誌得知這番對話，還是一樣仇視外來者。

如果你去德勒斯登這個修葺一新的城市，到另類選擇黨的總部參觀，就會明白極右翼如何利用人民對「他者」的恐懼，對人民來說，事實為何根本就不重要。該黨牆上貼了一堆競選海報。有一張寫著：「新德國人？讓我們自己來！」海報上有個大腹便便的德國金髮小姐。這是為了反駁梅克爾的說法：不用移民幫我們生，我們自己會生。另一張海報是兩個泳裝美女的背影，標語是：「蒙面罩袍？不要吧。比基尼比較讚！」我在德勒斯登待了兩天，完全沒看到中東人。但另類選擇黨在當地的幹部古澤（Reinhard Günzel）[4]卻口口聲聲地說：「德勒斯登的犯罪率上升了。因為這些人，我不敢讓我老婆或女兒在晚上出門。」他騎著一輛老式的單車前來跟我見面。他摘下頭盔，一張皺巴巴的臉堆滿笑容——他讓我想起的不是新納粹份子，而是我的高中科學老師。

有人提供統計數據給古澤，數據顯示德勒斯登犯罪率其實已經下降，但古澤聳聳肩說：「好吧，儘管沒有很多犯罪事件，但你不希望這種事發生在你身上。」古澤和梅克爾一樣是物理學者出身，曾在東德科學院工作。但兩人之間的相似點僅止於此。古澤曾加入東德共產黨，在梅克爾開放邊境接納難民時，他加入了另類選擇黨。古澤認為，今日的德國不必為大屠殺背負責任和贖罪，也就不需要「走出過往，銘記傷痛」（Vergangenheitsbewältigung）。在德東地區，有很多人也是這麼想。梅克爾想填平德國東、西兩邊之間的鴻溝，這正是她面臨的困境——德東與德西對內疚、救贖和補償有不同的看法。

由於反猶太主義在德國大抵仍是禁忌，另類選擇黨於是使其種族主義看來像是反伊斯蘭，民眾就比較容易接受。古澤說：「只要一個人願意學習我們的語言、歷史，入境隨俗，支持我們的憲法，我們都很歡迎。」這種尊重憲法的說法其實只是為了轉移焦點。之前，他就曾說，另類選擇黨會設法修改憲法中有關給予戰爭難民庇護的部分。

前外交部長費雪說：「我在小時候，每一個人的（爺爺）Opa 就像這樣的人。」他指的是古澤和高蘭德。「他們是前一個時代的倖存者。我們必須要跟他們鬥

4 古澤：生於一九四四年，曾是德國精英特種部隊的陸軍將領。他在二〇〇三年因支持一名德國保守派政治人物發表反猶太言論而被軍方解雇。

爭，咒罵他們。如果他們像納粹一樣思考、說話，會說什麼『千年帝國』啦，或是說大屠殺根本就沒有什麼好提的，我們就得叫他們納粹……安格拉．梅克爾跟我一樣，打從心底看不起這種人。」

然而，「這種人」能提供她不能給德東人的東西。由於梅克爾絕頂聰明，加上一連串政治導師的提攜，使她得以在政壇上平步青雲，因此她低估了德東人的困難——兩德統一對他們來說，其實是條坎坷路。她的恩師前東德總理羅特．德邁齊爾就曾提出這樣的聖經比喻：「在舊約中，有這麼一個故事。摩西帶領以色列人，在沙漠中流浪了四十年。前二十年過去時，有一半的人說：『我們要回去了。這樣流浪太苦了，我們寧可被關。』摩西向上帝禱告，問道：『為什麼我的族人如此膽怯？還要再流浪多久？』上帝告訴他：『直到最後一個在奴役出生的人死去。』」

儘管梅克爾很熟悉舊約，卻沒從摩西的掙扎學到一課。直到任期後期，她似乎才發覺，原來德東人民覺得自己是歷史的受害者。她認為兩德統一應該是件好事，曾在一次訪問駁斥德東人民受苦的說法。她說：「這太荒謬了吧。」她指責德東人，說他們不思改變，又說：「當初東德是自願加入德意志聯邦共和國的。理由很簡單，也很有說服力：德國西部的經濟和政治秩序更成功、更有效能，也更合理，還更自由。就是這樣，沒有什麼好說的。我們希望加入這個體系。」梅克爾因為過於務實，不知道要拆除內心中那看不見的牆，遠比破壞一道混凝土牆來得費時。這位極其理性的科學家不了解人類行為的背後，有著種種非理性及情感因素。

另類選擇黨的成功還有性別因素。該黨利用一種「東部男性」的現象進行操作。這是指覺得自己是弱勢的工人階級男性，相較之下，自柏林圍牆倒塌後，德東地區的女性更有進展，很多女性一有機會就搬到德西地區。（二〇一七年只有九%的女性投票給另類選擇黨，但有二十八%的男性投給這個黨。）以開姆尼茨為例，居民男性與女性的性別比為十比八，因此該地容易產生男性為主的政黨。再者，安格拉．梅克爾是「東部女性」中最成功的代表，她每天都在提醒東部男人他們有多失敗。

柏林圍牆倒塌後，德東地區清除共產黨人，其精英也紛紛中箭落馬。（梅克爾在政壇發跡時，很多東德政治大老一一倒下。其實，只要跟國家安全部有一丁點牽連，政治生涯就結束了。）事實上，與後納粹時期相比，柏林圍牆倒後的肅清更徹底。這代表新的精英必然來自德西地區。回過頭來看，這時或可培養新一代的德東精英，但是德東依舊讓人才荒蕪。最有雄心壯志、最專注且善於自我創新的人在高度競爭的德西地區茁壯成長。安格拉．梅克爾就是最成功的一個。她當上了總理。

兩德統一的推手和監督者——特別是美國總統老布希、國務卿貝克及德國總理柯爾——錯過了給這個新統一的國家起個新名字的機會，以代表新的開始。東德直接加入德意志聯邦共和國，致使今天仍有許多德東地區的人覺得自己像是附屬品。長久以來，梅克爾似乎對他們的不滿情緒視而不見。她積極、樂觀，而且有著滿滿的自信，這些特質就是她在政壇崛起的動力，然而有時也讓她出現盲點，看不到那些能力不足、難以適應新環境的人正在苦苦掙扎。

自二〇一七年大選以來，另類選擇黨已在聯邦議院占有一席之地，成為主要的反對黨，坐在議院的前排——儘管他們的席位只占十五％，但他們的存在與其說是實際的威脅，不如說是警告。在梅克爾擔任總理的最後幾年，她拒絕跟他們接觸，以免讓他們成為德國政治生態「正常」的一部分。但是另類選擇黨的議員會故意在通往總理國會辦公室的走廊閒晃。其他議員大可避開這裡，但梅克爾沒辦法。

二〇一八年三月十四日：梅克爾走進明亮的聯邦議院會議廳。高蘭德就坐在前排，她對他視而不見，目光直視前方，快步走到與她友好的議員身邊，跟他們打招呼、握手，輕拍他們的背。她看起來是如此平靜，你幾乎不知道這一天是她第四次也是最後一次宣誓就職總理的日子。這真是一件大事，乃至於紹爾決定到場，悄悄地來到包廂，坐在梅克爾母親的旁觀。慕尼黑猶太人文化團體會長克諾布洛赫（Charlotte Knobloch）也在觀禮嘉賓之列。

對慕尼黑猶太社群的領導人而言，跟高蘭德這麼近，實在不舒服。這位另類選擇黨大老當選議員後宣布：「在德國一千多年燦爛輝煌的歷史中，希特勒和納粹有如一粒鳥糞，不值得一提。」自二〇一五年以來，來自中東的一百萬穆斯林難民也為德國的猶太人帶來惶恐不安。很多難民來自仇恨猶太人的國家，因此有些猶太人擔心梅克爾的難民政策會破壞德國微妙的社會平衡。在一些地方，猶太男性如戴著圓頂小帽，可能會引來禍事。但克諾布洛赫這日在聯邦議院現身，以表示她對總理的支持。她告訴我：「梅克爾向我們承諾：她絕不容許反猶太主義，包括穆斯林的反猶。」

被叫到名字的議員走出來排隊、投票，以選出總理。其實，這只是個形式。議員被引導到圍著布簾的圈票處。二十分鐘後，聯邦議院議長蕭伯勒宣布了一個不讓人驚訝的結果：安格拉．梅克爾再次當選總理。很多議員雀躍歡呼，不斷鼓掌。敵對政黨——社民黨、自民黨和綠黨——的議員獻花給帶著笑容的梅克爾。這是德國民主勝利的一幕。高蘭德和他的夥伴懷德（Alice Weidel）依然坐在座位上，雙臂交叉，冷眼旁觀。接著，自民黨一位議員走到他們身邊，在他們耳邊嘀嘀咕咕，可以猜到他提醒他們注意規則和禮貌。另類選擇黨這兩大支柱心不甘情不願地站起來，加入祝賀的行列。梅克爾板著一張臉接受他們的道賀，跟他們握手。

蕭伯勒在敲下議事槌，宣布散會前，以嚴肅的語調說道：「祝各位在這條艱辛的道路上一切順利。」似乎為了讓大家明白遵守規定的重要，他決定對一名另類選擇黨的議員罰鍰，因為他在祕密圈票處拍照，並立即上傳到社群媒體。這也許只是小小的挑戰，故意違反聯邦議院祕密投票原則，但這名另類選擇黨的議員是要藉此傳達一個更重要的訊息：我們不會按照你們的規則行事。對梅克爾最後的任期來說，這真是一個不安的開端。

梅克爾就職典禮演說的語調嚴肅，近乎沮喪。她承認：「我們的國家已出現一些改變。」她沉痛地指出，現在的德國人不再像過去那樣尊重不同的意見，各群體之間出現裂痕，如老年人和年輕人之間、德東與德西、城市和鄉村、世世代代住在這裡的人和新來的移民。問題是：這裡的人還遵守法治嗎？
長久以來對德國法治充滿信心的她，似乎第一次沒有答案。

儘管梅克爾保住了總理大位，但她最重要的政績，也就是她的難民政策已遭受一段時間的攻擊——而攻擊她的，不只是另類選擇黨。在她自己的聯盟，包括巴伐利亞邦邦長、姊妹黨基社黨黨魁澤霍夫在大選之前，就一直攻擊她的難民政策。他宣稱：「伊斯蘭教不是德國的一部分。」這等於呼應另類選擇黨的說法。

澤霍夫是那種喜歡在啤酒屋高談闊論的民粹主義者，比起梅克爾，他更欣賞匈牙利總理歐爾班，他擔心自己的中右翼基社黨選票會被另類選擇黨吸走。他甚至學習另類選擇黨，說梅克爾的難民政策是「庇護觀光」，呼籲別再讓那些申請庇護的人進來德國了。

他說：「梅克爾跟難民自拍。但我們現在想看到難民坐上巴士被遣返的照片。」儘管難民來到德國的人數已大幅減少——但對澤霍夫這種熱中煽風點火的人來說，事實和數字不若激怒選民來得重要[5]。他還主張在所有的公共建築設置十字架，甚至提倡與右傾的奧地利和義大利民粹主義者建立「軸心國」。「軸心國」這個詞正是二戰的納粹——法西斯聯盟名稱。這老調重彈讓人聽來格外刺耳。

硝煙四起，梅克爾為了救火，疲於奔命。但她再次展現她那非凡的毅力和韌性。她能通過大選的考驗，不只因為反擊澤霍夫，也運用她拿手的策略——說服——來對付過度自信的惡霸。二〇一七年七月二日中午，梅克爾和澤霍夫帶著虛弱的微笑，雙雙走出基民黨柏林總部。兩人徹夜協調，到現在終於有了結果。他們討價還價的細節仍是機密，眾所周知的是，梅克爾在一些邊緣議題願意稍稍退讓，但對這個巴伐利亞人意欲為庇護難民數量設限一事，則絲毫不肯讓步。梅克爾的核心政策維持不變。

澤霍夫人高馬大，身高只有一六二公分的梅克爾站在他身邊，明顯矮一個頭。記者問梅克爾，他和澤霍夫之間還有什麼差異？她面無表情地說：「幾乎差三十公分吧。」不久，她任命澤霍夫為她第四個任期的內政部長。這個巴伐利亞民粹主義者似乎已臣服於她。兩年後，澤霍夫公開讚揚她是個「傑出的人」，並說能與她共事，讓他覺得「自豪」，還說：「在歐洲，沒有人像安格拉．梅克爾那樣值得信賴。」

但是另類選擇黨的人就不是這麼容易馴服了。這個黨的新科議員懷德在幾個月後首次站上聯邦議院的講台。三十九歲的她，穿著剪裁合身的西裝外套加長褲以及簡潔的白襯衫，戴著珍珠項鍊，皺起眉頭，不斷數落梅克爾政府及其任內所犯的各種「罪行」，包括接受賄賂、亂花納稅人的錢、貪腐等。她僅止於指控，沒提出任何建議、法案或者提交給聯邦議院審議的法規。語畢，她陰著臉把文件收好，然後回到座位上。另類選擇黨的人馬起立鼓掌，其他議員則沉默不語。

接著，換梅克爾走上講台。她露出燦爛的笑容，說道：「自由民主社會有一點很棒，那就是每一個人都有權談論對國家重要的事情。」會議廳爆發舒暢的笑聲和掌聲。接著，她提出召開高峰會，以解決對這個國家而言真正重要的問題：包括住房短缺、設立日間護理中心、改善老年人的照護以及縮短偏鄉數位落差。談到偏鄉數位化，她即興發言，強調從矽谷到深圳，德國的競爭對手不知凡幾，德國需

---

5 自二〇一五年開始，進入德國的難民人數已大幅下降，遠低於每年二十萬名。但根據聯合國難民署（United Nations High Commissioner for Refugees）的統計數字，在已開發西方工業國家，德國仍是收容難民數量最多的國家，也是唯一這麼做的西方國家，而開發中國家收容的難民數量比德國更多，包括土耳其、巴基斯坦、烏干達和蘇丹。

要急起直追，才不會被拋在腦後。她以自己近期最關心的議題結束二十分鐘的演講：她擔心自由秩序已受到威脅，提醒聯邦議院，二戰後，德國接納了一千一百萬難民——主要來自遭蘇聯占領的東方——最後強調：「其實，我們就是一個難民國家。」她還利用這個機會提醒議員擁護共同的價值觀。她說：「有人相信國家可以靠一己之力成功，也就是主張最純粹的民族主義。還有一些人則相信共同解決方案才是王道。」

掌聲打斷了她的最後一句話。懷德激烈的抨擊正證實梅克爾的警告不容小覷。另類選擇黨或許已進入了德國聯邦政府，但也孤立了自己。德國是個成熟的民主國家，比任何一個歐洲國家更了解接受種族主義必得付出高昂的代價，因此不會歡迎極端份子進入政府最高層。就這一點，在基民黨中，連經常批評梅克爾的保守派也同意。

然而，既然人民的憤怒已把另類選擇黨送進聯邦議院，這股憤怒不會就此消停，有一條導火線仍在德國社會中緩慢燃燒——特別是在德東地區。二〇一八年八月，開姆尼茨（即東德時期的卡爾·馬克思城）陷入混亂。這裡恐怕是薩克森邦中對外國人仇恨犯罪率最高的市鎮。由於有兩名女子被兩個中東男子騷擾，接下來演變成十幾個人的鬥毆。在打鬥中，一名古巴裔德國木匠身中數刀不治身亡，攻擊他的則是尋求庇護的中東人。另類選擇黨和當地的新納粹人士便利用這個事件宣洩怒火。有八千人聚集在重達四十噸的馬克思雕像下方，舉行示威遊行，火燒德國國旗，揚言推翻梅克爾領導的大聯合政府。當地警方措手不及，但另類選擇黨已做好準備。

當地的另類選擇黨議員，在推特上說：「國家若不再能保護自己的公民，公民就會走上街頭，保護自己。」遊行者穿著納粹軍裝——至少有一個人做出納粹敬禮手勢——這些景象幾乎讓所有的德國人震驚。法西斯份子在開姆尼茨街道上橫行了兩天，追趕膚色黝黑的居民，甚至攻擊一家猶太餐廳。

梅克爾在柏林譴責說：「這個國家容不下仇恨。不能拿任何藉口或理由來攻擊看起來跟我們不同的人。」但高蘭德則讚美暴徒，說他們是「關心國家的公民」，堅持「仇恨不是罪惡。」這就是梅克爾先前說的——她不想讓國人將目光放在這種恐怖的事件上。

三個月後，梅克爾終於來到開姆尼茨，但實在來得太晚，她拖得太久了。因為她有時會過於謹慎，而且討厭與人對抗。她在一個廢棄的火車頭工廠，對著一百二十名板著臉的聽眾說：「我知道在某些人眼裡看來，我的臉像天使，另一些人則覺得我像魔鬼。」外頭，有更多的人在那裡高喊：「梅克爾下台！」但她繼續輕聲說話，那聲音聽起來像心理治療師，而非政治人物。「你們聽到的是謊言。不要讓散布仇恨的人對你們發號施令，」她懇求說。

有一個男人哀怨地說，為什麼我們當中有很多人覺得自己是失敗者？

「你們中的一些人不能看到孫子長大，是因為你們的孩子已經遷居到別的地方，」她同情地說。「儘管失去了一些東西，但我們獲得的更多！」她說「我們」是為了與這些東德人連結。她去那裡，是要安慰他們，而非責備他們。

在那兩個多小時中，她沒有為自己解釋，甚至沒為自己的政策辯護。居民丟過來的問題再尖銳，她都得回答。年輕時的她有時會展現優越感，對不知靈活應變、不懂調適的東德同胞嗤之以鼻，但現在的她完全不同。隨著年齡增長、時間的流逝，以及和失敗擦肩而過，已磨去她的傲慢。現在，這些同胞並未失去理性與同情。他們不是對她謾罵的示威者，或許她還可以說服他們消除一點敵意。在最近的選舉中，她不再只是掌握事實，她設法用人性的溫暖將選民拉回來。

漸漸地，氣氛變了。她反覆使用「我們」一詞降低憤怒聽眾的攻擊性。到了會談快結束時，會場後面有一個人喊道：「總理，謝謝妳，謝謝妳讓這個國家有良好的局面。」梅克爾嚇了一跳，一時之間說不出話來，最後才說：「好吧，我想，你們今天來到這裡，不是為了要聽讚美我的話。」她看起來又驚又喜。這是個好兆頭。但在外頭，人群吶喊得更大聲了。「滾蛋，離開這裡，滾蛋，離開這裡。」（Hau ab, Hau ab）一波波的聲浪襲來，淹沒了她的聲音。

梅克爾已擬好退休時間表。她的決心未曾動搖。即使新納粹份子在開姆尼茨的街道上亂竄，也不能逼她提早下台。克魯格（Paul Krüger）說：「在開姆尼茨事件過後，啤酒節時，我們在柏林歌劇院見到了對方。」克魯格是她的老朋友，在柯爾內閣時的老同事。我和他在波茨坦一家酒店的餐廳見面。他最近才卸下市長的職務。餐廳裝潢的主調是棕色——這種色調在東德很流行，梅克爾則非常厭惡。

「那天，她看來沒什麼壓力，似乎特別放鬆，」克魯格回憶道，「她問我過得怎麼樣。我猶豫了一下，才說我很好。」接著，他告訴她：「我看到那些白痴給妳帶來多少麻煩，每一天都是如此。我真為妳難過。」克魯格繼續描述這次相遇的情景。

「我們還在聊天，發現有人走向她，我們只好說再見。後來，她突然跑過來找我，對我說：『我想讓你知道，我也很好。其實，我很開心。』我想知道這到底是怎麼一回事，為什麼她要跑過來跟我說這樣的話。幾天後，我終於找到答案。」

二〇一八年十二月七日，梅克爾回到了她的出生地漢堡，向她領導了十八年的基民黨告別。黨派政治讓她身心俱疲，因此她要辭去黨魁的職務——當然，她仍是德國總理。她將是基民黨的非官方領導人，仍將指導這個黨的政策，並為黨挑選最好的領導人。但自此之後，她的權力將建立在不可否認的地位上，而非黨內地位。其他人可處理黨內事務，而她將超越政治。安格拉．梅克爾希望在總理任期的最後三年能致力於她最愛的領域：全球事務。

在巨大洞穴般的國會中心，她站在台上，面對一千多名基民黨黨員——他們不再全都是男性——大多數人見過的黨主席只有梅克爾一人。大廳裡瀰漫著一種告別演說的氣氛。柯爾的「小姑娘」歷經基民黨的低潮，然後使這個黨重振雄風。她以自嘲式的幽默做為開場白：「二〇〇〇年，我為基民黨提出的第一個口號是『開門見山』（To the Point）。許多人覺得很不習慣。德國呢？未來呢？我們的價值觀呢？我們的安全防禦呢？這些怎麼都不見了？只有『開門見山』。這真是典型的梅克爾風格：枯燥乏味。」

總理提到她在基民黨初次亮相的尷尬，黨員聽了哈哈大笑。她也提到自己在東德的起點，近年來她經常想起那段歲月。接著她脫稿演出，回憶柏林圍牆倒塌有如獲得新生的狂喜。「對我們來說，那是令人難以置信、充滿好奇心的時代。我們在等待新的東西。我在一個朋友的書上寫道：『走出去吧！』多麼美好的前景！新時代的自由……我們的未來完全掌握在自己手中。」顯然，她很懷念那些時光，為希望震顫的日子。

她省思自己擔任總理的風格，承認道：「我對你們要求很多。我不想攻擊對手——寧可選擇剖析的手術刀或沉默——而非刀劍。我知道，我在測試你們的膽量。」雖然這並不完全是道歉，但也差不多了。她坦承或許自己能帶給極右翼較具毀滅性的一擊。同時，這些聚集在她面前的人了解，攻擊根本就不是她的本性，他們必須尊重她有時特立獨行、甚至令人氣憤的行事方式。說到最後，她的語氣不再像是政治人物，她想清楚表明，如能達成更崇高的目標，她了無遺憾。她聽起來就像是牧師的女兒。「我不是天生的總理或黨主席，」她說，「我一直希望有尊嚴地做好我的工作，然後有尊嚴地離開。畢竟，每一個人的時間都是有限的。」

黨員全都站起來，為他們的主席鼓掌了整整十分鐘。很多人揮舞寫著「感謝有您」的牌子。在場的每一個人，無論男女，都在拭淚。梅克爾的眼睛閃閃發光，她飛快地眨眼，不讓淚水流下來。梅克爾希望趕快交棒給她選定的繼任者克朗普－凱倫鮑爾（Annegret Kramp-Karrenbauer），現年五十七歲，來自薩爾蘭邦（Saarland）的中間派，那她就能在擔任總理的最後三年，專注在歐盟和氣候變遷等迫切的問題上。然而，她身不由己。至少，現在還不行。

✽ ✽ ✽

安格拉．梅克爾因威瑪（Weimar）附近的事件，被迫必須緊盯著國內政治。威瑪位於圖林根邦（Thuringia），是個歷史悠久的城市。納粹在一九三三年贏得全國勝利前，就是先拿下圖林根。在德國，過去總是陰魂不散。偶爾，梅克爾開會遲到，就是因為總理府附近發現蘇聯在二戰時期留下的未爆彈，致使交通受阻。在德國，過去在威瑪留下的陰影遠比其他城市都要來得大——這個地名就是一種回音。

一九一九年二月，第一次世界大戰結束後三個月，來自德國各地的代表聚集在威瑪。威瑪是德國的文化之都，歌德、席勒、荷蘭哲學家伊拉斯謨斯、作曲家李斯特的精神故鄉。這些代表聚集在一個迷人的巴洛克宮廷劇院，為新的德意志共和國奠定基礎：威瑪共和國。普羅伊斯（Hugo Preuss）起草了新憲法，並被稱為威瑪憲政之父。他是猶太律師，也是自由派的政治人物。在接下來的選舉中，中間派政黨獲得壓倒性的民眾支持，而保守派只拿下十%的選票。十四年後，納粹放火，燒了五萬本猶太人寫的書，宣傳部長戈培爾宣布：「猶太知識份子的時代結束了。」只需一場全球大蕭條加上一個狡猾的煽動者，就能燃起大火，吞噬威瑪共和國，結束德國的第一次民主實驗。

一九三三年和二〇二〇年的相似之處，令人膽顫心驚。因為類似情況正在威脅德意志聯邦共和國。

二〇二〇年二月，梅克爾赫然發現，她欽點的基民黨接班人克朗普－凱倫鮑爾，竟然和另類選擇黨聯手，要將自民黨的凱默里希（Thomas Kemmerich）送上圖林根邦邦長的寶座。克朗普－凱倫鮑爾打破了梅克爾禁止與極右翼政黨合作的規定，為了一個小邦邦長的選舉，決定和另類選擇黨站在同一陣線。這是德國政治中令人不解的一個例子。（德國議會制度複雜到荒謬的地步，因為這個制度，各黨派必須互相結盟，以獲得多數席位。這也就是為何克朗普－凱倫鮑爾這次捅馬蜂窩的由來。有一段時間，自民黨一直是梅克爾執政聯盟的夥伴。）基民黨和另類選擇黨結盟，讓自民黨的成員上台——對梅克爾來說，不但匪夷所思，更是不可饒恕。事件爆發後翌日，克朗普－凱倫鮑爾即辭去黨魁。

梅克爾必須快刀斬亂麻，立即處理這樁「浮士德式的交易」。她取消前往南非進行國是訪問的行程，嚴肅地說：「對德國民主來說，這是很糟的一天。」並宣布不支持凱默里希出任邦長。儘管凱默里希在另類選擇黨的撐腰下，比對手多一票當選。但凱默里希才剛當選，就因壓力過大，宣布辭職。梅克爾於是要求舉行新的地方選擇[6]。這場危機總算有驚無險地結束了。但另類選擇黨不會消失，而梅克爾不久就會離開政壇。

6 其實，克朗普－凱倫鮑爾的交易並無不合法。只是德國所有主流政黨都拒絕和另類選擇黨這樣的極右翼政黨合作。二〇二〇年三月四日，左派黨（Die Linke）的波多·拉米洛（Bodo Ramelow）當選圖林根邦邦長——其實從二〇一四年到選前一個月，他都是該邦邦長。

二〇一八年十一月十一日，馬克宏歡迎梅克爾來巴黎參加第一世界大戰結束百年系列紀念活動。兩人來到一戰停戰協定簽訂地貢比涅，親密地依偎。他們的關係並不總是如此和諧，然而還是設法好好相處。他們知道，他們必須團結一致，對抗來自莫斯科和華盛頓獨粹主義與民粹主義日益增強的威脅。

圖片來源：Philippe Wojazer/AFP via Getty Images

第十七章

終於有了一個戰友？

如果一個人只有道德，沒有別的，此人不過是個傻子[1]。

——摩根索（Hans Morgenthau，一九〇四～一九八〇），德裔美國政治科學家

1 譯注：出自摩根索所著《國際政治：權利鬥爭與和平》（Politics Among Nations: The Struggle for Power and Peace）中〈政治現實主義的六個原則〉（*"Six Principles of Political Realism"*）一文，前後文如下：如果一個人只有道德，沒有別的，這個人不過是個傻子，因為他不知謹慎、冒失莽撞；如果一個人只有宗教，那他是個聖人，因為他完全沒有世俗的欲念。

二〇一七年五月，年僅三十九歲的進步主義經濟學家伊曼紐爾．馬克宏（Emmanuel Macron）顛覆法國政壇，扭轉民粹主義浪潮，成為自拿破崙以來最年輕的法國元首。梅克爾在馬克宏於前總統歐蘭德內閣擔任經濟部長期間就認識他了，也很欣賞他的才華。馬克宏的對手是法國極右翼的民族陣線黨魁瑪莉．勒朋（Marine Le Pen）。勒朋是克里姆林宮的座上嘉賓，甚至有「女川普」之稱，馬克宏能擊敗他，梅克爾自然欣喜欲狂。她說：「馬克宏背負數百萬法國人民和許多德國人的期望。」其中，對他期許最深的，就是安格拉．梅克爾。

梅克爾未曾以西方國家的領導人自居。這是她不得不接下的重責大任，即使不情願，也得接受。在她展開第四任總理任期的前兩個月，她在世界的舞台上不再孤軍奮戰，不必一個人抵禦集權主義的浪潮。終於，有一個具備能力的歐洲大國領導人願意站出來，支持她對歐洲大陸的願景。儘管他們曾夢想建立歐羅巴合眾國，急躁、衝動的馬克宏現在就希望這個夢想能實現，但梅克爾行動緩慢，傾向從長計議、審慎行事。即使她討厭川普的煽動言論，對跨大西洋聯盟，梅克爾的依附要比馬克宏來得深。不久後，這兩位領導人風格和氣質上的差異就會顯露出來。

國家跟人一樣，從失敗中學到的東西，往往要比從勝利中學到的更多。梅克爾和馬克宏都是其國家論述的精巧產物。德國自第二次世界大戰慘敗、吞下恥辱之後，就不再炫耀軍事力量，只有拿下世足賽冠軍時，德國人才會毫無顧忌地揮舞國旗。在柏林，最多人參觀的地標中就有數個是為了提醒世人第三帝國是如何毀滅的；奧斯威辛集中營是二戰德國的象徵。德國低下頭學習謙卑，決定改過自新，梅克爾的領導風格同樣謙虛溫和。儘管她在學生時期就是班上最優秀的學生，但她只想當個不起眼的人。即使是穿著灰色制服、一板一眼的德國聯邦國防軍（Bundeswehr）也盡量低調、不引人注目。

法國共和國禁衛軍（Garde républicaine）則大異其趣。他們戴著光可鑑人的黃銅頭盔、穿著金色辮子飾邊的軍服，並把紅色長褲褲腳塞進閃亮的靴子裡。在西方民主國家中，只有法國依然舉行閱兵儀式。二〇一七年七月的巴士底日同時也是法國國慶日，美國新任總統川普在巴黎的香榭麗舍大道觀看閱兵，威風凜凜的法國騎兵隊以及隨後登場的各種新式武器裝備，讓他看得目瞪口呆。後來，他也想在華盛頓特區舉辦一場類似的閱兵典禮——但美國人眉頭為之一皺，德國人更嗤之以鼻。想像一台台坦克在柏林選帝侯大道轟隆隆地前進，必然會覺得那是世界末日。

對法國來說，二戰的永恆象徵是抵抗運動（La Résistance）。戴高樂一廂情願地說：「我們解放了法國[2]。」雖然一八〇三～一八一五年的拿破崙戰爭帶來苦難與血腥，但今天法國仍以自己打過的偉大戰役為巴黎地鐵站命名：奧斯特利茨站（Austerlitz）、索菲利諾站（Solférino，拿破崙三世在此擊潰奧地利軍隊）……馬克宏出任法國總統後的第一件事就是乘坐迷彩軍用吉普車，駛上香榭麗舍大道，在凱旋門前點燃一把火，以紀念為國捐軀的英魂。梅克爾認為，你要演出戰爭的戲碼，就在拜魯特音樂節華格納歌劇的舞台上演吧，別在政治世界。

二〇一七年，馬克宏擔任總統後的第一次國是訪問是去柏林，與安格拉·梅克爾會晤。他們兩位一個是二十一世紀任職時間最長、最具影響力的歐洲領導人，另一個則是最新、最年輕的領導人，兩人相會就像是祝福的儀式。梅克爾已經六十幾歲，直言不諱、從政前是科學家，這是她擔任總理的第十三個年頭，而剛在法國政壇投下震撼彈的馬克宏，瀟灑迷人，可說是有史以來最帥氣的總統，顯然這兩人看起來不是天造地設的一對。梅克爾以德國作家赫曼·赫塞（Hermann Hesse）的話歡迎馬克宏來到總理府：「每一個開端都有一點神奇的的魔力。」梅克爾從來就不是喜歡賣弄文辭之人，因此馬上補充說：「如果能有結果，魔法就不會消失。」（兩人用英語交談，就已發展數百年的德法關係而言，這可是件新鮮事，因為過去兩國元首總依靠口譯人員進行溝通。）儘管梅克爾這麼說，但這位新科法國總統，仍因為能跟梅克爾這位歐洲政壇傳奇人物一起站在世界舞台上，而洋洋得意。同時，馬克宏和梅克爾的互動非常自然，梅克爾大他二十四歲，跟他的妻子布麗姬特．馬克宏（Brigitte Macron）同年。

兩人的共同目標是建立一個強大的歐洲，以對抗普亭的侵略、日益強碩的中國，和咄咄逼人的川普。在一連串軟弱的領導人之後，法國終於出現一位出色、雄心勃勃的總統，能跟她一起並肩作戰，梅克爾真是鬆了一口氣。歷經體弱多病的席哈克、衝動急躁的薩科奇和軟弱無能的歐蘭德，梅克爾樂見馬克宏讓法國重拾驕傲。但這並不代表她願意扮演馬克宏的副駕駛。梅克爾勸告他：「依照自己的節

2 一九九五年，在美國的主導談判下，野蠻的波士尼亞戰爭終於落幕。這是自二戰以來歐洲最血腥的戰爭。儘管這次的和平協定是在俄亥俄州代頓的萊特——帕特森空軍基地的鐵絲網後面談成的，法國總統席哈克（Jacques Chirac）堅持於巴黎的愛麗舍宮簽署和平協定。脆弱的榮耀，仍是榮耀。

奏，慢慢來。」但這不是這位年輕氣盛的總統想聽的。

他不是任何政黨的俘虜，除了他自己創立的共和前進黨（La République en Marche!）——梅克爾所屬的政黨名稱，絕不會出現這樣的驚嘆號。他渴望顛覆、改變，甚至出了一本自傳，名為《變革的力量》（*Revolution*）[3]。他告訴梅克爾，我們不能讓左翼和右翼的極端份子成為唯一的顛覆者。「安格拉，妳和我，我們一起來顛覆吧！」選前，他告訴梅克爾，萬一他選輸了，德國要對付的就是法國極右翼的民族陣線黨魁瑪莉·勒朋。

馬克宏有著雄才大略，帶著他所謂的「歐洲主權」登上總統寶座。他在索邦大學的圓形大講堂發表演講。在這場九十分鐘的演說中，他用言辭綻放的煙火讓人目不暇給，相形之下，梅克爾一輩子說的生花妙語都沒這麼可觀。他提議建立一個關係緊密的歐元區、一個單一的銀行系統、發行歐洲共同債券和共同的移民管理制度。歐洲缺乏這些機構，經歷金融風暴和難民危機的考驗，更顯現歐盟在這兩個領域缺乏共同政策。（二〇二〇年，新冠疫情全球大爆發也突顯公共衛生基礎建設不足的缺點。）「歐洲主權的建立要靠我們自己！讓我們一起努力！」他在大講堂大聲疾呼，同時尋求梅克爾的支持。雖然法國和德國的夥伴關係一直是歐盟的基石

——畢竟在歐洲大陸，這兩國人口最多、領土最大。然而，多個世紀以來，這兩國暗自較勁、相互怨懟也是不爭的事實。只是在二十一世紀，他們無法在戰場上解決分歧。

法國抵抗運動英雄、一九五八～一九六九年擔任法國總統的戴高樂如此比喻德法兩國關係：「德國是馬，法國是馬車夫。」當然梅克爾不認為兩國的互動是如此。有一次，薩科奇對梅克爾眉來眼去，說道：「安格拉，我們是天生一對。我們是歐盟的頭跟腳。」梅克爾酸溜溜地說：「不，尼可拉，你是頭和腳，我是銀行。」

馬克宏口口聲聲說要顛覆歐洲，梅克爾其實無法這麼做。首先，法國憲法賦予總統的權力要比任何西方民主國家來得大。德國總理在強大的政黨結構和分散的聯邦制度之下，只能透過說服和共識來治理國事。儘管內閣成員是由總理指派，但她選擇從各個主要的政黨挑選，而不是只用自己黨內的人。馬克宏創立自己的政黨，

3　二〇二二年，馬克宏競選連任的口號將是「吾等法國人」（Nous, Français）。反民族主義的梅克爾絕不可能贊同這樣的口號——這或多或少可看出兩人之間的鴻溝。

擊潰法國所有的政黨。梅克爾崇尚撙節和節儉，這也是德國人民喜愛的特質，因此她猶豫不決，不知是否該為單一銀行系統背書，並由德國——這個歐洲經濟火車頭——來支撐這個體系。

歐洲自給自足是馬克宏的目標。他提議建立歐洲常備軍，以減少對北約的依賴，這個計劃則很難說服梅克爾。對她而言，儘管川普的所作所為令人憤慨，她依然重視跨大西洋關係，馬克宏的計劃不但好高騖遠，更是操之過急。

梅克爾還注意到馬克宏沒提到的變化。法國接受德國是經濟強國，但在政治上是否認為雙方可平起平坐。如果法國和德國將共享歐盟預算和一體化的銀行系統，兩國是否可共享聯合國安全理事會常任理事國的席次？法國會裝作沒聽到這個問題吧。聯合國在一九四五年成立時，已決定擁有一票否決權的常任理事國為法國、中國、俄羅斯、英國和美國五國——儘管這是七十年前的規定，這五個國家未必是現在最強大的國家，但對法國來說，意義重大。梅克爾政府認為，相較於歐洲統一，法國更在意權力的象徵。

也許問題還牽涉兩人相遇得不是時候。身經百戰的梅克爾正處於政治暮年，馬克宏則剛剛起步。他在歐蘭德內閣擔任經濟部長時，梅克爾還很喜歡他，但她覺得，他擔任總統後就變得傲慢。（她曾對助理說：「我知道他很聰明，但他為什麼一直炫耀？」）馬克宏曾斥責一個巴黎少年，因為那孩子直呼其名，叫他「曼紐」。梅克爾的一個助理說，在二戰期間，倫敦人也常親暱地稱呼首相邱吉爾的小名「溫尼」，邱吉爾並沒有教訓他們、說他們不懂禮貌。馬克宏的野心——這項對梅克爾不具吸引力的特質——是赤裸裸的。相較之下，梅克爾會將自己的野心如同無價珠寶般，深藏不露。

也許，她有一點嫉妒這個歐洲新代言人——他是如此年輕、鼓舞人心、有如超新星般光芒四射。報上的社論預言她的領導力正在衰退，卻為馬克宏的精力和熱情歡呼。歐盟執委會主席容克（Jean-Claude Juncker）興高采烈地宣布：「真正的法國回來了！」梅克爾為了組建新的聯合政府焦頭爛額，整整忙了六個月，這時新聞頭條則對馬克宏大捧特捧，稱他為「新的全球大師」。梅克爾在柏林抱怨道：「我被困在這裡，他在當國際政治的指揮[4]。」

4　他能在頭條新聞大放異彩是因為他展現的能量和魅力。馬克宏忙於刺激法國經濟和改革稅法，也得設法平息黃衫軍運動引發的怒火——這場運動是人民不滿油價持續上揚和馬克宏政府調高燃油稅而上街抗議，甚至引發暴動。儘管如此，梅克爾還是很羨慕法國總統享有的權力和自由。

她冷眼旁觀她的政治新夥伴向川普示好。馬克宏用香榭麗舍大道上的國慶閱兵大典和艾菲爾鐵塔上的米其林大餐熱情款待川普。梅克爾認為，迎合川普個人的虛榮心，頂多只能帶來短期利益。她預測，對這個沒有內涵、虛偽的自戀者，再怎麼巴結，都只是徒勞無功。果然，二〇一八年十一月十一日，馬克宏歡迎梅克爾來巴黎參加第一次世界大戰結束百年系列紀念活動時，他已放棄川普，不再拉攏他了。正如梅克爾所料，馬克宏先前白費工夫了。

馬克宏和梅克爾那天表現出真正的熱情。兩人共同造訪一戰停戰協定簽訂地貢比涅（Compiègne），額頭碰額頭、親密地依偎，接著一起登上一九一八年法國陸軍元帥與德國政府求和團代表簽署停戰協定的火車車廂，在那裡手牽手。一九四〇年，納粹國防軍只消七個禮拜就攻下法國。希特勒故意選擇同一節車箱，強迫法國貝當將軍（Philippe Pétain）簽訂城下之盟，以示報復和羞辱。在接下來四年多的時間裡，法國不得不在傀儡政府「維琪政權」（Régime de Vichy）下，服從德國殘酷的統治。如今，梅克爾和馬克宏在貢比涅相聚，德法兩國也從世仇成為親密戰友——這一幕提醒世人歷史齒輪轉動之快。

第二天，八十位國家元首像參加葬禮的哀悼者，在滂沱大雨中撐著黑傘，肩並肩沿著香榭麗舍大道向凱旋門前進。川普不在這個莊嚴的行列中。他遲到了，坐在一旁生悶氣，盯著掌中的手機（比他更晚到的普亭來了，抓著他的手，他才又昂首翹尾。）眾人被迫上歷史課，講述人是馬克宏。川普看起來心不在焉。「舊的惡魔已悄悄返回，」馬克宏說：「民族主義背叛了愛國主義。民族主義宣稱：我們的利益優先。那麼，誰會在乎其他人？」這話正是針對坐在前排擺臭臉的川普。

幾天後，梅克爾終於回應一年多前馬克宏在索邦大學大講堂的呼籲。她決定支持他提出的「歐洲主權」。她穿著和歐盟旗幟相襯的藍色外套，看起來精神抖擻，走進位於斯特拉斯堡的歐洲議會。她曾說這裡是「全世界最偉大的議會」。她向來自二十七個會員國的七〇五名代表揮手、微笑，登上講台。這位討厭戰爭的總理突發驚人之語。她呼應馬克宏的核心思想，說道，現在該建立一支「真正的歐洲軍隊」了。

兩國同意一項新的聯合計劃，以協調和整合雙方的國防及安全任務，合作研發新一代的歐洲戰機。這項計劃將在歐盟和北約之外執行，成員共享情報和作戰能力。（其他二十一個歐洲國家將加入，但細節仍未確定。）面對日益敵對和變化莫測的世界，德國克服了自己對海外武裝任務的厭惡。梅克爾會支持馬克宏的提議，主要是因為川普動不動就使出欺凌手段，且和獨裁者稱兄道弟。

但馬克宏一直跑在她前頭，試圖「顛覆」歐洲現況。二〇一八年五月，馬克宏榮獲查理曼獎。梅克爾來到亞琛市政廳，坐在前排，馬克宏懇求她：「德國不能一直迷戀預算和貿易盈餘，因為這是以犧牲他人做為代價。醒醒吧！我們不能分裂，不能露出懼色，也不能再等了！」他的話語及呼喚讓他的夥伴陷入茫然。振興歐洲也是她的目標，但在通常情況下，她得仔細考慮——更何況，她和馬克宏不同，她無法一意孤行，必須和她的政府協商。

一個月後，梅克爾同意馬克宏提出的銀行聯盟計劃，以防止歐洲出現金融風暴。他的主權歐洲大計劃又有了進展。

馬克宏和梅克爾的關係依然有衝突和矛盾。翌年夏天，馬克宏在法國海濱度假勝地比亞里茨（Biarritz）召開高峰會，他再次發揮自己的戲劇天賦。有一位神秘的客人讓與會的各國領導人大吃一驚：伊朗外交部長札里夫（Mohammad Javad Zarif）。他想扮演中間人，促成伊朗和川普的協議，因為川普已退出二〇一五年簽訂的伊朗核子武器協定。梅克爾對馬克宏此舉抱持懷疑態度，說道：「如果有結果的話，當然很好。」但這件事最終依然破局。馬克宏不像梅克爾，小心翼翼地為這種外交突破奠定基礎。伊朗外交部長還不是本週唯一的意外客人。幾天後，馬克宏邀請普亭到他的避暑山莊參加私人晚宴，希望把俄羅斯拉進歐洲大家庭。梅克爾怒不可抑。

在比亞里茨高峰會期間，馬克宏扮演溫文爾雅、不時讓賓客吃驚的主人，梅克爾則趁機嚐一口自由的滋味。在比亞里茨的海灘上，觀光客被一個熟悉的身影嚇了一跳，不敢相信會在這裡看到德國總理穿著白色慢跑鞋、寬鬆白長褲在沙灘踏著浪花，身穿深色西裝的安全人員則形成V字隊形，保護著她。儘管他們已盡力假裝成隱形人，依然引人注目。帶頭的是她的發言人塞柏特。他穿著襯衫，光著腳，捲起褲腳，提著一雙紳士鞋。只有梅克爾穿著慢跑鞋，顯然她是有備而來。

這一幕似乎具有象徵意義。她的任期只剩兩年，她已開始準備離開。儘管她非常期待馬克宏能成為一個真正的夥伴，共同為了創建更團結的歐洲而努力，與好戰的敵人周旋，但是這個希望顯然落空了。而她也看開了。她跟一長串羽毛絢麗的雄孔雀打過交道，馬克宏只是其中之一。她討厭演戲。有人愛演，就讓他去吧。馬克宏和普亭、川普、艾爾段等人不同——他和她有共同的價值觀，相信民主、法治和多元化的思想。不管怎麼說，還是好好享受沙灘上的漫步吧。

她還沒下台呢。

那年年底，梅克爾和馬克宏又有了磨擦。馬克宏沒知會她，在《經濟學人》與他進行專訪時高調抨擊北約。這位法國總統論道，由於美國靠不住，北約已「瀕臨腦死」。梅克爾認為馬克宏這番論調「毫無幫助」。在她看來，質疑北約存在的價值就是削弱西方民主秩序。

在馬克宏直言北約腦死之後，他來到柏林，參加紀念柏林圍牆倒塌三十週年的活動。在貝爾維宮舉行的小型官方晚宴上，這兩位領導人終於一吐為快，說出他們的差異。然而，根據在場人士的說法，他們的語氣是友好的，自始至終都保持良好的幽默感。「他們互相尊重，但又如此不同，」德國總統的首席外交政策顧問巴格（Thomas Bagger）說道。「為了維繫這段關係，兩人都得再努力一點。」

「我了解你，」梅克爾告訴馬克宏。「你喜歡顛覆、破壞，但我得在你後面收拾爛攤子。」她指責馬克宏單獨向普亭示好，破壞歐盟的規定。他還對北馬其頓加入歐盟投反對票，這在她看來，等於是對莫斯科讓步。她認同他對大歐洲的渴望，但她還是要說，獨自冒險會削弱整個歐陸的力量。

在那兩個小時的晚宴中，最令人心有所感的，和川普、普亭或任何危機都沒有關係——就是慶祝安格拉．梅克爾人生的轉折點——柏林圍牆倒塌。有三位前東德異議人士也出席了這場晚宴。他們談到自己的「巴士底日」，但對他們來說並非十一月九日柏林圍牆倒塌那天，而是一個月前，七萬東德人在萊比錫走上街道，可能面臨暴力鎮壓。他們已有心理準備，國家安全部的人可能會對他們開火，就像那年六月在天安門廣場的中國軍隊。三人當中的舒爾茲（Werner Schultz）說，沒想到恐懼跑到另一邊：國家安全部的人怕了。人民的力量讓他們恐懼。這三名東德人覺得，解放他們的人不是雷根、戈巴契夫，也不是柯爾，而是他們自己。民族自豪不是法國人的專利。

馬克宏全神貫注地聽梅克爾回憶那個夜晚：她從桑拿房出來，腋下夾著毛巾，跟著人群走上波荷木街上的鐵橋，就此展開新的人生。這場以不滿、怨懟做為開端的晚宴，最後以找到共同點告終，可謂功德圓滿。透過一九八九年兩德統一這椿歷史事件的回顧，梅克爾和馬克宏告別時，對歐洲的共同歷史和共同命運都有了新的認識[5]。

然而，梅克爾和馬克宏一起在柏林用餐時，一種病毒已經悄悄在中國蔓延。這個危機使這兩個人再度站在一起——證明馬克宏正是她尋尋覓覓的盟友。然而，其他人卻對她失去信心。

二〇一九年底，也就是梅克爾擔任總理的第十四個年頭結束時，英國《衛報》刊登了一篇對她批評的文章。作者是艾許（Timothy Garton Ash），這位著名的牛津史學家寫道：「梅克爾必須下台。想像一個腦滿腸肥的商人，酒足飯飽後，躺在辦公室的沙發上。梅克爾掌舵下的德國就像這個人緩慢的心跳。」他承認，梅克爾對平衡預算的熱情，使德國成為經濟最健康的民主國家。但他也指責她的過度謹慎以及沒能接受馬克宏「顛覆」歐洲的主張，無法實現「拿破崙式的野心」。

他總結說：「讓梅克爾繼續任職，不符合德國或歐洲的最佳利益……現在是該改變的時候了。」

改變的確在二〇二〇年來到。但事實證明，梅克爾的存在，不只符合德國和歐洲的最佳利益，也是世界之福。

5 兩德統一的正式日期是一九九〇年十月三日，但這裡談的是一九八九年的柏林圍牆倒塌事件。

二〇二〇年三月十八日，安格拉・梅克爾利用一個不同於尋常的平台向全國人民發表談話：電視。她的語氣展現了前所未有的同情和權威。她以無以倫比的冷靜和沉著帶領德國度過新冠疫情開始肆虐、人心惶惶的那幾個月。
圖片來源：Armando Babani/EPA/EFE/Shutterstock

第十八章

邁向終點

說來似乎荒謬，對抗瘟疫只有一個辦法，也就是老實[1]。

——卡繆（Albert Camus，一九一三～一九六〇），法國哲學家、作家

1　譯注：出自卡繆在一九四七年出版的小說《瘟疫》（*La Peste*），講述阿爾及利亞的第二大城奧蘭於一八四九年發生瘟疫，當局使出鐵腕封城，以避免疾病擴散。突如其來的瘟疫讓人不知所措，也顯露各種荒謬的眾生相。這句是小說中的主角李爾醫生所言。外地記者問他，你說的「老實」是什麼意思？他答道，就是恪守本分，做好自己的工作。

事件啊，孩子，就是事件。

——麥米倫（Harold Macmillan），一九五七～一九六三年出任英國首相。有人問他，一生功過如何評定？他作如是答。

安格拉．梅克爾在總理任期的最後兩年設法鞏固一些政策，確保在她下台後，這些政策仍會延續下去。但和大多數爬上權力頂峰的人不同，她也努力跟自己政治生涯早期疏遠的人重新建立關係。

隨著時光流逝，梅克爾允許自己用一顆更柔軟的心，來對待那些跟她年輕時一樣活在封閉世界的人，以及在兩德統一後仍苦苦掙扎、覺得自己不被承認、不被重視的德東地區人民——即她所謂「不像我這麼幸運的人」。她在二〇一九年對一群前東德聽眾說：「不只是右翼的人有這種感覺，其他人也有，他們只是沒大聲說出來。我知道有些村莊已瀕臨滅絕，因為村民的孩子、孫子都遷居到其他地方了。」現在，她比較常說「我們德東地區的人」——用這種新的說法來提倡團結。

在她的政治生涯中，她很少談到自己的出身。現在，她有時會用思鄉的語氣提到，很久很久以前，她在高牆另一邊過日子，那時父親、母親還在，她是牧師的女兒、勤奮的學生。德語中的「Sehnsucht」一字已道盡她的感覺。意指回想遙遠的過去而心生懷舊、渴望等無以名之的情緒。

對梅克爾來說，一想起東德，她愈會想起兒時的景象、聲音和氣味。有人問她，什麼會喚起她的年少歲月？她說：「松樹、乾草、蒸馬鈴薯的香味。跟朋友和家人一起慶祝生日和聖誕節。我們也分享喜怒哀樂。儘管我們不能去美國，這個事實不能用來定義我們過的每一天。」

至於她最喜歡的電影是哪一部？梅克爾回答，是一九七二年的德國愛情悲喜劇《保羅和寶拉的傳奇》（*Die Legende von Paul und Paula*）[2]。我們可從這個選擇看出一些端倪。梅克爾挑這部必然不是著眼於這部電影的藝術價值，而是電影裡的時光和場景勾起她的回憶。這部片用感性的方式描述東德生活最人性化的一面：在環境的壓抑之下，一對年輕戀人該如何追尋幸福。在電影中的那個時代，一般人家的廚房都很小，還要跟鄰居共用，油漆剝落，大家都開方方正正的國民車，還給這輛

2 譯注：本片描述已婚的保羅和單親媽媽收銀員寶拉的另一半都有出軌的問題。兩人在一家夜總會邂逅，一見傾情，但保羅擔心自己的前途會受到影響，對寶拉猶豫不決。兩人感情的起伏就是情節發展的主線。此片最初在東德上映時，大受歡迎，後來卻被禁映。

車取了個親暱的小名「衛星」（Trabi）。每一個人都一樣窮。二〇一三年梅克爾跟她的丈夫一起去電影院看這部老片的數位修復版。梅克爾的臉上洋溢著喜悅的光采，只有「故鄉」（Heimat）的景物能在她的內心激起這種純粹的快樂。突然間，她不再是德意志聯邦共和國的總理，她回到了十八歲，也就是第一次看這部電影的時候——那年，她離家前往萊比錫大學物理系就讀。

然而，直到今天，仍有一部分德東人持續炮火猛烈地批判這位東德出身的總理。當然，與敵人正面交鋒不是梅克爾的風格。但是，她有時無法避開那些毫不掩飾對她懷抱仇恨的人。二〇一九年，她來到史特拉爾松德（Stralsund）參加市民大會。這裡是她的選區，她想聽聽人民的聲音。一個肥胖的金髮男子坐在前排，舉手發言，自稱是「湯瑪斯．諾林，另類選擇黨黨員」，然後就開始飆罵。「你把我們帶上了獨裁之路……基本權利被嚴重削減，沒有新聞自由……如果過去的東德政府看到今天的我們，應該會羨慕死了。」他最後說：「身為另類選擇黨的黨員，我沒有自由表達的權利。」

「首先，」梅克爾用平靜、緩和的語氣說道：「你們坐在這裡，坐在第一排，不會因為提出的問題而遭受到任何危險。」聽眾當中有些年紀較大的人發出緊張的竊笑聲。以前，在東德統治下，若有人膽敢像這個胖子這樣挑釁，早就被關起來了。「在聯邦議院，另類選擇黨的人如果有什麼話想告訴我及我的同事，都可以毫無顧慮地說出來，」她繼續說。

「至於誰代表人民、誰是愛國者，每一個人都有不同的意見。你認為是你。我則相信我只是人民的一部分……至於我的國家是否因為我的政策而分裂，我認為在這個世界上，沒有一個國家是可以獨活的……無論如何，我都會說，我的難民政策是正確的……我們不能只守著自己的財富，不能只考慮自己。」現場鴉雀無聲。她又說：「我們是世界的一部分。」

這番話令人驚訝，甚至令人感動。梅克爾有耐心、深思熟慮，平和地以共同的人性做為訴求。她的呼籲似乎是來自另一個時代。也許只有她一個人發出這樣的聲音，她也將堅持到底，直到任期結束。

在她擔任總理的最後兩、三年，梅克爾也透過精準的帶刺話語，越來越頻繁地請大家正視女性難以晉升至高位的問題。二〇一八年十月，在波羅的海基爾港（Kiel）舉辦的全球青年領袖論壇上，梅克爾站在講台上，放眼望去，發現德國未來領導人的圖像仍清一色為男性，她半開玩笑地說：「這裡很有男人味。」接著，她變得嚴肅起來，評論說：「這裡少了一半的人。且讓我告訴各位：女人豐富人生，不只是在私人生活領域，在政治領域也是如此。你們不知道這裡欠缺了什麼！」觀眾席上傳出尷尬的笑聲，接受表揚的年輕人看起來也沒那麼驕傲——甚至少了一絲男子氣概。

梅克爾沒忘記德國政壇精英如何小看她。她記得有一位部長對她說：「妳知道嗎？如果我不認為妳是個好女孩，我才不會投票支持這樣的垃圾。」他指的是她在擔任婦女與青年部部長期間提出的性別工作平等法。到了她的總理任期即將結束時，她已悄悄改變那徹頭徹尾的父權文化，創造出對女性比較友善的社會和工作環境。在二〇一八年十一月舉行的德國婦女選舉權一百週年慶祝大會上，她說：「今天，如果一個女孩說她想當部長，甚至當總理，沒有人會笑她了。有些人——」她在此停頓，以營造喜劇效果。「有些人甚至開始懷疑男人是否適合擔任這樣的職務。」此言一出，惹得哄堂大笑。這位嚴肅的總理難得說這樣的調皮話。

二〇二〇年二月，她坐在南非普瑞托利亞大學（University of Pretoria）舞台的椅子上，一隻手輕鬆地擱在靠背，以百分之百女性主義者的自信回答學生的問題：「要有自信。不要讓別人搶你嘴裡的麵包。勇敢提出不同的意見。別讓他們羞辱你。」這些忠告都是進取心強、年輕的安格拉自己摸索出來的。

她為全體婦女奮鬥，最強大的武器就是以自己為榜樣。她證明女性不耍手段也能領導。在聯邦議院，她因為掌握事實而擁有絕對的自信，因此常可成功反擊，像會下西洋棋的超級電腦那樣冷靜地回答問題。例如，有一位社民黨的議員無法在六十秒內說完有關增加安養機構人力的問題，她的麥克風被切斷了。梅克爾從容不迫地答道：「我來救妳了：我想我能猜到你們的目的是什麼。」梅克爾繼續向議員解說有關德國養護機構令人困惑難解的規定。一位政治觀察家說：「梅克爾用豐富的資訊把他們搞得頭昏眼花。」她還經常敦促年輕一代的德國女性：「女孩，去學科學吧。」這種機智、溫婉的領導風格使得咄咄逼人、虛張聲勢的男性領導人顯得跟不上時代。

然而，梅克爾很少被視為女權倡導者。的確，她未曾利用總理的權勢，在台上高談闊論，指陳政治生態下男女比例嚴重失衡，女性的權力與地位需要大幅提升。她對有爭議性的改革議題，傾向採取漸進、間接的方式。如國防部長一職向來是由男性擔任，她卻宣布由一位七個孩子的母親——烏蘇拉．范德賴恩——出任，使她得以成為德國史上首位女性國防部長，後來又支持她擔任歐盟執委會主席。梅克爾傾向以身作則，用行動來說明信念。

二〇一九年底，梅克爾終於了結一樁糾結多年的心事。她曾去過布亨瓦德（Buchenwald）、達豪（Dachau）、薩克森豪森（Sachsenhausen）等納粹集中營。她曾經在耶路撒冷的猶太大屠殺紀念館獻上花圈。然而，她未曾去過波蘭的奧斯威辛集中營——這是最大的納粹殺戮集中營，代表人類惡行之最。在一個莊嚴、靜默的冬日，梅克爾在碎石子路上往前走，通往一座鍛鐵大門，上面有這樣鐵鑄的謊言：「勞動使你自由（Arbeit Macht Frei）。」在前一個時代，這樣的標語可能是為了表示善意。但在二〇一九年十二月，民粹主義者已在德國的海德瑙和薩克森、美國維吉尼亞州的夏洛茨維爾（Charlottesville）煽動反猶主義和種族主義，而且另類選擇黨在聯邦議院為之喉舌，川普在白宮鼓吹——她站在一面貼滿受害者生活照的牆前發表演說，字字句句像是警鐘：

「現在，有必要把話說清楚：我們必須對抗那些挑起偏見、煽動仇視不同信仰、不同出身的人。奧斯威辛是由德國管理、運作的德國死亡營。我們德國人虧欠那些被害人，對自己負有責任，也得永遠記住那些罪行，查明行凶者，並紀念那些犧牲者……這件事沒有協商的餘地。這是我們的一部分，永遠是我們認同不可或缺的一部分。」

梅克爾毫不畏縮地精確細數德國人犯下的種種罪行「針對那些有姓名、有歷史、有尊嚴、有故事的人……這樣的滔天大罪，是人類無法理解的……然而，這樣的事情因為發生過，所以可能再度發生。」她最後引述奧斯威辛集中營倖存者普利摩．李維的話。

在她擔任總理的最後一年，梅克爾拒絕回答自己將為後人留下什麼政治遺產。我請她的一個親密助理代我詢問。得到的答案是：「我太忙了，沒時間思考這些問題。」她沒有自省的耐心，也不喜歡籠統的答案。然而，她正以低調的方式，努力維護她已達成的目標：也就是使德國對外來者更加寬容，同時進一步了解德東地區的人民。她提醒德國人必須永遠和這個國家的過往鬥爭。

她對德國的未來也有更多的計劃。在二〇一九年十二月三十一日的除夕談話中，她承諾自己終將成為「氣候總理」。她用比以往來得強烈的語氣告訴德國人民：「全球暖化是真實的、正在威脅我們的危機……我們必須盡人類所能，克服這個挑戰。我已經六十五歲了，像我這個年紀的人不會經歷氣候變遷所有的結果了。但是如果政治人物袖手旁觀，毫無作為，下一代該怎麼辦？」她已有行動計劃。

在此同時，梅克爾正在監督一項由克里斯堤楊森領導的方案，以改善德東地區和農村地區的數位通路。梅克爾不相信光靠說的就能改變人們的想法。她認為德東地區居民的生活如果能有具體改善，就能拉近他們與德國其他地區的距離。

上次我去總理府採訪，是在二〇二〇年二月，梅克爾正在研究量子運算。量子電腦具有高速運算優勢，有望成為下個世代的運算工具。她還剛讀完一篇關於Clearview AI的長篇報告。Clearview AI是一家美國人工智慧科技新創公司，該公司開發的人臉辨識軟體已被私人公司、執法機構、大學和個人廣為使用。人工智慧在社會的功能日益重要，相關挑戰也日益艱鉅，特別是人工智慧在中國的發展和應用非常迅速，利用人工智慧的自駕車已威脅到德國著名的汽車工業。除了汽車，人工智慧也將顛覆醫療及戰爭方式，主導資訊技術的發展。梅克爾知道，中國已跑在前頭，挹注了數十億美元進行研究，希望搶奪先機，成為人工智慧的世界領導者。由於中國的計劃經濟模式，北京的發展速度會比德國這樣的民主國家要快得多。

梅克爾希望充分了解數位革命的各個層面：不僅是這場革命能帶給我們什麼好處，還包括可能對社會造成的危險——尤其是臉部辨識技術的運用。由於她對新事物的興趣、她的科學訓練背景以及對數據處理的信心，她比大多數的政治人物更快了解數位革命的技術領域。中國人已搶先一步，梅克爾下定決心，德國和歐洲絕不能失去創新優勢，儘管她擔心的這種情況已然出現。

這時是二〇二〇年二月。再過幾個禮拜，德國總理府及世界大部分的地區都將陷入黑暗期。梅克爾這位危機女王不得不再度披掛上陣。人算不如天算，這個事件迫使她重新區分事情的輕重緩急。

✽　✽　✽

二〇二〇年三月十八日，她說德國正面臨「二戰以來最嚴重的危機」。向來不以溝通技巧著稱的安格拉·梅克爾親上火線，為了新冠疫情，近十五年來首次上電視公開演說。這次演說是以國會大廈為背景，兩側是德國國旗和歐盟的藍底金星旗——過去她只在這裡錄製她的除夕談話，因此德國人民會特別注意。她的語氣融合了同情和力量，德國人民未曾從領導人那裡聽過這樣的話語。梅克爾當天的演說改變了這種致命病毒在德國的進程。

「這場疫情非常嚴重（Es ist ernst），」梅克爾急切地說，這種語氣很不尋常。她像敲鐘一樣，重複警告：「請嚴陣以待。」德國人民相信她，因為在她擔任總理這十五年來，她未曾對人們說謊。她也許讓人民厭煩，不能充分解釋她的決定，但她很少修飾事實，當然更不曾捏造事實。長久以來累積的信任現在可以救人活命。

她控制情緒，但要表達的都很明確。梅克爾喚起德國人的最佳本能。「我們是生命共同體。在這個共同體中，每一條生命都彌足珍貴……這不是抽象的數字或統計數據，是一位父親或祖父，一位母親或祖母。他們都是人。」在這次的危機中，她簡潔的陳述要比華麗的修辭更能安撫人心。她不是以一個政治人物的身份發言，而是像朋友對朋友、父母對子女、一個人對另一個人，因為關心，所以這樣耳提面命。這顯然是她自己的話。雖然初稿是由她最親密的兩位顧問鮑曼和塞柏特操刀，但是她熬夜重寫。她在正式講述時，一氣呵成，未出現任何失誤，也沒講錯一個字。這是她發自內心的話，所以能打動人心。

她這一生實在不可思議——她從小就受到牧師父親的耳濡目染，學習路德教派的奉獻精神、做了十幾年的科學研究後轉戰政壇——這一切似乎都在為她做準備，讓她得以應付這次危機。她始終牢記德國的黑暗歷史，因此向人民承諾，一切將公開、透明。「我們是個民主國家。我們不是在約束底下過活，而是靠知識共享和共同參與，」接著，她才宣布：

「我們將封城，停止社交活動，在家工作。你不能去上學、不能去酒吧，也不能去看足球賽。」她提醒人民，她知道失去自由之苦。「對我這樣的人來說，旅行和行動自由是得來不易的權利，因為絕對必要，我們才會下這些禁令。在一個民主國家，這是重大決定，而且只是暫時的——至少目前是如此，為了拯救人命，我們不得不這麼做，」她強調。

她看來既平靜又嚴肅，手放在桌上，指尖形成人民熟悉的菱形。她繼續對全國人民說話，好像她是他們的家人。「最難的就是我們不能跟別人見面，」她警告說。「但跟他人保持距離是一種關懷的表現……受害者會有多少，我們會失去多少親人，大抵掌握在我們自己手中。」她以一個請求做為結尾：「請好好照顧自己和自己所愛的人……我們必須找到表達愛與友誼的方法。Skype、打電話、寫電子郵件，都可以。你也可以提筆寫信。德國郵政仍會照常寄送信件！」這是科學和同情並重的話語。

演說結束後幾天，有人看到梅克爾在柏林當地的超市推著購物車。媒體刊出的照片顯示，她的購物車裡面只有四瓶酒和幾捲衛生紙。正如她在電視上說的：「不要囤貨。」她真的做了完美的示範。大多數的德國人都知道，他們的總理從上任的第一天開始到現在，一向是自己去超市購物。她用不著為了疫情表演給人民看。

面對這場疫情，很多領導人仍在否認、觀望、猶豫不決，梅克爾以冷靜的能力領導人民。從華盛頓到莫斯科，甚至在德國境內，攻擊她的各種聲音現在都消失了，因為他們也受到疫情的威脅，自身難保。

儘管在這麼一個時代，焦慮、逞強和各種奇想不斷散播混亂以及死亡的訊息，梅克爾在國內的支持率飆升到八十%，創下歷史新高。

人命關天，當生命受到威脅時，她展現最真實的自我。由於冠狀病毒每天都在傳播並改變方向，追蹤病毒需要像科學家那樣講求精確、尊重事實。梅克爾研究西班牙流感的歷史——這場疫病在第一次世界大戰後爆發，奪走五千萬人的性命——她大概了解這次疫情會帶來什麼樣的挑戰。於二〇〇三年發現SARS病毒的柏林夏里特醫院病毒研究所所長德羅斯滕（Christian Drosten）說道：「我們的總理能解讀數據，這大有幫助。」但是僅僅具備科學研究背景，將無法轉換為治國才能。再者，德國總理管理國內事務的權力有限，主要是透過協調和共識。梅克爾的說服力和謹慎的預測讓德國十六個邦不得不同意迅速封城，關閉學校，要求人民在家工作。

在處理難民問題時，她發現，當國家陷入危機，她必須站出來，讓人民看到一切都在她的看管之下。定期溝通尤其迫切，以防止另一種病毒的擴散——因為社群媒體傳播陰謀論和假消息的速度快得驚人。「請你們不要相信謠言，以官方發布的消息為準，」梅克爾懇求國民。「我告訴你們的一切都來自專家。」她的衛生部長史巴恩等官員總是站在她身邊，她不吝與他們分享功勞，因為他們是一個抗疫團隊。在這波新冠病毒大流行期間，她並非一個人高高在上、發號施令，而是跟抗疫夥伴站在一起，卻未曾失去她的權威。

幾個禮拜後，當風和日麗的春天向在家禁足、防疫疲乏的民眾招手時，她向國人保證，她有明確的解封公式和再封計劃——她已看出再封是無可避免的。她解釋說：「如果 Rt 值上升到一．二，也就是一個人染疫後會再傳染給一．二個人，到了七月，就會發生確診人數暴增、醫療量能不足的情況。要是 Rt 值上升到一．三，危機就會提早在六月到來。」跟許多已開發國家相比，德國醫療體系未曾到達崩潰的臨界點。打從一開始，每天就有五萬人接受篩檢，官員因此得以有效追蹤被感染者的足蹤。因此，德國的染疫死亡人數只有法國的三分之一。梅克爾得知為她注射疫苗的醫師確診後，她立即展開自主隔離兩週，在家辦公。

在家隔離的她坐在鏡頭前對全國人民說：「我的生活已經改變。現在主要透過電話和視訊進行會議。」然而，即使一場大流行病把她困在家裡，這位極力捍衛隱私的總理，依然不讓全世界的人窺視她的家。她書架上的書從未入鏡，也不讓人看到她對藝術和家具的品味。梅克爾用聲音管理國家，主持內閣會議，與其他國家元首舉行電話會議。沒有任何國家元首到過她的柏林小公寓，即使是她最忠誠的幕僚也不曾踏進一步。

曾有人嘲笑梅克爾是「節儉的家庭主婦」，德國是所有歐盟會員國當中最勤儉的。十五年來，她縮減預算的堅持，現在有了回報。在新冠肆虐的二〇二〇年，德國的經常帳仍有盈餘。儘管梅克爾下令封城，給人民紓困、減稅和中小企業貸款的金額是美國的四倍，德國仍不需要舉債。德國的「短時工作制」（Kurzarbeit）紓困方案已有百年歷史，危機發生時，員工依然能夠保住工作，儘管工時減少，雇主依照員工實際的工作量支付薪水，不足的部分則由勞工局補貼。在新冠時期，很多勞工都利用這種短時工作制度過危機。因此，德國預計GDP下降的幅度只有六%，法國下降的幅度則是十%～十三%[3]。

在危機發生的最初幾週，儘管梅克爾是歐洲團結的倡導者，仍把自己的人民放在第一位。病毒從義大利向北傳播時，德國關閉了邊界。數十年來，歐陸各國人民和貨物通行無阻，邊境突然出現障礙和管制，實在是一大衝擊。但梅克爾認為，她要求人民配合，犧牲自由，嚴格遵守防疫規定，她的首要責任就是保護這個國家。關於這點，她後來在聯邦議院道歉說：「我們的第一反應只想到自己的國家。這是錯的。一個全球性的大流行病需要各國聯合行動、互相支持。」一旦自己國家的疫情控制住了，她就放眼全球世界，樹立全局思維。

3　其實，在二〇二〇年底，德國經濟只萎縮了五%，是歐洲國家當中下降最少的。相較之下，法國和義大利的經濟都萎縮了九%，英國經濟萎縮的幅度則是十一．三%，是三百年來受創最深的一年。

有了多數民眾的支持，梅克爾就可利用自己的政治資本，使歐洲從這次病毒危機中解脫，也可避免其他未來的威脅。和歐元危機不同的是，就新冠病毒對歐陸全體居民和經濟的衝擊，梅克爾的反應非常迅速，毫不遲疑，立即拿出因應措施。這次疫情使她做出最後的大膽行動。

在這必須保持社交距離的年代，儘管梅克爾和馬克宏不再能夠互碰額頭以示團結，但這兩個歐洲大國依然站在一起，為受創的歐陸各國提供及時援助。

二〇二〇年五月十八日，梅克爾和馬克宏共同舉行視訊記者會。梅克爾在德國，面露微笑，滿面春風、皮膚曬得黝黑的馬克宏在愛麗舍宮的會客會議室，兩人同時出現在左右的分割畫面上，共同宣布將設立規模達五千億歐元的復甦基金，撥款給受到疫情重創的經濟體和產業。義大利和西班牙等長期呼籲歐盟採取更多行動的國家自然樂觀其成，奉行保守財政政策的北方國家則比較難以接受。儘管要敲定細節並不容易，但由於這項基金是由德、法兩國共同提出，其他國家也就不得不支持這個提議。

這不是貸款，而是百分之百的贈款，所以接受金援的國家不必償還。這種緊急紓困方案在歐盟還是第一次。梅克爾說：「德國和法國正為了歐洲理念共同奮鬥。」這絕對不只是單純的預算決策，而是為了實現梅克爾和馬克宏的願景：建立一個團結的大歐洲。在這個聯盟中，富裕的成員國為受創至深的貧窮成員提供及時雨。對梅克爾和財政保守的德國來說，這個規模龐大的金援計劃幾乎代表革命性的政策轉變——梅克爾不再是「撙節女王」。因為這個基金計劃，她克服了自己和國人對節儉的痴迷及對惡性通貨膨脹的恐懼。

「這是令人激動的壯舉，」馬克宏興奮地說。梅克爾則低調地說：「我們擺脫歧見，齊心抗疫，也可說我們已重修舊好。」馬克宏說的比較接近實情。有人說，這筆復甦基金讓歐盟元氣大增，可與一七九〇年的漢密爾頓協議——即漢密爾頓（Alexander Hamilton）和傑佛遜（Thomas Jefferson）為解決各州政府債務所做的交易相媲美。經過在布魯塞爾多年的辯論，一個真正的歐羅巴合眾國似乎即將成為現實。

梅克爾會有這樣令人意想不到的轉變，連親密盟友都感到驚訝。她的決策正如其人，具有強烈的私密性和隱密性。其實，馬克宏早在三年前就曾提出這樣的構想，要她背書，但她一直猶豫不決。這次要推行復甦基金計劃，梅克爾是在共同舉行視訊記者會不久前才告知他的。因此，梅克爾再次讓我們看到，就政治和經濟而言，她不會拘泥於意識型態或教條，努力從自己的錯誤中學習，對新的想法抱持開放的態度，無論這想法是誰提出的，只要能夠奏效，她都願意考慮。

她解釋說：「在困難時期，你必須堅持一個理念。」她的想法是盡快對受創最深的國家伸出援手及避免歐洲分裂。雖然普亭的俄羅斯盛氣凌人，中國日益排外、積極擴張自己的勢力範圍，然而新冠病毒遠比他們來得險惡，無視疆界的存在，全面擴散、肆虐。「光靠民族國家是沒有未來的，」她宣布。

因此，梅克爾在這場全球健康危機，緊緊抓住機會，強化歐洲國家的連結。梅克爾和馬克宏都站在歐盟旗幟旁，承諾將拯救歐陸最脆弱的國家，讓華盛頓和莫斯科的民族主義者和民粹主義者好好見識一下大歐洲的團結。此外，這次的舉動也讓德國本土的批評者閉上嘴巴：不只是另類選擇黨，還有基民黨的保守派人士。在梅克爾為了因應危機展現魄力和政治人物的風範之後，不但另類選擇黨無戲可唱，基民黨保守派也不再抱怨。另類選擇黨的支持度更一路下滑，有時降到十％以下。這個以憤怒做為動力的政黨，在這場病毒戰役中根本無從表現，它成了「反封城黨」，在疫情肆虐之下，只會失去更多較溫和的選民。

布魯塞爾的歐洲高峰會（European Council）總部是由玻璃和鋼鐵打造而成的未來主義建築。梅克爾在此度過六十六歲生日，參加可能是她任期內最後一次的重要談判。七月十七日，二十六位國家元首圍坐在巨大的圓桌旁，等她進來主持拯救歐洲實務工作討論會。他們必須彌填南北的鴻溝，因為北方比較富有，南方條件較差，也需要拉進東、西歐的距離，因為西歐是民主國家，東歐則傾向獨裁。

梅克爾走進會議廳時，歐洲領導人都自發性地鼓掌，向她致敬——或許也因為自從二月疫情爆發以來，他們一直未能碰面，直到現在，才能共聚一堂，因此可喜可賀。梅克爾興高采烈地上場，她是唯一戴 N95 醫療口罩的元首，其他領導人則都戴著印有自己國家徽章的訂製口罩。梅克爾會戴醫療口罩，代表她對這場疫情極度重視，不允許絲毫鬆懈，因為她不只是德國總理，也是整個歐洲的領導人。

由於二〇二一年將是她任職德國總理的最後一年，在這個大廳有一種難以言喻的歷史感。然而，梅克爾沒有心情懷舊、傷感。她的肢體語言告訴大家，他們有很多大事要處理。她說，新冠肺炎疫情的爆發是歐洲二戰以來所面臨的最嚴重的威脅。她甚至像個媽媽，提醒保加利亞總理口罩要拉上去一點，蓋住鼻子。會議廳兩幾個小時就清潔、消毒一次，一位醫師在門外待命。電梯也嚴格規定，一次限乘一人。

經過幾個月以來，各國元首只能透過視訊會議溝通，不時手忙腳亂地尋找靜音按鈕，不時還得忍受斷訊，梅克爾總算回到這裡，坐鎮指揮。在接下來的五天，總計談判了九十個小時，也就是他們從早到晚都在這裡，好像在上梅克爾主講的治國大師班。只有用餐或吃點心的時候可以休息一下。主辦單位特別為他們準備了油炸兩次、外酥內軟的布魯塞爾黃金薯條。這裡沒有沒有滔滔不絕的演講，沒有人身攻擊，也沒有人搶占上風，大家都在拚命尋求共同利益——這種積極的人際互動是無法透過嘩眾取寵或虛擬連結來達成的。

梅克爾的外交風格一直依賴面對面的溝通：仔細解讀言語之外的線索、肢體語言、沉默以及當面才能做到的互相妥協。她說，在保持社交距離之下，每一個人都有發言權，甚至讓匈牙利的民粹主義總理歐爾班這樣發洩：「你們為什麼這麼恨我和匈牙利？」他問各國元首，好像他就是匈牙利。他們有太多重要的事要做，不想理會這種把戲。

經過一整天的激烈辯論，直到深夜兩點，還看不到明確的共識。這時，也就是在七月十八日凌晨，大家開香檳，對梅克爾高喊：「生日快樂！」葡萄牙總統送梅克爾的禮物是該國諾貝爾文學獎得主薩拉馬戈（José Saramago）的小說《盲目》（*Blindness*）——這是一本關於疫病的小說，描述一個西方現代都市爆發「白色眼疾」的流行病，令人無緣無故失明。小說中，女主人翁是唯一的「明眼人」，慈悲為懷的她最後帶領大家獲得救贖。真是一本寓意深遠的小說。馬克宏送給梅克爾的生日禮物則是一箱她最愛的勃艮第白葡萄酒。

然而，翌日會議針鋒相對的情況更加嚴重。荷蘭首相呂特（Mark Rutte）發出不平之鳴：「我們來這裡，不是為了套關係、拉交情，邀請彼此參加自己的生日宴會。我們來這裡，是要幫自己的國家做事。」他敦促接受金援的成員國必須遵守條件。呂特也提醒歐爾班等領導人，歐盟是基於某些價值觀，不是只為了貿易。這位匈牙利總理卻莫名其妙地反擊，說道：「你們這些人簡直是共產黨！」

梅克爾在她的戰友馬克宏的協助下，不知花了多少個小時努力安撫一些鬧脾氣的國家，設法讓他們團結。她說服所謂的節儉派——荷蘭、奧地利、瑞典、丹麥和芬蘭——告訴他們「這個非常時期需要非常手段」，包括打開國庫，資助義大利、西班牙、希臘等受疫情影響最大的歐盟國家。梅克爾經常查閱圖表和數字，提醒他們擺在眼前的威脅：更嚴重的經濟衰退、高失業率、越來越大的貧富差距、歐陸的動盪不安，這些將更難以收拾。她不必提醒那些在場的元首，各地的民粹主義者已把怒火噴向布魯塞爾，更別提習近平那赤裸裸的野心，普亭巴不得歐陸永遠陷入衝突和分裂，而美國正處於大選的節骨眼上。現在真的無法冒險，不能放棄任何一個會員國，讓他們在瘟疫中自生自滅或是被煽動。直到翌日凌晨，他們還爭論不休，同時全世界死於這場大流行病的人數已超過六十萬人。

第二天漫長的會議結束時，火藥味更濃了。馬克宏被奧地利總理庫爾茨（Sebastian Kurz）激怒了。大夥兒正一邊吃飯，一邊繼續討論，庫爾茨竟然直接站起來跑到一旁去接電話。馬克宏猛然拍了一下桌子，大聲說：「你們看，庫爾茨根本就不在乎吧。他不聽別人在說什麼……他只想處理他的新聞。真是夠了。」庫爾茨趕緊回來坐好，不敢再站起來了。梅克爾已經六十六歲，如果她能連續四天徹夜談判，一直談到凌晨，這位三十三歲的奧地利總理應該也沒問題。

凌晨三點，梅克爾和馬克宏在他們下榻的布魯塞爾大廣場希爾頓飯店（Hilton

Brussels Grand Place）的酒吧小酌。這是家有著四十多年歷史的經典老牌飯店。至今，節儉派不肯讓步，僵局未解。繁榮、保守的荷蘭人堅持自己的立場（在梅克爾看來，與其說是保守，不如說是頑固），拒絕無條件提供紓困。由於苦無進展且已精疲力竭，前一天為梅克爾慶生的好心情已消失殆盡。馬克宏告訴幕僚他準備搭總統專機回去了，請他們提早準備。

梅克爾已習慣雲霄飛車式的高風險談判，決定堅持到底。最後，歐洲兩大重量級人物——她和馬克宏——聯手出擊，那些頑固的人終於屈服。這證明，歐盟中人口最多的兩個國家只要攜手合作就所向無敵了。危機當前，沒有人想要破壞聯盟，也不敢放棄談判而危及自己的聲譽——特別是大多數的成員國都能從這個救援方案獲益。這些國家元首不得不達成共識：所有的國家都在這場大瘟疫的坩鍋裡，沒有人可輕易脫困。

七月二十一日凌晨五點半，歐盟高峰會主席米歇爾（Charles Michel）在推特上說：「成交！」馬克宏的推文則比較優雅：「對歐洲來說，這是深具歷史意義的一天。」這次能有突破，最大的功臣梅克爾則和過去一樣對所有的成就輕描淡寫：「我們同意這些妥協，也會承擔責任。」戴著口罩的她已疲累不堪，因如釋重負眼睛微瞇，但她的眼神充滿笑意。

除了八千五百九十億美元的支出計劃，以拯救遭受疫情傷害最深的國家，還有更重要的東西。歐盟先前備受嘲諷，被視為多個自私國家的集合體，只會盤算能獲得多少利益。現在，他們真的團結起來了，讓世人看到大歐洲的風範。他們同意提供近四千億美元、不必償還的贈款（另外還有三千六百億美元的貸款），北方富裕國家不再見死不救，讓窮國被債務淹沒。歐盟執委會代表歐盟發行債券以籌措所需的復甦資金。復甦計劃的其他財源則來自歐盟制定的多年期財政預算框架，也就是向各成員國收取的年費及各項稅收——德國將是最大的貢獻國。法國和德國沒有明確說明，是否有必要根據各國的經濟規模徵收新的稅收或提高國家捐款。梅克爾表示，五千億歐元的復甦基金是以歐盟的名義從市場貸出來的，德國幾乎將承擔三分之一的債務，全數償還需要數十年的時間[45]。

梅克爾告訴記者：「我們必須以自己的方式來行事，以走出危機，變得更強。」因此，歐盟已為未來的危機處理建立了一個先例和結構，朝向實現一個更少官僚阻礙、更人性化的聯盟邁出一大步。

安格拉・梅克爾在她任期的最後兩年不斷強調歐洲需要「把命運掌握在自己手裡」。梅克爾來說，歐洲不只是代表共同市場及開放國界自由通行。她說：「歐洲不是中立的，歐洲是西方政治聯盟的一部分。」幸運的是，德國在二〇二〇年七月到十二月輪任歐洲聯盟理事會主席國。她不只是把焦點放在歐洲，正好利用這個機會關注其他急迫的問題。

梅克爾在第四個任期就任之初就宣布：「中國是本世紀的關鍵角色。」她也說，在德國擔任歐盟輪值主席國，歐盟由她掌舵這六個月，她會優先考慮中國問題。有鑑於她的個人經歷——她拜訪中國的次數要比任何國家元首都要來得多——因此，中國隱匿新冠病毒最初在武漢爆發的消息，她並不像其他領導人那樣驚訝。她很清楚，控制消息、否認壞消息是一黨專制國家的作法。然而，北京對香港赤裸裸的鎮壓，以及把一百萬維吾爾族穆斯林關押在新疆「再教育營」，還是令她震驚。中國是她任內最後的難題——而且目前看起無解。

4 有關資金分配的細節和歐盟預算新的收入來源尚待歐洲議會批准，並由歐洲理事會制定。如果通過，他們將利用高流動性的債券市場來籌措救援資金。這筆資金將納入二〇二一～二〇二七的歐盟的預算框架之中。

5 譯注：歐盟委員會將發行三至三十年期的債券作融資，並計劃從在二〇二七年至二〇五八年分期付清。

中國不會走上民主化的道路——這一點再明顯不過了。安格拉．梅克爾從二〇〇五年開始頻頻造訪中國。起初，她覺得中國共產黨服膺的馬列主義對中國政府而言，似乎不若與西方打好關係來得重要，與西方在政治、經濟和國家安全方面打下合作基礎。在一九六八年布拉格之春期間，梅克爾也曾如此對人性化的社會主義產生憧憬。這種「帶有人性臉孔」的社會主義實驗，一次又一次被蘇聯、東德和其他華沙公約組織國家的坦克和軍隊輾壓——少女安格拉曾因此傷心。

梅克爾希望中國能走後毛澤東時代的改革和中庸之路。然而，二〇一二年習近平就任中國共產黨中央委員會總書記，他就表明，他的首要任務是為黨和為自己爭取絕對的權力。當全世界被新冠疫情搞得天翻地覆，習近平更加緊他的鐵腕箝制。他有非凡的自信、魄力和野心。為了宰制全世界，他將不擇手段。中國有望在十年內超越美國成為全球最大的經濟體。

難纏的中國問題，加上病毒依然肆虐和混亂的疫苗接種策略，這些都是梅克爾任期最後幾個月的挑戰。她知道中國勢力範圍很大，任何全球事務都得把中國拉進來。但要怎麼做？她認為任何冠冕堂皇、義正辭嚴的聲明只會帶來反效果。在她看來，公開抨擊只會讓中國民族主義者的氣焰更高漲。她將採取既務實又微妙的作法。畢竟，現在歐盟最大的貿易夥伴是中國，不是美國。簡而言之，德國必須和中國這個亞洲巨人談妥更有利的貿易條件。要因應氣候變遷或應付下一次的全球大流行病，也得請中國坐上談判桌，才能有真正的進展。這就是二十一世紀的新現實，而梅克爾是個現實主義者。她和世界舞台上大多數的強人不同，她不需要擺出強硬的樣子。畢竟，她追求的是結果，就算結果只有一丁點兒，也沒關係。

在多災多難的二〇二〇年的最後幾天，梅克爾帶來了好消息：中國和歐盟二十七個成員國達成歷史性的投資協定，中國同意減少投資限制，開放市場。在德國擔任歐盟輪值主席國的倒數第二天，她終於說服吵嚷不休的成員國，使他們接受這項協定。如此一來，雙方貿易將有一個公平競爭的環境，甚至或多或少可設法解決棘手的高科技安全問題。

這項協定很複雜，涉及貿易、金融、氣候、人權等層面，需要十年的時間來制定。儘管歐盟還沒公布細節，重點已很明確。中國同意取消重要的貿易和銀行業的壁壘，會放寬歐盟和北京之間合資企業的繁瑣要求。雙方也承諾將逐步解決氣候變遷問題，並史無前例地願意讓公民社會參與。中國同意減少或去除強迫勞動，並在人權方面讓步。當然，任何協定必須要能執行才是好的，否則將淪為空談。由於梅克爾將不再執政，也就無法要求北京遵守諾言。梅克爾視中國為無可忽視的全球力量——地球上最後的共產主義大國。多年來，她已與中國領導人建立信任關係。二○二○年十二月就是她能把握的最後機會。她希望把這份信任轉化為互惠關係

如果你知道梅克爾是如此小心翼翼地調整自己的優勢和劣勢，就能明白她為什麼要緊緊抓住這個時間點達成這個協定。其實，即將上任的拜登政府已對她發出信號，希望她再等等，等到「西方」成為統一戰線再來進行。畢竟，先前經過川普和英國脫歐之亂，所謂的「西方」似乎快要崩解了。但她仔細地盤算過了。川普在執政的四年不斷怒批西方聯盟，雙方交惡。川普下台之後，拜登則想要重新擁抱這個聯盟，中國則想搶在拜登之前，先跟歐盟簽訂協議。一個新的、團結的西方聯盟對北京來說，將是強硬的對手，因此習近平願意讓步，委曲求全。梅克爾知道，這個機會窗口稍縱即逝，她必須好好把握。梅克爾是中國領導階層景仰的人物，加上她在歐盟的領導地位，當然還要再加上她堅定的決心，所以能和中國談成協議。

梅克爾最後一次外交出擊，和以往大不相同：沒有人與人的密切互動，不用搬出一大堆事實來說服對方，也不用前傾身子，看著桌上的圖表和地圖。她這次的外交行動是在封鎖中的世界進行的：盯著大螢幕上的影像跟對方談判。

歐盟有些領導人抱怨說，這項《中歐全面投資協定》梅克爾推得太急了，她似乎把習近平當成是「可以跟我們做生意的人」。柴契爾夫人也曾這麼說戈巴契夫，儘管他是專制統治者，但生意歸生意。還有一些歐盟成員國說，這項協定偏重德國利益，因為德國是中國的五大貿易夥伴之一，希望自己的汽車和工業產品更容易進入中國市場[6]。但梅克爾太想跟中國簽署這個協定，看在她勞苦功高的份上，其他人也就無法跟她唱反調。其實，梅克爾的著眼點不同。由於她的科學研究背景以及新冠變種病毒層出不窮，疫情一直無法撲滅，梅克爾認為有必要超越意識型態，與對手合作，一起努力解決健康和氣候的問題。誠然，這是基於價值觀而非歐洲自身利益的協議——而且不是沒有風險。加深歐洲和中國的經濟關係，其他國家可能會對歐盟施壓。不管如何，對梅克爾而言，這是政治現實（Realpolitik）的實踐。季辛吉或許會對她的表現鼓掌叫好。從梅克爾的角度來看，一個不完美的協議——雙方各有所得，也各有所失[7]——總比什麼都沒有來得好。

6　二〇二〇年，德國向中國出口了價值一千億歐元的產品，占歐盟對中國出口總額的一半，而德國從中國購買的商品甚至多於自己出口到中國的商品，中國因此是德國最大的貿易夥伴、德國出口成長的動力。中歐投資協定將促進這樣的增長，並平衡現有的貿易失衡。

7　即使協定全文並未公布，中國為了對歐洲貿易和合資企業開放，顯然必須放棄一定程度的市場控制。

這項協定談成時，她平鋪直敘地說：「我們必須不抱幻想：因為中國是個競爭對手……但至少要有一個公平的競爭環境。」也許現在的競爭環境變得稍稍公平一點。這對歐洲商業利益來說是個福音，也增加了中國的全球影響力。梅克爾用務實的手腕來跟她了解的中國交手，而非她憧憬的中國[8]。

梅克爾推動這個協定還有一個動機。她想要藉此向華盛頓發送信號：歐洲可能為自己的利益單方面採取行動。剛就職總統的拜登說道「政治不一定是熊熊烈火」時，我們幾乎可以聽到梅克爾喟嘆「阿門」。聯盟是建立在信任的基礎上，但這種信任已遭到破壞。這四年來，歐洲在華盛頓缺席下，度過重重危機。在跨大西洋聯盟中，也就不再唯美國馬首是瞻。當看不到的威脅顯現，威脅到最神聖的信任，美國並沒有提高警覺。對安格拉．梅克爾來說，這是讓桀驁不馴的川普做了四年總統的結果。她是歐洲領導人中最親美的，但宣布美國霸權終結的也是她。美利堅治世（Pax Americana）——華盛頓在第二次世界大戰結束後建立的國際秩序——已成為歷史。

8 由於北京對歐盟人士的制裁與香港、新疆等人權問題，梅克爾好不容易促成的中歐投資協定，結果只是白費工夫。二〇二一年夏天，審查貿易與投資協定的歐洲議會已決定凍結這個協定。

尾聲

推動世界前進的重點是，不必等待完人。

——喬治·艾略特

（George Eliot，英國小說家瑪麗·安·伊凡斯的筆名，一八一九～一八八〇）

梅克爾擔任總理的最後一年，由於疫情隨著季節起起伏伏，她幾乎沒有時間去想卸任後的生活。她和大多數的人一樣，懷念新冠病毒爆發前的日子。對這位喜歡與人面對面鬥智、交流的政治人物來說，視訊會議無法填補社交距離造成的空缺。她若是出國，大都是去布魯塞爾參加歐盟會議。但她承認：「如果餐館都關門了，這種差旅就少了很多樂趣。」她每天都散步，因為這樣有助於放鬆。戴口罩的助理陪她走，但彼此還是會保持距離。救世疫苗的問世稍稍驅散柏林冬日的陰鬱。對梅克爾來說，由土耳其移民創辦的德國生技公司 BioNTech 所研發的疫苗能拔得頭籌，成為全球第一款獲准使用、上市的新冠疫苗，特別讓她自豪。

二〇二〇年冬天，新冠病毒疫情再起，甚至更加兇猛，這次肆虐的是傳染力更強的英國變種病毒，不管再怎麼努力，疾情還是難以控制。歐盟大規模接種作業也進度緩慢、漏洞百出，顯示經驗不足。新冠變種病毒層出不窮，這嚴酷的考驗也暴露德國政府制度的缺點——這個政府的特點是分權，因而決策緩慢，即使國家已面臨緊急情況，政府依然反應遲緩。宵禁和隔離把人民搞得精疲力竭，也慢慢出現防疫疲勞。這個無形的敵人也讓梅克爾覺得很煩。由於疫苗接種速度極為緩慢，她呼籲人民耐心等待，然而人民已不想聽這種說詞。新冠疫情爆發之初，她在演說中展現的熱情和溫暖讓人震撼。過了一年，不管說什麼，人民已經無感。

儘管如此，安格拉．梅克爾在這個世界的卓越地位，加上她擔任總理這十六年未曾發生任何醜聞，她得以避免大多數政治人物的悲慘命運。即使在總理任期的最後幾個月，她也不是跛腳鴨。在世人的眼中，她已凌駕於政治之上，是德國價值觀的反映，也是德國的象徵。

雖然她一直說，她沒有時間去想自己會留下什麼。但在夜闌人靜之時，她必然會去想那無事一身輕的生活：她的行程表已完全空白，不必趕赴會議，沒有全球危機要處理，不用跟獨裁者過招，安全人員和媒體也不會亦步亦驅地跟著她，還有不管她想去哪個夢想之地，買張機票就可成行。

過去十六年，她一直是歐洲第一強國的舵手。她已經成了一部近乎完美的政治機器：管理她的政黨、她的國家和殘餘的西方聯盟。由於她的政治角色不等於她的身份認同，卸任之後的路應該會比較平順。她和多數政治人物不同的一點是，她是情感獨立之人：她未曾像柯林頓或她的前任施洛德、柯爾那樣渴望人民的愛戴。這位現代史上最有權勢的女性完全可以安心地做自己。她從未對權力上癮，以後也不會懷念掌權的日子。即使現在全世界注目的焦點已轉到她的繼任者身上，世界舞台又有一批新人上場，她也不會若有所失。

關於自己的職務，這位牧師之女曾說，那是「我的使命」──路德派信徒認為工作是榮耀上帝的方式。她不只達成了她的使命：雖然疫情仍未消失，而且英國已經脫歐，在她卸任之前，她甚至促成了一個比任何時候都要團結的歐洲。在告別總理府之際，她最大的收獲應該是她覺得自己已完成任務。她父親自願搬到東德，因為他覺得那裡需要牧師，需要他的服務。儘管她走上一條不同的路，也是選擇服務，為人民服務。

從現在起，這個世界將看到一個新的梅克爾——不再擔任總理的梅克爾。她有強烈的好奇心，對新思想抱持開放的態度，熱衷於了解事情是怎麼運作的、如何能激勵別人——在她當上總理之前，她已具備這些特質。在她任期的最後一年，有一次貝爾維宮舉行官方晚宴。她在席間談的不是讓她憂心的種種問題——不是習近平、不是普亭，也不是世人都在關注的美國大選，而是她在布拉格的捷克科學院當研究員的事。梅克爾回顧那段歲月，說道，她好愛捷克詩人楊·史卡瑟（Jan Skácel，他曾把共產黨的壓迫和捷克文的自由句法做對比）和另一位捷克作家米蘭·昆德拉（Milan Kundera）——為了這兩位偉大的作家去學捷克文是值得的。對政治以外的世界，梅克爾的熱情從未減退。儘管她不相信道德宇宙的弧線會彎向正義那一端，年齡和權力並沒有讓她變得憤世嫉俗或悲觀。「我是樂觀主義者，」她如此宣示。「對我來說，薛西弗斯日復一日推巨石上山。這根本就不是絕望的意象。」這些對她即將展開的新人生都是吉兆。

她不會眷戀光輝燦爛的總理府。在擔任總理這十六年間，她一直住在柏林市中心的一間小公寓。對她而言，這就是完美的一天：「睡到自然醒，然後輕輕鬆鬆地享用早餐。接著，我會出去走走，呼吸一下新鮮空氣，跟我先生或朋友聊天。我可能會去看戲、聽歌劇或是聽音樂會。休憩一下之後，也許會看一本好書。然後我會開始煮晚餐。我喜歡做菜！」過去十六年，她一直沒能享受真正的自由，因此會有這樣的夢想。雖然她已不再年輕，依然精神抖擻，能享受最簡單的快樂：在鄉間漫遊、跟政治圈以外的朋友悠閒地吃頓飯、聽音樂、看書，而不是埋首於圖表、民調和立場文件之中。無可諱言，使出頑強的毅力掌握事實、打敗對手比較有成就感，但她從不沉溺在情感之中，她會用科學家的好奇心觀察自己對新生活的反應。近期，她也許會回布蘭登堡邦的老家，在那裡度過一段時間，重溫她的童年時光。這是她兒時愛上自然之地，一直是她的精神故鄉。她也會去旅行。她的夢想之一是飛越安地斯山脈——這是暗喻自由的理想旅程。如果她仍有心重返政壇，權力俱樂部必然會為她留下一席。但就我們對安格拉·梅克爾的了解：她不會急著回來。如果她重返政治世界，也會按照她自己的方式。

不喜歡回顧的她現在有足夠的時間來想自己這一生將留下什麼。她的難民政策已改變德國的自我形象及世界其他國家怎麼看以前的第三帝國。令人驚異的是，這個對大屠殺負責的國家現在已被視為世界的道德中心。儘管德國收容了百萬難民，到梅克爾卸任為止，難民的到來顯然沒有讓這個擁有八千二百萬人口的國家不堪負荷。德國的福利制度和學校，甚至是國家預算都沒有受到嚴重影響。在大多數的情況下，難民的伊斯蘭信仰也沒變成融合的障礙。然而，身為總理，做了這麼大膽的決定，她依然得承擔高昂的代價：另類選擇黨就是梅克爾時代的產物。

從很多方面來看，這個世界要比她二〇〇五年走馬上任時要來得凶險。這並不是她的錯。由於禁忌不斷出現，政治規範一直在變，現在還不清楚安格拉．梅克爾理性、溫和的政治路線還能持續多久。目前，至少在她的祖國，人們已很清楚她留下了什麼。二〇二一年一月十六日，基民黨推選拉謝特（Armin Laschet）擔任黨魁，成為她的接班人。拉謝特是德國人口最多的北威邦邦長，一向堅定捍衛梅克爾的難民政策，並大聲倡導建立強大、統一的歐洲。

然而，我們不禁要問：既然梅克爾已退出世界領導人之列，她的繼任者是否能跟她一樣，為了尋求一丁點兒共識，不眠不休地跟其他領導人周旋、談判？

不久前，她去了奧斯威辛集中營。鐵門上方有這幾個鐵鑄的大字：Arbeit Macht Frei（勞動使你自由）。這是哄騙的標語，包裹糖衣的奴役。梅克爾意識到人類弱點總會在文明的邊緣作祟。在她任期最後幾年，每天她都無法不注意到民主是多麼脆弱，人們的記憶有多麼短暫。多年來，她一直從美國尋求靈感和支持，雖然這個國家已重新加入了她的多邊世界，但已是不再偉大的美國。

川普確定下台，她帶領歐盟一同為拜登的勝利慶賀，也就是要向川普表示，他分裂西方的企圖已經失敗。然而，她知道，危險還沒過去。雖然川普走了，她還在，但自二〇〇〇年開始在俄羅斯執掌大權的普亭也還在克里姆林宮作威作福，為所欲為。二〇二一年一月六日川普煽動暴民衝進國會大廈這一幕讓她看了膽顫心驚。川普時期的暴力結尾激起安格拉．梅克爾一種罕見的情緒。她說：「我很憤怒，也很難過。」更讓她覺得不安的是，竟然一直有人相信「民主黨偷走選舉」。她了解這種大謊言的殺傷力。因為，正是一戰後德國被共產黨人和猶太人「刀刺在背（stab-in-the-back）」的大謊言，幫助希特勒登上了帝國國會的寶座。川普退場的騷動更加證明梅克爾最深的信念：民主是脆弱的，不小心呵護的話，就會溜走。川普也許已被打敗，但川普主義還在。

有一次，總理府為協助難民安置的志工舉行了一場活動。我問梅克爾，她的政治生涯如此漫長，是何種力量幫她撐過去的？她答道：「耐力！」她閃過一個微笑，抬起她那五官分明的臉。我看著她那湛藍的眼珠。她是個馬拉松跑者，不是短跑健將。在專注力日益短暫的世界，她在總理的崗位上堅持了十六年之久。但她不只是忍耐，她的毅力和韌性也是支撐她跑完全程的動力。儘管她個人遭受打擊或在政治路上跌跤，依然能站起來，繼續跑。雖然她努力保持謙遜，她很清楚下一代會以她為榜樣，畢竟在這個時代能找到的榜樣少之又少。

不管如何，這個全世界最有權勢的女人還是會做她自己。她依然是坐在教室後面那個嚴肅的女孩，仔細觀察別人，只有在她有話要說時才會發言。她沒有留下梅克爾教條。她悄悄地提醒一位憤怒的另類選擇黨成員：「我們都是世界的一部分。」她不喜多話，這種表白最接近她的世界觀。她知道沒有其他國家——無論是德國、中國或美國——得以永遠在一堵牆的後方生存。她童年就學到這一課，至今仍銘記在心。這也是她要留給世人的訊息。

梅克爾希望自己在成為「政治僵屍」之前退休。她能在權力巔峰之時急流勇退，而不是像她的前任，在羞辱中被趕下台，真是可為自己感到驕傲。她帶著尊嚴謝幕，為那些戀棧權位、拒絕離開的人開釋：民主是如何運作的。

她留給世人的還不只如此。二〇二〇年，她和歐盟執委會主席烏蘇拉·范德賴恩在歐盟首都布魯塞爾肩並肩站著，宣布歐盟將協助全球紓困，以對抗新冠病毒——這一幕實在令人感動。根據二〇二〇年九月，皮尤研究中心（Pew Research Center）的調查，在全世界領導人信賴度排行榜，安格拉·梅克爾是第一名。不管如何，這也許是她值得自豪的一點：讓世人相信女性具有執政能力。她能有這麼大的成就，是因為她一再地把自我擺在一旁，追求她希望達成的結果。談判是個艱辛、考驗耐心的過程——不適合那些愛出風頭、搶功勞的人。大多數的政治人物都希望自己是眾人注目的焦點，好大喜功——在此得說一句，這些人大都是男性。關注和功勞不是梅克爾想要的。結果才是她的終極目標。儘管其他幾位女性國家領導人也有出色的表現，可惜，這樣的女性依然屈指可數。因此，我們仍不知道女性是否因為善於控制自我，因此適合擔任最高領導人。但從梅克爾的例子來看，我們很容易得到這樣的結論。

其他人，不管是女性或男性，都會跟進。然而，沒有人能複製她的卓越之旅。梅克爾知道她這一路走來盡是驚奇——從蘇聯控制的東德小村滕普林到全球政治舞台的中心。即使她沒走上科學研究或教學之路，應該也了無遺憾。她是最依循自己內心的政治人物，依照自己設定的最高行為標準行事。在她卸任之時，她必然覺得自己已盡全力，不輕易妥協，讓自己的價值觀受損。至於，她希望史書給她什麼評語，她答道：「她盡力了。」在一個妖言惑眾的時代，如此謙遜、莊重的墓誌銘已道盡一切。

謝詞

幫一個沒興趣描述自己生活的對象寫生平故事，可以說是困難重重。堪稱近代史上最私密公眾人物之一，梅克爾卻連白紙黑字、日記或私人信件，甚至員工紙條，都付之闕如，只徒增挑戰門檻。然而，過去四年來，梅克爾准許我貼身觀察工作中的她，也未禁絕我與她親信密友和助理們交談。由於深知她對自己的隱私如何戒慎恐懼，我很感謝她賦予我的自由程度，以及她的助理與友人們的慨然大度，在過去四年裡處理我動輒數小時的提問。謹以一部認真且不偏不倚的梅克爾傳記，聊以回報他們的恩情與賦予我的信任。雖然經常令人沮喪，不過對我而言，刺探這位特立獨行者的謎團，始終是一樁磅礴的經驗，甚至改變了我的生活，為此我深表感激。

我要特別感謝克里斯堤楊森（Eva Christiansen）、導演施隆多夫、拜格（Thomas Bagger）、伊辛格（Wolfgang Ischinger），和霍伊斯根（Christoph Heusgen），在數年間給予素來充滿啟發性的談話。施隆多夫友情相挺，還有他與梅克爾互動的種種回憶，大為豐富了這份記錄。還要感謝傑出的德裔美國歷史家史坦（Fritz Stern）與我前夫霍爾布魯克（Richard Holbrooke）；在霍爾布魯克擔任使節期間，史坦曾與他同往波昂，協助生動描繪出梅克爾及後戰爭時期德國面貌，使我得以深入瞭解德國更多不同層面的歷史。遺憾的是，史坦和霍爾布魯克都未及在生前看到此書，但願他們都能對成品感到滿意。感謝 Gahl Burt 和 Berit Ebert 自始至終熱情相待，情誼悠悠。對於 Travis Penner 從工作中撥冗陪伴數度我造訪德國，並擔任不可或缺的翻譯兼研究員，我感激不盡。還要感謝 Almut Schoenfeld，在我早期研究階段裡，她引導我熟悉複雜的德國政治，並分享她對柏林龐大精深的知識。同時也要感謝「洛克斐勒基金會」（Rockefeller Foundation）贊助研究經費，使我在其科莫湖（Lake Como）畔美輪美奐的「貝拉吉奧中心」（Bellagio Center）撰寫初稿。回到紐約的部分，感謝永遠鎮定自若的 Ramya Jayanthi，助我與我的研究工作沉著。我何其有幸能有她穩健且充滿智慧的陪伴。Geoffrey Schandler 和 Ida Rothchild 對我初期的草稿提出了明智的建議，感謝他們深思熟慮的貢獻。我的友人與備受推崇的同業理查德・伯恩斯坦（Richard Bernstein）和安妮・尼爾森（Anne Nelson），無私的奉獻他們的時間，多次助我完善手稿。感謝我重要的朋友 Joel Motley 當我的第一個也是最挑剔的讀者，對他在閉關期間給予的付出與支持，我銘感五內。同時我的朋友丹麥裔美國作家摩頓・霍伊・贊臣（Morten Hoi Jensen）也對我的定稿給予高明的指點。感謝 Crary Pullen 不負盛名，幫本書找到豐富的精彩畫面。本書係與出版我前四本書的編輯，傳奇人物愛麗絲・梅修（Alice Mayhew）一起著手展開。雖當疫情升溫時她促不及防離我們而去，但她的一路相隨與多年來靈光不斷的循循善誘，以及無限的熱情不曾離開我——也不曾棄本書而去。我很感謝優秀的團隊成員，西蒙與舒斯特（Simon & Schuster）出版社的 Priscilla Painton 與 Megan Hogan，接納這個新生兒，並給予豐富的建議。在封城期間完成如此無縫接軌工作異常卓越。一如既往，Amanda Urban 全程都是我的好友、鞭策者兼嚮導。我無法想像沒有她支持打氣，我的寫作人生會如何。

同樣，若無我的一幫重要支持者，難以想像人生將何去何從：我的孩子 Lizzie 和 Chris，以及 Corrine 和 Ilona，我的手足 Julia 和 Andrew，甥姪 Mathieu、Sabine,

Lucien、Leonard、Orson、Nicolas、Lili 和 Joaquim。我們散居於巴黎、布魯塞爾、紐約、沃思堡、德州，還有英國印威內斯、美國加州，但在過去艱難的一年裡我們透過 Zoom、臉書與無邊界的愛克服了相隔千里。

在眾多使這個專案變得有趣，甚至令人愉快的人士當中，我感謝受訪的以下人士；其中多人參與了多項討論。對他們付出的耐心與無可匹敵的真知灼見，我難以盡述謝忱。

（傅士玲 翻譯）

編按：謝詞中出現的人名眾多，若非曾出現於本書內文中的人物或有已流通之中文譯名者，皆不另行中譯。

—致謝名單—

Alexis Papahelas, Almut Möller, Andreas Apelt, Anna Sauerbrey, Antony Blinken, Ben Rhodes, Bernd Ulrich, Lady Catherine Ashton, Charles Kupchan, Charlotte Knobloch, Christian Demuth, Christoph Heusgen, Dr. Christoph Meyer, Constanze Stelzenmüller, David Gill, Daniel Baer, Derek Chollet, Derek Scally, Dekel Peretz, Ellen Ueberschär, Ambassador John Emerson, Ambassador Emily Haber, Erika Benn, Eva Christiansen, Evelyn Farkas, Fiona Hill, Frank Mieszkalski, Fritz Stern, Gary Smith, Georg Diez, Griff Witte, Henrik Enderlein, Henry Kissinger, Richard Haass, Henry “Hank” Paulson, Herlinde Koelbl, Secretary of State Hillary Rodham Clinton, Jacques Rupnik, Jacqueline Boysen, Jacqueline Ross, James Davis, Joerg Hackerschmidt, Joseph Stiglitz, former president Joachim Gauck, former foreign minister Joschka Fischer, Joshua Yaffa, Karl-Theodor von Guttenberg, Karen Donfried, Karin Pritzel, Kevin Rudd, Kerstin Kohlenberg, George Diez, George Packer, Lars Zimmermann, Lawrence Bacow, former president Lothar de Maizière, Marcus Walker, Manuela Villing, Roger Cohen, Daniel Benjamin, Joshua Hammer, Matthew Pottinger, Melanie Annan, Michael Birnbaum, Michael Naumann, Michael Schindhelm, Nicolaus Fest, Paul Krüger, Peter Jungen, Peter Schneider, Philip Murphy, Rachel Donadio, Reiner Epplemann, Reinhard Günzel, Reinhold Haberlandt, René Pfister, Robin Alexander, Steffen Seibert, Shai Levy, Josef Joffe, Shimon Stein, Sigmount A. Königsberg, Stefan Kornelius, Stephen Greenblatt, Thomas Bagger, Thorsten Benner, Thomas de Maizière, Timothy Snyder, Stefan von Holtzbrinck, Peter Wittig, Tim Wirth, Timothy Garton Ash, Ulrike Demmer, Ulrich Schöneich, Ulrich Wilhelm, Victoria Nuland, Volker Berghahn, Volker Schlöndorff, Werner Patzelt, William Drozdiak, Yascha Mounk.

參考書目

Aly, Götz. Why the Germans? Why the Jews? Envy, Race Hatred, and the Prehistory of the Holocaust. Translated by Jefferson S. Chase. New York: Picador, 2014.

Anonymous. A Warning: A Senior Trump Administration Official. New York: Twelve, 2019.

Applebaum, Anne. Iron Curtain: The Crushing of Eastern Europe 1944–1956. London: Allen Lane, 2012.

Ash, Timothy Garton. In Europe's Name: Germany and the Divided Continent. New York: Random House, 1993.

———. The File: A Personal History. Atlantic, 2009.

Belton, Catherine. Putin's People: How the KGB Took Back Russia and Then Took On the West. New York: Farrar, Straus and Giroux, 2020.

Boerner, Peter. Goethe. Translated by Nancy Boerner. London: Haus, 2005.

Bolton, John R. The Room Where It Happened: A White House Memoir. New York: Simon & Schuster, 2020.

Burns, William J. Back Channel: A Memoir of American Diplomacy and the Case for Its Renewal. New

York: Random House, 2020.
Buruma, Ian. The Wages of Guilt: Memories of War in Germany and Japan. London:
Atlantic Books, 1994.
———. Year Zero: 1945 and the Aftermath of War. New York: Penguin Press, 2013.
Crawford, Alan, and Tony Czuczka. Angela Merkel: A Chancellorship Forged in Crisis. Source: US Library of Congress, , 2013.
Dahrendorf, Ralf. Society and Democracy in Germany. W. W. Norton, 1967.
Dallek, Robert. How Did We Get Here? From Theodore Roosevelt to Donald Trump. New York: Harper, 2020.
Dawisha, Karen. Putin's Kleptocracy: Who Owns Russia? New York: Simon & Schuster, 2014.
Dendrinou, Viktoria, and Eleni Varvitsiote. The Last Bluff: How Greece Came Faceto-Face with Financial Catastrophe & The Secret Plan for Its Euro Exit. Athens: ⊠Papadopoulos, 2019.
Dobbs, Michael. The Unwanted: America, Auschwitz, and a Village Caught in Between. New York: Vintage Books, 2019.
Drozdiak, William. Fractured Continent: Europe's Crises and the Fate of the West. New York: W. W. Norton, 2017.
———. The Last President of Europe: Emmanuel Macron's Race to Revive France and Save the World. New York: Public Affairs, 2020.
Erpenbeck, Jenny. Go, Went, Gone. Translated by Susan Bernofsky. New York: New Directions, 2015.
Faber, David. Munich, 1938: Appeasement and World War II. New York: Simon & Schuster, 2008.
Feldman, Lily Gardner. Germany's Foreign Policy of Reconciliation: From Enmity to Amity. Lanham, MD: Rowman & Littlefield, 2014.

Fisher, Marc. After the Wall: Germany, the Germans, and the Burdens of History. New York: Simon & Schuster, 1995.

Funder, Anna. Stasiland: Stories from Behind the Berlin Wall. New York: Harper Perennial, 2003.

Gessen, Masha. The Man Without a Face: The Unlikely Rise of Vladimir Putin. New
York: Riverhead Books, 2014.

Goodwin, Doris Kearns. Leadership in Turbulent Times. New York: Simon & Schuster Paperbacks, 2018.

Green, Stephen. Reluctant Meister: How Germany's Past Is Shaping Its European Future. London: Haus, 2016.

Gunther, John. Behind the Curtain. New York: Harper and Brothers, 1949.

Harris, Robert. Munich. London: Arrow Books, 2017.

Harrison, Hope M. Driving the Soviets up the Wall: Soviet-East German Relations, 1953–1961. Princeton, NJ: Princeton University Press, 2003.

Herf, Jeffrey. Divided Memory: The Nazi Past in the Two Germanys. Cambridge, MA: Harvard University Press, 1997.

Hill, Fiona, and Clifford G. Gaddy. Mr. Putin: Operative in the Kremlin. Washington, DC: Brookings Institution Press, 2013.

Holler, Wolfgang, and Kristin Knebel. The Goethe Residence. Weimar, Ger.: Klassik Stiftung Weimar, 2016.

Isikoff, Michael, and David Corn. Russian Roulette: The Inside Story of Putin's War on America and the Election of Donald Trump. New York: Twelve, 2018.

Judt, Tony. A Grand Illusion? An Essay on Europe. New York: New York University Press, 2011.

———. Postwar: A History of Europe Since 1945. New York: Penguin Books, 2005.

Kagan, Robert. The Jungle Grows Back: America and Our Imperiled World. New York: Vintage Books, 2018.

Kershaw, Ian. Roller-Coaster: Europe, 1950–2017. New York: Penguin Books, 2019.

Kessler, Harry. Berlin in Lights: The Diaries of Count Harry Kessler, 1918–1937. New York: Grove Press, 1971.

Kingsley, Patrick. The New Odyssey: The Story of Europe's Refugee Crisis. Norwich, UK: Guardian Faber, 2016.

Klemperer, Victor. I Will Bear Witness: A Diary of the Nazi Years. New York: Random House, 1999.

Kornelius, Stefan. Angela Merkel: The Chancellor and Her World—The Authorized Biography. London: Alma Books, 2013.

Kramer, Jane. The Politics of Memory: Looking for Germany in the New Germany. New York: Random House, 1996.

Krastev, Ivan, and Stephen Holmes. The Light That Failed, A Reckoning. New York: Penguin Books, 2019.

Le Carré, John. A Small Town In Germany. New York: Pocket Books, 1968.

Lever, Paul. Berlin Rules: Europe and the German Way. London: I. B. Tauris, 2017.

Loeckx, Renilde. Cold War Triangle: How Scientists in East and West Tamed HIV. Leuven, Belg.: Lipsius Leuven, 2017.

MacDonogh, Giles. On Germany. London: Hurst, 2018.

MacGregor, Neil. Germany: Memories of a Nation. New York: Vintage Books, 2014.

Machiavelli, Niccolo. The Prince. Translated by Tim Parks. New York: Penguin Books, 2009.

MacLean, Rory. Berlin: Portrait of a City Through the Centuries. New York: St. Martin's Press, 2014.

Medvedev, Sergei. The Return of the Russian Leviathan. Translated by Stephen Dalziel. Medford, MA: Polity, 2020.

Middelaar, Luuk van. Alarums & Excursions: Improvising Politics on the European Stage. Translated by Liz Waters. Newcastle upon Tyne, UK: Agenda, 2019.

Moore, Charles. Margaret Thatcher: The Authorized Biography—At Her Zenith: In London, Washington and Moscow. New York: Alfred A. Knopf, 2016.

———. Margaret Thatcher: The Authorized Biography—From Grantham to the Falklands. New York: Vintage Books, 2013.

Mounk, Yascha. Stranger in My Own Country: A Jewish Family in Modern Germany. New York: Farrar, Straus and Giroux, 2014.

Mushaben, Joyce Marie. Becoming Madam Chancellor: Angela Merkel and the Berlin Republic. Cambridge: Cambridge University Press, 2017.

Myers, Steven Lee. The New Tsar: The Rise and Reign of Vladimir Putin. New York: Simon & Schuster, 2015.

Neiman, Susan. Learning from the Germans: Race and the Memory of Evil. New York: Farrar, Straus and Giroux, 2019.

Obama, Barack, A Promised Land. New York: Cown, 2020.

Pond, Elizabeth. Beyond The wall: Germany's Road to Unification. Washington, DC: Brookings Institution, 1993.

Powell, Jonathan. The New Machiavelli: How to Wield Power in the Modern World. New York: Vintage Books, 2011.

Power, Samantha. The Education of An Idealist. New York: Dey Street Books, 2019.

Qvortrup, Matthew. Angela Merkel: Europe's Most Influential Leader. New York: Overlook Duckworth, 2017.

Renterghem, Marion Van. Angela Merkel: L'ovni Politique. Paris: Les AreÃÄnes, 2017.

Rhodes, Benjamin. The World as It Is: A Memoir of the Obama White House. New York: Random House, 2018.

Rice, Susan. Tough Love: My Story of the Things Worth Fighting For. New York: Simon & Schuster, 2019.

Rosenberg, Tina. The Haunted Land: Facing Europe's Ghosts After Communism. New York: Vintage Books, 1996.

Roth, Philip. American Pastoral. New York: Vintage International, 1998.

Rucker, Philip, and Carol Leonnig. A Very Stable Genius: Donald J. Trump's Testing of America. New York: Bloomsbury, 2020.

Schneider, Peter. Berlin Now: The City After the Wall. New York: Farrar, Straus and Giroux, 2014.

———. The wall Jumper: A Novel. Translated by Leigh Hafrey. New York: Pantheon Books, 1983.

Service, Robert. Kremlin Winter: Russia and the Second Coming of Vladimir Putin. London: Picador, 2020.

Smith, Hannah Lucinda. ErdogÃÜan Rising: The Battle for the Soul of Turkey. London: William Collins, 2019.

Snyder, Timothy. Bloodlands: Europe Between Hitler and Stalin. New York: Basic Books, 2012.

———. The Road to Unfreedom: Russia, Europe, America. New York: Vintage Books, 2019.

Stengel, Richard. Information Wars: How We Lost the Global Battle Against Disinformation & What We Can Do About It. New York: Atlantic Monthly Press, 2019.

Stent, Angela. Putin's World: Russia Against the West and with the Rest. New York: Hachette, 2019.

Stern, Fritz. The Politics of Cultural Despair: A Study in the Rise of the Germanic Ideology. Berkeley: University of California Press, 1961.

Taubman, William. Gorbachev: His Life and Times. New York: W. W. Norton, 2017.

Taylor, Frederick. Dresden, Tuesday, February 13, 1945. New York: HarperCollins, 2004.

Tellkamp, Uwe. The Tower: Tales from a Lost Country. New York: Penguin Books, 2016.

The Condé Nast Traveler Book of Unforgettable Journeys: Great Writers on Great Places. Edited and with an introduction by Klara Glowczewska. New York: Penguin Books, 2012.

Throp, Claire. Angela Merkel. Chicago: Raintree, 2014.

Tooze, J. Adam. Crashed: How a Decade of Financial Crises Changed the World. New York: Penguin Books, 2019.

Traverso, Enzo. The New Faces of Fascism: Populism and the Far Right. Translated by David Broder. Brooklyn, NY: Verso, 2019.

Varoufakis, Yanis. Adults in the Room: My Battle with the European and American Deep Establishment. New York: Farrar, Straus and Giroux, 2018.

Vickers, Marques. Vladimir Putin and Dresden, Germany: The Genesis of Myth Making. Herron Island, WA: Marquis, 2016.

Vonnegut, Kurt. Slaughterhouse-Five. New York: Random House, 1969.

Watson, Peter. The German Genius: Europe's Third Renaissance, the Second Scientific Revolution, and the Twentieth Century. New York: Harper Perennial, 2011.

Wyden, Peter. Wall: The Inside Story of Divided Berlin. New York: Simon & Schuster, 1989.

Yaffa, Joshua. Between Two Fires: Truth, Ambition, and Compromise in Putin's Russia. New York: Tim Duggan Books, 2020.

注釋

梅克爾自二〇〇五年出任總理以來，所有談話幾乎僅限於政策，而在撰寫本書時，我何其有幸，能引用多位德國作家與記者在此前對梅克爾所做的訪談。我已將訪談從德語原文翻譯了出來，那些訪談往往非常值得探究，也充滿深思熟慮的交流，若欲以梅克爾自己的用語來捕捉她的生活與時光，確有其必要。我未修改過它們的意思，但為求明瞭清楚，我在翻譯上略做改動。也因此，有時候我引述某段文字卻未註明頁碼，是因為無法對應使然。

謹此感謝以下諸位歷史學家好友們，他們以梅克爾的用語和母語，掌握了一位公眾人物極私密的面貌：柯爾珀（Herlinde Koelbl）的《權力的痕跡：辦公室對人的改變》（*Die Verwandlung des Menschen durch das Amt*）；格德·朗古特（Gerd Langguth）的《梅克爾》（*Angela Merkel*）；沃爾克·雷辛（Volker Resing）編輯的《我的信仰：基督教觀點》（*Daran glaube ich: Christliche Standpunkte*）；梅克爾與穆勒-沃格（Hugo Müller-Vogg）合著的《我的方式：梅克爾與穆勒-沃格的對話》（*Mein Weg: Ein Gespräch*）、安德烈亞斯·林克（Andreas Rinke）的《梅克爾百科》（*Das Merkel Lexikon: Die Kanzlerin von A–Z*）；伊芙琳·羅爾（Evelyn Roll）的《總理大臣：梅克爾的執政之路》（*Die Kanzlerin: Angela Merkels Weg Zur Macht*），以及莫里茨·馮·烏斯拉爾（Moritz von Uslar）的《一百個問題》（*100 Fragen an*）。

【參考書目】

Herlinde Koelbl,Spuren der Macht:Die Verwandlung des Menschen durch das Amt—Eine Langzeitstudie,1st ed. (Munich,Ger.:Knesebeck Verlag,1999).

Gerd Langguth,Angela Merkel Aufstieg zu Macht,3rd ed. (Munich,Ger.:Deutscher Taschenbuch Verlag,2005).

Angela Merkel:Daran glaube ich:Christliche Standpunkte (I Believe in That:Christian Viewpoints),updated and expanded ed.,ed. Volker Resing (Leipzig,Ger.:St. Benno Verlag,2017).

Angela Merkel with Hugo Müller-Vogg, Mein Weg:Ein Gespräch mit Hugo MüllerVogg,1st ed. (Hamburg,Ger.:Hoffmann und Campe Verlag,2005).

Andreas Rinke,Das Merkel Lexikon:Die Kanzlerin von A-Z (The Chancellor from A–Z),1st ed. (Springe,Ger.:zu Klampen Verlag,2016).

Evelyn Roll,Die Kanzlerin:Angela Merkels Weg Zur Macht (The Chancellor:Angela Merkel's Path to Power),4th ed. (Berlin,Ger.:Ullstein Buchverlag GmB,2013).

Moritz von Uslar,100 Fragen an . . . (100 Questions To),3rd ed. (Cologne,Ger.:Verlag Kiepnheuer & Witsch,2004).

【演說及官方檔案】

德國聯邦議院（Bundestag）：聯邦議院的官方檔請參見：https://www.bundestag.de/dokumente

總理府（Chancellery）：演講、採訪，以及與財政大臣相關的其他文件，請參見總理府官網找到：https://www.bundeskanzlerin.de/bkin-de/aktuelles/

慕尼黑安全會議（Munich Security Conference，簡稱MSC）：每個年度年有不同網頁：https://securityconference.org/en/msc-2020/speeches/

【序曲：牧師的女兒】

本章內容根據的是作者對克里斯提楊森、施隆多夫、高克、羅茲、紐澤西州長墨菲、吉爾、烏爾里許、柯爾珀、諾曼和安曼（Melanie Amman）的訪談。在全書當中，我並未提供我所做採訪的日期，這是因為這些採訪通常都是後續查訪和進一步訪談。

020 **多謝建議**：亞歷山大・奧桑（Alexander Osang），〈梅克爾總理——琥珀中的女人〉（*Chancellor Merkel—Woman in Amber,*），《明鏡週刊》（*Der Spiegel*），二〇一七年八月卅一日；〈梅克爾——結束但未出局〉（*Angela Merkel—Over but Not Out,*），《南德意志報》（*Süddeutsche Zeitung*），二〇一八年十二月一日。

020 **梅克爾……站著談話時**：尼科・弗里德（Nico Friedt），〈她知道一些你不知道的事〉（*She Knows Something That You Don't Know,*），《時代週報》（*Die Zeit*），二〇一八年三月二日。

022 **多一點詩意**：蘿拉・馬婁（Lara Marlowe），〈梅克爾累了，馬克宏脫穎而出〉（*As Merkel Tires, Macron Emerges,*），《愛爾蘭時報》（*Irish Times*），二〇一七年九月二十八日。

022 **我從結果開始思考**……柯爾珀接受作者採訪。

024 **學習如何展現自己的權威**：柯爾珀，《權力的痕跡》。

025 **我自己**：柯爾珀，作者採訪；另見柯爾珀，《權力的痕跡》。

025 **看看洛磯山脈**：梅克爾，接受梅蘭妮・阿曼（Melanie Amann）和加特曼（Florian

Gathmann），《明鏡週刊》，二〇一九年十一月五日。

【第一章：逆行】

本章取材自採訪前文化部長諾曼、宣艾希、民主覺醒黨領導人艾佩爾特、艾培曼、東德總理羅特・德邁齊爾、邁可・辛德翰、博伊森（Jacqueline Boysen）、克里斯堤楊森、班恩，以及導演施隆多夫。關於梅克爾與夫婿在漢堡的經歷，以及他們決定前往布蘭登堡的事蹟，參見拉爾夫・魯特（Ralf Georg Reuth）和根瑟・拉赫曼（Günther Lachmann），《梅克爾的第一段人生》（*Das Erste Leben der Angela M.*）。

032 **就算要我去天涯海角**：《明鏡週刊》，二〇一六年一月二十六日；艾培曼、傳教士，以及「德國新教基金會」（German Protestant Foundation）的神學家于柏雪的採訪。

032 **卡斯納牧師警告**：〈從滕普林去探望牧師〉（*Visit to the Pastor from Templin,*），《柏林日報》，二〇〇五年六月二日。

037 **身為基督徒，來這裡**……羅傑・科恩（Roger Cohen），〈從東邊到西邊〉（*From East to West,*），《紐約時報》，二〇〇一年六月一日。

037 **我父親得去擠羊乳**：梅克爾，接受柯爾珀採訪，參見《權力的痕跡》。

037 **儘管卡斯納因為他對教會貢獻卓越而享有特權**：喬治・派克（George Packer），〈梅克爾的驚人崛起〉（*The Astonishing Rise of Angela Merkel,*），《紐約客》，二〇一四年十二月一日。

039 **我還記得有個……園丁伯伯**：梅克爾：《我的信仰：基督教的觀點》，增訂版，沃爾克・雷辛編輯，德國萊比錫：St. Benno Verlag 出版，二〇一七年。

041 **那年，我才七歲**：梅克爾，接受柯爾珀採訪。

042 **俄語是一種很美的語言**：格爾德．蘭格斯（Gerd Langguth），《梅克爾》（*Angela Merkel*），德國慕尼黑，Deutscher Taschenbuch Verlag 出版，二〇〇五年。參見柯爾珀和穆勒－沃格，訪談。

042 **瑪麗．居禮**：沃爾克．雷辛，《我相信》（*Daran Glaube Ich*）。

044 **我相信這個世界是有限的**：一九九五年梅克爾對新教教友大會（Protestant Christian Convention）演講。新教神學家于柏雪，訪談。

044 **梅克爾的信仰**：梅克爾，〈成為基督徒和政治家意味著什麼〉（*What It Means to Be a Christian and a Politician*），二〇一四年在德國滕普林拉爾夫牧師送別大會的演講。

045 **先知瑪拉基看到社會用暴力**：梅克爾，關於她信仰的演說，參見德國福音派教會大會（Deutscher Evangelisher Kirchentag Dokumente）。

046 **權力本身並不是壞事**：梅克爾與穆勒－沃格的對話，《我的方式：梅克爾與穆勒－沃格的對話》，初版，德國漢堡，Hoffmann und Campe Verlag 出版，二〇〇五年。

047 **她每天放學回到家**：梅克爾，接受柯爾珀採訪。

050 **我很羨慕一些輕易相信的人**：引自梅克爾《我的信仰》。

053 **我還記得當時洋溢著樂觀**：梅克爾，接受柯爾珀採訪。關於梅克爾對鎮壓布拉格之春的個人反應，參見伊芙琳．羅爾的〈那是夏天〉（*And It Was Summer*），《南德意志報》，二〇〇八年九月。

055 **就因為一場惡作劇**：宣艾希、梅克爾童年友人，以及梅克爾的老師之一班恩，作者訪談；參見〈鐵娘子〉（*Das Eiserne Mädchen*），《明鏡週刊》，二〇〇〇年三月一日。

【第二章：萊比錫】

本章取材自作者採訪梅克爾就讀萊比錫大學的同學與教授們，特別是米甚卡斯基（Frank Mieszkalski）與熱力學教授哈伯蘭特，也訪談了早期梅克爾傳記作家博伊森。也請參見羅爾的《總理大臣：梅克爾的執政之路》，四二八頁，關於梅克爾的「堅強的內在生活」。

058 **我選擇攻讀物理**：烏斯拉爾的《一百個問題》，第三版，德國科隆：Verlag Kiepnheuer & Witsch 出版，二〇〇四年。

058 **我想離開家，離開這個小鎮**：梅克爾與穆勒－沃格的《我的方式》。

062 **我一直是那個只吃花生、不跳舞的女孩**：林克的《梅克爾百科》。

064 **會注意到安格拉**：〈有一天她搬走了〉（*One Day She Moved Out,*），《焦點周刊》（*Focus*），第二十八期，二〇〇四年。

【第三章：柏林】

本章主要取材作者訪談電影導演邁可．辛德翰。

068 **我父母總是對我耳提面命**：沃爾夫岡．斯托克（Wolfgang Stock）的《梅克爾：政治傳記》（*Angela Merkel: Eine Politische Biographie*），頁九。

070 **我們也跟著結婚**：梅克爾，接受柯爾珀採訪；辛德翰，訪談。

070 **她突然打包東西**：梅克爾與穆勒－沃格的《我的方式》；岡納爾．辛克（Gunnar Hink）、來自德勒斯登的梅克爾先生，《日報》（*Die Tageszeitung*），二〇一六年十二月七日。

071 **安格拉，看來妳還有很長的路要走啊**：辛德翰，訪談；也請參見艾薩克斯坦利－貝克爾（Isaac Stanley-Becker）和路易莎．貝克（Luisa Beck）的〈牧師的女兒〉（The Pastor's Daughter），《華盛頓郵報》，二〇一七年九月十一日。

071 **她渾然不知**：弗蘭齊斯卡．李奇（Franziska Reich）的〈從寒冬中來的女人〉（*The Woman Who Came in from the Cold*），《亮點周刊》（Der Stern），二〇〇五年五月五日。另參見辛德翰，訪談，以及馬修．克沃特魯普（Matthew Qvortrup）的《梅克爾：歐洲最具影響力的領導人》（*Angela Merkel: Europe's Most Influential Leader*）。

076 **我們沒有一個禮拜不談國家社會主義**：科爾布爾，《權力的痕跡》；辛德翰，接受作者採訪。

077 「我曾獨自前往布達佩斯、莫斯科……」：沃爾夫岡．斯托克，《梅克爾：政治傳記》，德國慕尼黑，Olzog 出版，二〇〇〇年，頁五十六。

078 **採訪紹爾博士**，《柏林報》（*Berliner Zeitung*），二〇一七年，十二月二十三日。

【第四章：一九八九】

本章部分取材自作者採訪前德國總理洛塔．德梅基耶（Lothar de Maiz）、前總統約阿希姆．高克、吉爾、導演施隆多夫、政治家阿佩爾特博士（Dr. Andreas Apelt）。

另參見珍娜．亨塞爾（Jana Hensel）的《築牆之後：來自東德童年的告白和接下來的生活》（*After the Wall: Confessions from an East German Childhood and the Life That Came Next*），紐約，Public Affairs 出版，二〇〇四年。

082 **到消息後，我打電話給我母親**：梅克爾，接受柯爾珀採訪。

084 **柏林圍牆倒塌後的幾天**：同上。

084 **我討厭白天都沒有機會跟人說話**：昆汀・皮爾（Quentin Peel），〈梅克爾：有權有勢的女人〉（*Angela Merkel—Woman of Power*），《金融時報》，二〇一二年十二月十四日。

086 **我看來，他就像是東德人**：同上。

089 **他們意識型態過強**：梅克爾與穆勒-沃格合著的《我的方式》。

090 **我曾是一名優秀的物理學家**：同上。

091 **她的反應讓我吃驚**：民主覺醒黨領導人艾佩爾特，接受作者訪談。

【第五章：門徒】

本章取材作者訪談駐美大使伊辛格、美國駐德國大使金密特、前參議員沃思、美國前國務卿希拉蕊與季辛吉、美國前財政部長鮑爾森，以及梅克爾的前國防部長古滕伯格；《時代週報》副總編輯烏爾里許，還有科爾布爾。

對於傑出美國歷史學家作者斯特恩（Fritz Stern），以及資深外交家霍爾布魯克花費數小時交談，作者也銘感五內。

095 **我請她擔任副發言人時**：作者訪談德梅基耶。

098 **『像我這樣的名人』會來拜訪她，讓她非常驚奇**：季辛吉，接受作者採訪。

101 **安格拉穿得就像學生**：德梅基耶，訪談。

101 **男人就算連續一百天都穿深藍色**：梅克爾，接受柯爾珀採訪。

102 **總理女士，您穿這件真好看**：英國外交官萊弗，《柏林法則：歐洲和德國方式》（*Berlin Rules: Europe and the German Way*），倫敦：I. B. Tauris 出版，二〇一七年，頁二十三。

102 **波昂的政治圈都覺得**：大使伊辛格，接受作者採訪。

104 **我只能說，這種說法很煩人**：梅克爾與穆勒-沃格合著的《我的方式》。

104 **她第一次踏進白宮**：美國駐德國大使金密特，接受作者採訪。

104 **在那次訪美的行程中**：同上。

109 **雖然她對性別歧視的幽默很反感**：胡貝兒（Brigitte Huber）與丁拉姬（Meike Dinklage）、訪談，胡貝兒，二〇一七年七月二日。

110 **在男人面前，我常覺得困擾**：梅克爾，接受柯爾珀採訪，《權力的痕跡》。

111 **我常常站在火線上**：同上。

111 **也許像男人一樣怒吼會來得更好**：同上。

112 **她問我很多關於英國政治體系運作的問題**：萊弗，《柏林法則》，頁七十三。

112 **她是好奇心和遠大志向的結合體**：金密特，接受作者採訪。

113 **柯爾總理想必查核了很多條件**：維爾特（Tim Wirth），接受作者採訪。

114 **最偉大的成就之一**：梅克爾，接受接受柯爾珀採訪，《權力的痕跡》。

115 **在小團體中流露**：美國前財政部長鮑爾森，接受作者採訪。

115 **哈佛校長包考**：哈佛大學校長包考，接受作者採訪。

117 **我們結婚了**：梅克爾，接受柯爾珀採訪，《權力的痕跡》。

119 **為什麼要怕他**：羅爾的《總理大臣》，頁二六〇。

119 **主要是我想擺脫束縛**：梅克爾，接受柯爾珀採訪，《權力的痕跡》。

120 **四月十日，在她擔任基民黨主席的第一天**：奧桑，〈琥珀中的女人〉。

200 **二〇一四年，梅克爾過六十歲生日**：《圖片報》（*Bild-Zeitung*），二〇一四年七月十七日。

【第六章：終於進入總理府】

本章內容奠基於以下訪談：季辛吉、前外交部長費雪、外交政策顧問霍伊斯根、德邁齊爾、德國外交官巴格、克里斯堤楊森、烏里希、柯內留斯。

125 **根據九月大選前幾週的民調**：季辛吉，訪談。

128 **更重要的是，他在關鍵時刻支持我**：林克，《梅克爾百科》，頁二八二至八六。

128 **親愛的總理女士**：鄧普西，作家，接受作者訪談。

137 **她的幕僚沒有馬屁精**：克里斯堤楊森，梅克爾助理，接受作者採訪。

137 **在歐巴馬任期，要去白宮參訪的路上**：伊辛格，訪談。

137 **如果你無法達到她立下的標準**：德邁齊爾，接受作者採訪。

139 **幽默是梅克爾化解高度緊張的妙方**：柯內留斯，記者，接受作者採訪。

140 **有一次她說起德國賣一艘潛水艇**：菲斯特（René Pfister），記者，接受作者採訪。

141 **為什麼她的演講總是官腔官調**：費雪，前德國外交部長、記者，接受作者採訪。

141 **極力捍衛民主價值的第一任總理艾德諾**：歷史學家斯特恩，接受作者採訪。

146 **二〇〇八年春天**：作者採訪德國猶太人中央委員會前主席克諾布洛赫（Charlotte Knobloch），以及以色列駐德國大使史坦恩（Shimon Stein）。

147 **如果梵蒂岡的決策給人一種印象**：克里斯堤楊森，訪談。

150 **梅克爾明白，當她擁有公眾支持時**：記者奧爾特曼（Philip Oltermann），《梅克爾主義的悖論》（*The Paradox of Merkelism*），《前景雜誌》（*Prospect*）網路版，最後更新時間是二〇二〇年一月二十九日。https://www.prospectmagazine.co.uk/politics/angela-merkel-profile-trump-germany-chancellor-prime-minister

【第七章：迎來首位美國元首】

本章取材自作者訪談伊辛格、梅克爾前發言人威廉、記者烏里希、外交政策顧問霍伊斯根。

155 **我像變了個人似的**：烏多．華茲，髮型設計師，接受作者採訪。

159 **一向尖刻的《經濟學人》**：《經濟學人》，二〇〇六年二月九日。

160 **我在這裡長大**：柯內留斯，《梅克爾：總理和她的世界——授權傳記》（*Angela Merkel: The Chancellor and Her World—The Authorized Biography*），倫敦：Alma Books出版，二〇一三年，頁九一；林克，《梅克爾百科》，頁一八一。關於總理的低調愛國主義主張，另見朗古特的《梅克爾》。

【第八章：獨裁者】

本章內容來自作者採訪梅克爾前國防部長古滕伯格、德邁齊爾、大使伊辛格（慕尼克安全會議主席，二〇〇七年普亭曾在做反西方的抨擊），以及梅克爾的發言人塞柏特、前發言人威廉、德國外交官赫斯根、歐巴馬的國家安全顧問卡普全、俄羅斯專家希爾、《紐約客》莫斯科通訊記者亞法（Joshua Yaffa）與德國記者菲斯特，協助提供背景資料，說明普亭－格別烏的關係對俄國領導人與梅克爾後續關係的影響。川普的白宮助理博明（Mathew Pottinger），以及澳洲前總理陸克文（Kevin Rudd），提供了梅克爾應付習近平日益專制的相關洞見。

另參見菲斯特的〈動盪時代〉（*Times of Turmoil*），《明鏡週刊》，二〇一九年五月十八日；美國記者德雷爾（David James Von Drehle）的〈普亭的病毒〉（*Putin's Virus*），《華盛頓郵報》，二〇二〇年三月二日。

165 **普亭是被派駐到德勒斯登的KGB（國家安全委員會）軍官**：有關普亭在德勒斯登的生活與工作，以及他瘋狂試圖銷毀自己的檔案資料，參見《最可靠的消息：普京訪談錄》（*From the Horse's Mouth: Conversations with Putin*），頁八二、八三、八八。

170 **我們的頭號敵人就是北約**：同上。

171 **為什麼我擁有大學學位，還知法犯法**：柯內留斯，訪談。

176 **在梅克爾旁邊，總是板著一張臉**：烏克蘭新聞工作者艾瑞斯坦維，接受作者訪談。

177 **我們的麗莎**：史滕特（Angela Stent），《普亭的世界：俄羅斯對抗西方，與其他國家對抗》（*Putin's World: Russia Against the West and with the Rest*），紐約：Hachette出版，二〇一九年，頁一〇四。

179 **你有三個選擇**：東歐與中歐局局長希金斯（Andrew Higgins），〈純種俄羅斯人〉（*A Russian by Blood*），《紐約時報》，二〇一九年九月二十八日。

181 **每次歐巴馬問梅克爾為什麼要進行北溪計劃**：歐巴馬的國家安全顧問卡普全，接受作者訪談。

182 **她剛當上總理那幾年**：記者威廉和前德國國家安全顧問霍伊斯根，接受作者採訪。

184 **我們在慶祝我們同步傳譯的五週年紀念**：菲斯特，採訪。

185 **我常和習主席討論**：梅克爾，「二〇一九年二月十六日第五十五屆慕尼黑安全會議梅克爾總理演說，聯邦新聞局（Press and Information Office of the Federal Government）網頁，登入時間是二〇二一年四月二十二日，https://www.bundeskanzlerin.de/bkin-de/aktuelles/rede-von-bundeskanzlerin-merkel-zur-55-muenchner-sicherheitskonferenz-am-16-februar-2019-in-muenchen-1580936。

185 **中國的崛起和德國一樣**：梅克爾，接受巴伯（Lionel Barber）和蓋伊查贊（Guy Chazan）採訪，《金融時報》，二〇二〇年一月十五日。

186 **我相信晶片**：同上。

【第九章：私生活】

本章的關鍵素材與背景資料來自作者對下列人士所做的訪談：克里斯堤楊森、阿佩爾特、史坦恩、施隆多夫、霍伊斯根、德國駐美大使惠堤格、大使布勞恩（Harald Braun）、巴格、女高音芮妮．弗萊明、前澳洲總理陸克文、艾希頓女爵（Lady Catherine Ashton）、唐弗里德、柯爾珀，以及希拉蕊。

190 **我一直努力為自己留下一些空間**：梅克爾參加史特拉頌市民大會，二〇一九年八月十三日。

192 **我寧可取消三個約會**：梅克爾，接受柯爾珀採訪，《權力的痕跡》。

192 **講話讓我覺得很辛苦**：同上。

193 **她參加了一場科技會議**：《畫報》網路版 https://www.rtl.de/cms/angela-merkel-verraet-

privates-daheim-macht-ihr-mann-die-waesche-4660735.html。

193 **我無法想像一邊忙於國事，一邊帶孩子**：梅克爾，接受柯爾珀採訪，《權力的痕跡》。

194 **在她擔任總理之初**：奧桑，〈德國女王〉（*The German Queen*），《明鏡週刊》，二〇一九年五月十一日。

195 **多年前，在前往她的渡假小屋半路上**：同上。

197 **英國前首相布萊爾**：小說家馬丁・艾米斯，《內幕小說集》（*Inside Story: A Novel*），紐約：Farrar，Straus and Giroux 出版，二〇二〇年，頁二三九。

201 **與多位傑出女性交換意見**：聯合國大使惠堤格、前美國國務院助理國務卿唐弗里德，接受作者採訪。

203 **我希望下次能在未來企業領袖中看到女性**：《國土報》（*Tel Aviv, Isr.*），二〇一八年十月四日；《德國之聲》，二〇一八年十月四日。

204 **曾與她交談多時**：陸克文，澳洲前總理，接受作者採訪。

205 **在大西洋彼岸的希拉蕊**：希拉蕊，接受作者採訪。

【第十章：有條件的情誼】

本章內容主要來自作者對以下人士的訪談。華府：國務卿布林肯、歐巴馬任內白宮官員羅茲，歐巴馬總統幕僚，諸如努蘭德、卡普全、蕭雷（Derek Chollet）、駐德大使艾默森。柏林和紐約：霍伊斯根、德國外交官巴格、柯內留斯都與作者分享經歷。（霍伊斯根自二〇一七年起德國駐聯合國大使。）

213 **梅克爾對巴拉克·歐巴馬的友誼之火很慢才點燃**：柯林頓，訪談。

215 **儘管一個人可以用言語打動人心**：奧爾特曼，《梅克爾主義的悖論》。

216 **現在，你明白我們為什麼**：簡·克萊默（Jane Kramer），〈歐洲來信〉（*Letter from Europe*），《紐約客》，二〇〇五年九月十九日。

217 **梅克爾就是他要效仿的那種領導人**：羅茲，接受作者訪談。

218 **巴拉克很珍惜妳**：烏里希（當時在場），作者訪談。

223 **今年的聖誕節提早降臨**：梅耶斯（Steven Lee Myers），《新沙皇：弗拉基米爾普京的崛起和統治》（*The New Tsar: The Rise and Reign of Vladimir Putin*），紐約：Vintage Books 出版，二〇一六年，頁四三九。

224 **我幾乎不曾看過歐巴馬總統如此沮喪**：聯合國大使蘇珊·賴斯，《硬愛：我為之奮鬥的故事》（*Tough Love: My Story of the Things Worth Fighting For*），紐約：Simon&Schuster 出版，二〇一九年，頁三六〇。

226 **歐巴馬來到總理府時**：克里斯堤楊森與霍伊斯根，訪談。

228 **因為我是你的朋友**：羅茲，訪談。

228 **你在唬我，對不對**：賴斯，《硬愛》。

【第十一章：歐洲現在都說德語了】

本章採訪對象包括了諾貝爾經濟學獎得主史迪格里茲、美國作家艾哈邁德（Liaquat Ahamed）、羅茲、柯內留斯、記者烏里希、凱瑟琳·艾希頓、美國前財政部長鮑爾森、伊辛格、希臘《卡西梅里尼早報》（*Greek newspaper Kathimerini*）編輯帕帕赫拉斯（Alexis Papahelas）、

《華爾街日報》的馬庫斯（Marcus Walker）、《金融時報》吉蓮・泰特（Gillian Tett）。關於動盪金融危機的生動描述，以及梅克爾試圖遏制所扮演的角色，請參見英國歷史學家亞當・圖茲（J. Adam Tooze）的著作《崩盤：金融海嘯十年如何改變世界》（*Crashed: How a Decade of Financial Crises Changed the World*），紐約：Penguin Books 出版，二〇一九年。

234 **梅克爾正在薩爾茲堡音樂節聆聽海頓的歌劇**：克里斯堤楊森，訪談。

234 **IKB 有麻煩了**：圖茲，《崩盤》，頁一四四。

236 **希臘、葡萄牙、西班牙和義大利的失業率**：保羅・克魯曼（Paul Krugman），意見專欄，〈殭屍吃了彭博電視和布德賈吉的腦子？〉（*Have Zombies Eaten Bloomberg's and Buttigieg's Brains?*），《紐約時報》網路版，二〇二〇年二月十七日，https://www.nytimes.com/2020/02/17/opinion/bloomberg-buttigieg-economy.html?searchResultPosition=1；多納迪奧（Rachel Donadio），〈官方的熱情和公眾的憤怒〉，《紐約時報》網路版，二〇一二年十月十二日。

240 **妳必須採取行動**：羅茲，訪談。

240 **這不公平。我不想斷了自己的政治生路**：霍伊斯根，訪談；另參見歐巴馬，《應許之地》（*Promised Land*），紐約：Crown 出版，二〇二〇年，頁五一九至五六。

240 **在歐債危機這幾年**：〈薩科吉公開認愛〉（Sarkozy Declare sa Flamme），法國新聞《二十分鐘日報》（*Vingt Minutes*），二〇〇八年一月五日，該報由 Schibsted&Ouest France Group 印行，免費贈送法國通勤者閱讀。

242 **基民／基社聯盟的國會領袖考德**：柯內留斯和烏里希，訪談。

244 **二〇一五年，希臘人讓激進左派聯盟的齊普拉斯**：帕帕赫拉斯，接受作者採訪；另參見前希臘財政部長瓦魯法斯克的《房間裡的成年人：我與歐美深層組織的搏鬥》（*Adults in the Room: My Battle with the European and American Deep Establishment*），紐約：Farrar, Straus and Giroux 出版，二〇一七年，頁三三一至五〇。

246 **各位，這真的很難**：烏里希，訪談。

【第十二章：於烏克蘭交鋒】

本章受訪者有貝爾、努蘭德、羅茲，以及歷史學家史奈德、牛津大學教授艾許、法卡斯、哈珀、巴格，還有霍伊斯根。

252 **我們擔心俄羅斯會得寸進尺**：法卡斯，歐巴馬任內國防部官員，作者採訪。

255 **梅克爾認為自己可以跟普亭對話**：努蘭德，歐巴馬任內歐洲事務助理國務卿，作者採訪。

256 **梅克爾按捺著怒氣**：伊辛格，訪談。

257 **她跟普亭講完電話後，就會打電話給歐巴馬**：布林肯（Tony Blinken），歐巴馬白宮助理，作者採訪。

257 **讓對方的戲演不下去**：哈珀，德國駐美大使，作者採訪。

258 **必然氣得不得了**：貝爾，美國駐歐洲安全與合作組織（Organization for Security and Co-operation in Europe）大使，作者採訪。

260 **就人民的情感**：引述新聞報導。

260 **一個月後，他終於承認**：努蘭德，訪談。

262 **梅克爾對努蘭德在電話裡的口不擇言很不滿**：霍伊斯根，訪談。

264 **傳統大西洋主義模式**：喬萊（Derek Chollet），前美國外交政策顧問，作者採訪。

265 **我想，我知道頓巴斯**：霍伊斯根，訪談。

266 **在他們談判時，有時普亭……**：多諾休（Patrick Donohue），記者，作者採訪；另參見史滕特《普亭的世界》。

267 **這場漫長的談判馬拉松**：根據媒體報導。

267 **這位總理對自由市場懷抱堅定的信仰**：榮根（Peter Jungen），天使投資人，也是總理的友人，作者採訪。

【第十三章：黎恩的夏天】

本章部分內容取材於採訪大使斯溫（William Lacy Swing，前聯合國國際移民組織總幹事）、總理發言人塞柏特、前德國駐聯合國大使布勞恩、美國前駐德大使金密特，以及于柏雪、季辛吉、克魯格、德國外交官巴格，還有霍伊斯根。

除非特別註明，否則本章內引述梅克爾的部分，都取材自德國廣播公司ARD記者安妮・威爾（Anne Will）對總理所做的三次長篇訪談；這些訪談是在二〇一五至一六年間難民危機其間所做，可參閱YouTube：二〇一五年十月七日 https://www.youtube.com/watch?v=cx3R-Cys50E；二〇一六年二月十九日 https://www.youtube.com/watch?v=9sIKqESqOiU，以及二〇一六十一月二十日 https://www.youtube.com/watch?v=lJwcfld8cWE

關於梅克爾偶遇難民女孩黎恩．沙維爾，根據的是德國電視對該事件的報導。

281 **她應該先從歐盟那邊下手**：季辛吉，訪談。

281 **單獨的決定**：柯爾，〈歐洲在關鍵測試之前〉（*Europe Before a Crucial Test*），德國《每日鏡報》，二〇一六年四月十七日。

281 **給予一個難民庇護**：喬治．派克，記者，作者採訪。

282 **她沒有到考慮到政治後果**：于柏雪，訪談。

282 **我的內心深處有一種不祥之感**：鮑爾森，訪談。

283 **梅克爾沒有粉飾太平**：梅克爾，接受ARD德國電視廣播公司安妮．威爾採訪，參見https://www.youtube.com/watch?v=9slKqESqOiU。

284 **每一個人都不吝伸出援手**：塞柏特，訪談。

284 **如果德國不能用笑臉來迎接難民**：梅克爾，《Bunte》，二〇一六年六月二日；「梅克爾總理在二〇一五年十月七日對歐洲議會發表演講」，德國聯邦新聞局官網，登入時間是二〇二一年四月二十二日，https://www.bundeskanzlerin.de/bkin-de/aktuelles/rede-von-bundeskanzlerin-merkel-am-7-oktober-2015-vor-dem-europaeischen-parlament-475792。

286 **運氣不好也是原因之一**：德邁齊爾，訪談。

287 **如果這麼做**：克里斯堤楊森，訪談。

290 **梅克爾來到德捷邊境的海德瑙**：梅蘭妮．阿曼（Melanie Amman，目擊者），作者採訪。

292 **梅克爾低估了**：金思利（Patrick Kingsley），《新奧德賽：歐洲難民危機的故事》（*The New Odyssey: The Story of Europe's Refugee Crisis*），英國諾里奇：Guardian Faber出版，二〇一六年，頁四三；希爾德布蘭特（T. Hildebrandt）和烏爾里許，風暴之眼（In the Eye of the Storm），《時代週報》，二〇一五年九月二十日。

295 **年度上限從一萬七千人增加**……羅茲，訪談。

298 **聚集在前方的廣場倒數計時**：此段文字取材自媒體新聞對二〇一六年跨年夜的各種報導，以及戴維森（Amy Davidson），〈梅克爾的科隆測試〉（*Angela Merkel's Cologne Test*），《紐約客》，二〇一六年一月十日。

300 **如果你相信一個高齡化**：道舍特，〈德國瀕臨衰退〉（*Germany on the Brink*），《紐約時報》，二〇一六年一月九日；沙爾貝，〈德國的後科隆歇斯底里〉（*Germany's Post Cologne Hysteria*），《紐約時報》，二〇一六年一月九日。

【第十四章：大凶之年】

本章係根據作者訪談而來，受訪人有羅茲、烏爾里許、柯內留斯、戴維斯（James Davis）、菲斯特、艾默森、德國外交官巴格、霍伊斯根，還有克里斯堤楊森——泰半非正式且不便公開。

304 **也許很少人知道**：辛德翰，《柏林晨報》（Berliner Zeitung），〈*Mocca Twice a Day with Angela*〉，二〇〇〇年三月八日。

305 **我會高興一點**：瓦格斯蒂爾（Stefan Wagstyl），編輯，《金融時報》，二〇一六年一月二十六日。

305 **梅克爾來到法國東北部的一座墓園**：施隆多夫，導演，作者採訪。

312 **她精心挑選的地方**：羅茲和霍伊斯根，訪談。

315 **事發後第二天**：艾默森，美國駐德大使，作者採訪。

【第十五章：川普登場】

本章與川普任內華盛頓的內容來自採訪以下人士：美國駐德國大使金密特、希爾、唐弗里德、斯泰爾岑米勒（Constanze Stelzenmüller）、蕭雷、博明，同時也訪談了伊辛格、美國特派員柯倫柏格、克里斯堤楊森、巴格、烏爾里許、菲斯特、外交政策顧問霍伊斯根，另外聖加侖大學（University of St. Gallen）教授戴維斯（James W. Davis）描述了柏林觀點。

320 **為了準備和川普的首次會面**：霍伊斯根和克里斯堤楊森，訪談。

325 **我們會覺得自己就像……**伊辛格，訪談。

326 **川普為了二〇一七年三月十七日**：菲利普．拉克（Philip Rucker），萊昂尼格（Carol Leonnig），〈一個非常沉穩的天才〉（*A Very Stable Genius*），紐約：Bloomsbury 出版，二〇二〇年，頁一六五。

326 **我們的記者聽到總理說**：柯倫柏格，德國記者，作者採訪。

328 **川普這種瘋狂轉換話題**：希爾，作者採訪。

330 **不管你們從『假新聞』上聽到什麼**：川普的推特，各處公開記錄。

331 **我們要再多付一點嗎？**：伊辛格，訪談。

332 **我很清楚……**梅克爾，接受威爾採訪，二〇一八年六月十日。

332 **她最喜歡哪一點**：柯內留斯，《梅克爾》，頁二六。

334 **別說我什麼都沒給妳喔！**：Bergen，訪談。

335 **妳跟妳老闆一樣聰明嗎？**：Haber，訪談。

336 **真的很糟**：梅克爾，接受威爾採訪，二〇一八年六月十日。

338 **為梅克爾敲響了警鐘**：菲斯特，訪談；另參見菲斯特，〈動盪時代〉及〈梅克爾啟示錄〉（*Apocalypse Merkel*），《明鏡週刊》，二〇一八年六月二日。

338 **梅克爾愈來愈覺得今日世界**：梅克爾，「二〇一八年五月十一日梅克爾總理在慕尼黑德國天主教日演講」（Speech by Chancellor Merkel at the 101st German Catholic Day on May 11, 2018, in Münster），聯邦新聞局官網，登入時間是二〇二一年四月二十二日，https://www.bundeskanzlerin.de/bkin-de/aktuelles/rede-von-bundeskanzlerin-merkel-beim-101-deutschen-katholikentag-am-11-mai-二〇一八年-in-muenster-1122406；梅克爾，第55屆慕尼黑安全會議發言，二〇一九年二月十六日。

340 **兩個月後**：哈佛校長包考，訪談。

341 **那個萬里無雲的日子裡**：同上；哈佛大學教授葛林布拉特，作者採訪。

345 **那年夏天**：克里斯堤楊森，訪談。

345 **我只想說**：梅克爾，聯邦總理夏季記者會，二〇一九年七月十九日，德國聯邦新聞局官網，登入時間是二〇二一年四月二十二日，https://www.bundeskanzlerin.de/bkin-de/aktuelles/sommerpressekonferenz-1649640

346 **我們新聞協會開了會**：沙爾貝，作者採訪。

【第十六章：我們的國家已出現一些改變】

本章取材自作者訪談下列人士：德國另類選擇黨在柏林與德勒斯登的領導人物，以及德國學者、評論家、政治極端主義人士（特別是 Dr. Nicolaus Fest、Dr. Christian Demuth、Dr. Christoph

Meyer、Karin Pritzel、Reinhard Günzel、Dr. Werner Patzelt），還有德國前聯邦總統高克、大使史坦恩、前文化部長諾曼、烏爾里許、巴格、阿曼、柯內留斯。此外，我也同時參考了德國與美國媒體報導。

352 **我並不失望**：阿曼合著，〈梅克爾的種子〉（*Merkel's Seed*），《明鏡週刊》，二〇一七年九月二十六日；布林克拜默（Klaus Brinkbaumer），〈向右擺動〉（*The Swing to the Right*），編輯，《明鏡週刊》，二〇一七年九月二十六日。

353 **她反映了一種**：史坦恩大使，作者訪談關於「德國另類選擇」強勁作風的影響。

357 **我們需要擔心害怕的人**：蘇珊．內曼（Susan Neiman），《向德國人學習：種族與邪惡的記憶》（*Learning from the Germans: Race and the Memory of Evil*），紐約：Farrar, Straus and Giroux 出版，二〇一九年，頁三五九。

358 **到另類選擇黨的總部**：因哈德．金澤爾（ReinhardGünzel），德國另類選擇黨當地領導人士，作者採訪。

359 **我在小時候**：費雪，訪談。

360 **在舊約中**：德邁齊爾，訪談。

360 **這太荒謬了吧**：梅克爾，接受柯爾珀採訪，《權力的痕跡》。

365 **儘管梅克爾保住了總理大位**：柯內留斯，訪談；尼可．弗里德（Nico Fried），〈突如其來團結一致〉（*And Suddenly There Is Unity*），《南德意志報》，二〇一七年十月九日。

361 「**東部男性**」：卡特琳．本霍爾德（《紐約時報》），〈梅克爾的一項遺產〉（*One Legacy of Merkel*），《紐約時報》，二〇一八年十一月五日。

366 二〇一**七年七月二日**：根據媒體對梅克爾與德國聯邦內政部部長傑霍夫談話的報導，採訪者有邁克爾．斯蒂夫勒（Michael Stifler）等人，《奧格斯堡匯報》（*Augsburger Allgemeine*），二〇一九年七月七日。

369 **不能拿任何藉口**：本霍爾德，〈肯尼茲市抗議活動〉（*Chemnitz Protests*），《紐約時報》，八月三十日，二〇一八年；〈梅克爾攻擊 AfD〉，《德國之聲》，十二月九日，二〇一八年，https://www.dw.com/en/angela-merkel-hits-out-at-afd-on-far-right-violence/a-45453193

371 **會場後面有一個人**：梅克爾，接受珍娜．亨塞爾（Jana Hensel）採訪，《時代週報》，一月二十四日，二〇一九年；馬爾澤恩（Claus Christian Malzehn），〈一場東德人之間遲來的對話〉（*An Overdue Conversation Among East Germans*），《世界報》，十一月十六日，二〇一八年。

371 **見到了對方**：克魯格，德國政治家，作者採訪；梅克爾於二〇一八年十二月七日在漢堡的演講，參見 CDU 官網 www.cdu.de

【第十七章：終於有了一個戰友？】

在本章中，作者的採訪對象包括了巴格、霍伊斯根、克里斯堤楊森、法國政治科學家雅克．魯普尼克（Jacques Rupnick）、記者奧克倫特（Christine Ockrent）、前法國外交部長庫希內（Bernard Kouchner）、德羅茲迪亞克（William Drozdiak），以及艾許。

387 **也許，她有一點嫉妒這個歐洲新代言人**：馬婁，〈梅克爾累了，馬克宏脫穎而出〉。

387 **他在當國際政治的指揮**：格鮑爾（Matthias Gebauer）合著，〈德國令人難以置信的畏縮〉

（*Germany's Incredible Shrinking Role*），《明鏡週刊》，二〇一八年四月二十三日。

388 **她冷眼旁觀**：柯林斯（Lauren Felice Collins），〈川普與馬克宏的兄弟情神話〉（*The Bromance Myth of Trump and Macron*），《紐約客》，二〇一八年四月二十一日。

392 **梅克爾和馬克宏又有了磨擦**：艾許，作者採訪；領導人專欄，〈評估馬克宏的末日願景〉（*Assessing Emmanuel Macron's Apocalyptic Vision*），《經濟學人》，二〇一九年十一月，頁九至一五；〈德國警告法國不要破壞北約〉（*Germany Warns France Against Undermining NATO Security Alliance*），路透社官網，最後更新是二〇一九年十一月十日，https://www.reuters.com/article/us-germany-nato/germany-warns-france-against-undermining-nato-security-alliance-idUSKBN1XK08I。

392 **在馬克宏直言北約腦死之後**：巴格，德國總統外交政策資深顧問，作者採訪。

394 二〇一**九年底**：艾許，訪談；另參見艾許，〈梅克爾必須去——為德國也為歐洲著想〉（*Angela Merkel Must Go—for Germany's Sake, and for Europe's*），《衛報》（美國）官網，最後更新是二〇一九年十一月二十二日，https://www.theguardian.com/commentisfree/2019/nov/22/time-to-go-angela-merkel-germanys-sake-europes。

【第十八章：邁向終點】

本章取材來自作者採訪了兩位大使伊辛格和霍伊斯根，以及梅克爾的幕僚與親信克里斯堤楊森，還有德國總統顧問巴格。

398 **隨著時光流逝**：梅克爾，史特拉頌（Stralsund）市政廳會議，二〇一九年八月十三日，

YouTube。

399 **跟朋友和家人一起**：梅克爾，接受林克採訪，《梅克爾百科》，頁一八一。

399 **至於她最喜歡的電影是哪一部**：〈梅克爾突然親力親為〉（*Angela Merkel Suddenly Personal*），《柏林晨報》，二〇一三年五月十三日；艾迪（Melissa Eddy），〈梅克爾讓我們得以窺視〉（*Merkel Offers a Peek*），《紐約時報》，二〇一三年五月十七日；另參見梅克爾，受訪於林克，《梅克爾百科》，頁一八一。

400 **湯瑪斯・諾林**：梅克爾，薩爾州市政廳（Saarland Townhall），二〇一九年八月十三日，參見 https://www.ndr.de/fernsehen/sendyngen/zapp/Stralsund-Merkels-Antwort-auf-Rechtsaussen,kommunikationsstrategien100.html。

401 **二〇一八年十月**：〈梅克爾——結束但未出局〉

402 **很有男人味**：菲斯特，訪談。

402 **妳知道嗎？**：卡爾・迪特・斯普蘭格（Carl Dietr Spranger），〈關於梅克爾的周末長篇閱讀〉（Weekend Long Read on Merkel,）《南德意志報》，二〇二〇年五月五日。

403 **在聯邦議院**：菲斯特，訪談。

403 **去學科學吧**：同上。

408 **這場疫情非常嚴重**：總理在二〇二〇年三月十九日針對新冠肺炎演說，參見聯邦議院官網（Bundestag）。另參見霍夫曼（Christine Hoffmann），〈梅克爾紅利〉（*The Merkel Bonus*），《明鏡週刊》官網，最後更新時間是二〇二〇年十二月十六日，https://www.bundesregierung.de/breg-de/themen/coronavirus；查贊（Guy Chazan），〈梅克爾德國危機經理歸隊〉（*Angela Merkel Germany's Crisis Manager Is Back*），《金融時報》，二〇二〇年

三月十七日；弗理德（Nico Fried）與西曼斯基（Mike Szymanski），〈警告詞〉（*A Word of Warning*），《南德意志報》官網 sueddeutsche.de，最後更新時間是二〇二〇年四月三日；斯賓尼（Laura Spinney），〈德國的新冠肺炎專家〉（*Germany's Covid Expert*），《衛報》，二〇二〇年四月二十六日；奧爾特曼（Philip Oltermann），〈梅克爾借鑑新冠肺炎帶原者的科學背景〉（*Angela Merkel Draws on Science Background in Covid-19 Explainer*），《衛報》（美國）官網，最後更新時間是二〇二〇年四月十六日，https://www.theguardian.com/world/2020/apr/16/angela-merkel-draws-on-science-background-in-covid-19 -explainer-lockdown-exit。

412 **我的生活已經改變**：施馬勒（Holger Schmale），〈居家上班〉（*Working from Home*），《柏林晨報》，二〇二〇年四月一日；喬丹斯（Frank Jordans），〈梅克爾在醫生檢測病毒呈陽性後隔離〉（*Merkel in Quarantine After Doctor Tests Positive for Virus*），《美聯社》官網，最後更新時間是二〇二〇年三月二十二日，https://apnews.com/article/f71e89eacd7cc6f84b81991c03e82c31。

414 **在這必須保持社交距離的年代**：巴格，訪談；《華盛頓郵報》的伯恩．鮑姆（Michael Birnbaum），作者採訪；馬萊特（Victor Mallet）、查贊與山姆．弗萊明（Sam Fleming），〈梅克爾搶救重創疫區政策大轉彎〉（*Merkel Makes a U Turn to Save Stricken Bloc*），《金融時報》，二〇二〇年三月二十三日；彼得．穆勒（Peter Muller），梅克爾與馬克宏為歐洲尋找力量〉（*Merkel and Macron Find Strength for Europe*），編輯室，《明鏡週刊》，二〇二〇年五月二十二日。

419 **針鋒相對的情況更加嚴重**：鮑姆，訪談；奧克倫特（Christine Ockrent），英國記者，作者採訪。

419 **不知花了多少個小時**：斯特勞班茨（Jean Pierre Stroobants）與馬林格（Virginie Malingre），〈雙邊，咆哮甩門〉（*Bilaterales Coups de Gueles et Portes qui Claques*），《世界報》，二〇二〇年七月二十。

422 **除了八千五百九十億美元的支出計劃**：赫里索洛拉斯（Nikos Chrysoloras）及安格（John Ainger），〈何以歐洲疫病復甦協定是樁大買賣〉（*Why Europe's Pandemic Recovery Deal Is a Big Deal*），《華盛頓郵報》，二〇二〇年七月二十一日；貝克爾（Markus Becker），〈梅克爾的三連勝〉（*Merkel's Triple Victory*），《明鏡週刊》官網，https://www.spiegel.de/international/europe/a-look-ahead-at-german-american-relations-after-trump-a-4c7ca237-fe2d-44d2-b2cb-9-aed83b8af28，二〇二〇年十一月十九日。

423 **歐洲不只是代表**：梅克爾，「二〇二〇年五月二十七日，梅克爾總理在德國擔任歐盟理事會主席國期間的外交和安全政策演講」，聯邦政府新聞局官網，登入時間是二〇二一年四月二十二日，https://www.bundeskanzlerin.de/bkin-de/aktuelles/rede-von-bundeskanzlerin-merkel-im-rahmen-der-veranstaltung-aussen-und-sicherheitspolitik-in-der-deutschen-eu-ratspraesidentschaft-der-konrad-adenauer-stiftung-am-27-mai-2020-1755884

【尾聲】

429 **擔任總理的最後一年**：〈公民的對話〉（Citizen's Dialogue），《時代週報》官網，最後更新時間是二〇二〇年十一月十二日：https://www.audible.com/pd/DIE-ZEIT- November-12-2020-Audiobook/B08292D7P8。

429 **她幾乎沒有時間**：梅克爾，接受巴伯與查贊採訪，二〇二〇年一月十六日，https://www.ft.com/content/00f9135c-3840-11ea-a6d3-9a26f8c3cba4。若無註明，引述梅克爾的內容都取材自梅克爾演講皆可在聯邦議院官網查詢。

429 **這種差旅就少了很多樂趣**：克里斯堤楊森，訪談。

432 **從現在起，這個世界將看到一個新的梅克爾**：巴格，訪談。

433 **睡到自然醒**：梅克爾，薩爾州市政廳會議，二〇一九年八月十三日，https://www.ndr.de/fernsehen/sendungen/zap/Stralsund-Merkels-Antwort-auf-Rechtsaussen,kommunikationsstrategien100.html。

438 **她盡力了**：同上。

（傅士玲 翻譯、整理）

社會人文BGB516

梅克爾傳
一場卓越的史詩之旅
The Chancellor: The Remarkable Odyssey of Angela Merkel

凱蒂・馬頓 (Kati Marton) —— 著
廖月娟 —— 譯
林育立 —— 審定

總編輯 —— 吳佩穎
責任編輯 —— 郭昕詠
封面設計 —— 莊謹銘
內頁排版 —— 簡單瑛設
封面照片 —— Martin Schoeller / AUGUST

出版者 —— 遠見天下文化出版股份有限公司
創辦人 —— 高希均、王力行
遠見・天下文化 事業群董事長 —— 高希均
事業群發行人／CEO —— 王力行
天下文化社長 —— 林天來
天下文化總經理 —— 林芳燕
國際事務開發部兼版權中心總監 —— 潘欣
法律顧問 —— 理律法律事務所陳長文律師
著作權顧問 —— 魏啟翔律師
地址 — 台北市104松江路93巷1號2樓

讀者服務專線 —— 02-2662-0012｜傳真 —— 02-2662-0007；02-2662-0009
電子郵件信箱 —— cwpc@cwgv.com.tw
直接郵撥帳號 —— 1326703-6號　遠見天下文化出版股份有限公司

製版廠 —— 中原造像股份有限公司
印刷廠 —— 中原造像股份有限公司
裝訂廠 —— 中原造像股份有限公司
登記證 —— 局版台業字第2517號
總經銷 —— 大和書報圖書股份有限公司｜電話 — 02-8990-2588
出版日期 —— 2021年10月15日第一版第1次印行
2023年 4 月14日第一版第12次印行

國家圖書館出版品預行編目（CIP）資料

梅克爾傳：一場卓越的史詩之旅 / 凱蒂．馬頓 (Kati Marton) 著；廖月娟翻譯．-- 第一版．-- 臺北市：遠見天下文化出版股份有限公司，2021.10

面；　公分．--（社會人文；BGB516）

譯自：The chancellor : the remarkable odyssey of Angela Merkel

ISBN 978-986-525-327-1（平裝）

1. 梅克爾 (Merkel, Angela, 1954-) 2. 女性傳記 3. 德國

784.38　　110016023

定價 —— NT550元
ISBN —— 978-986-525-327-1
書號 —— BGB516
天下文化官網 —— bookzone.cwgv.com.tw

天下文化
BELIEVE IN READING